U0541349

北京青少年教育与发展研究基地成果

中国梦与当代青年发展

Chinese dream and the development of contemporary youth

北京青少年研究所 主编

中国社会科学出版社

图书在版编目（CIP）数据

中国梦与当代青年发展/北京青少年研究所主编．—北京：中国社会科学出版社，2017.11
ISBN 978-7-5203-1223-3

Ⅰ.①中… Ⅱ.①北… Ⅲ.①中国特色社会主义—社会主义建设模式—文集②青年工作—中国—文集 Ⅳ.①D616-53②D432.6-53

中国版本图书馆 CIP 数据核字（2017）第 255443 号

出 版 人	赵剑英
责任编辑	刘　芳
责任校对	杨　林
责任印制	李寡寡
出　　版	中国社会科学出版社
社　　址	北京鼓楼西大街甲 158 号
邮　　编	100720
网　　址	http://www.csspw.cn
发 行 部	010-84083685
门 市 部	010-84029450
经　　销	新华书店及其他书店
印　　刷	北京明恒达印务有限公司
装　　订	廊坊市广阳区广增装订厂
版　　次	2017 年 11 月第 1 版
印　　次	2017 年 11 月第 1 次印刷
开　　本	710×1000　1/16
印　　张	16.75
插　　页	2
字　　数	265 千字
定　　价	69.00 元

凡购买中国社会科学出版社图书，如有质量问题请与本社营销中心联系调换
电话：010-84083683
版权所有　侵权必究

目 录

中国梦与当代青年发展 …………………………………… 周永源（1）
中国梦　青年行 …………………………………………… 黄志坚（11）
让青春在实现中国梦的伟大实践中闪光
　　——关于中国梦与当代青年发展方向的思考 ………… 赵英民（20）
青年理想追求与中国梦的实现 …………………………… 张　波（27）
以中国梦引领青年的理想信念教育 ……………………… 陈　婷（36）
中国梦背景下当代青年理想信念教育实现路径探析 …… 叶茂盛（44）
中国梦引领大学生成为忠诚的
　　爱国者 ……………………… 姜春英　周昌芹　姜聪敏（53）
中国梦视野下当代青年的责任担当研究 ………………… 蔡中华（65）
助推中国梦——青年人的使命与担当 …………………… 高素勤（76）
中国梦视阈下大学生科学信仰教育养成研究 …… 王付欣　张晓燕（86）
将中国梦融入青年信仰教育的路径思考 ………………… 高　莹（93）
如何从应试教育走向素质教育？
　　——基于《教育规划纲要》及教育历史的
　　　　实证分析 ……………………………………… 郭法奇（102）
论青年社会学的发展进程 ………………………………… 沈　杰（114）
强国梦与凝聚制造业青年职工科技创新力量的
　　策略研究 ………………………………………… 张　华（129）
网络文化建设与青少年发展 ……………………………… 纪秋发（140）
网络舆情视阈下的青年思想政治教育探究 ……………… 陈　敏（158）
我国青年志愿者组织的发展特点及其治理转型 ………… 余逸群（167）
北京青年志愿服务组织的创建及初步发展 ……………… 谭绍兵（179）

公共危机事件中应急志愿者组织与管理研究 …………… 高艳蓉（189）
志愿服务是践行社会主义核心价值观的有效载体 ………… 王文影（196）
以志愿服务为载体增强大学生党建和思想政治教育的
　　育人实效 ………………………………………………… 伍廉松（203）
法治与民主教育是培育大学生社会主义核心价值观的
　　主要路径 ………………………………………………… 祁志钢（213）
论经济全球化背景下大学生开放式爱国主义教育 ………… 黄婉珺（222）
"美丽中国"视阈下的大学生生态价值观教育 …………… 朱文武（233）
共青团在青年政治参与中的绩效考察 ………… 刘东海　汪　慧（241）
风险社会中青年干部的压力源与心理问题疏导策略 ……… 张延华（253）

后　记 ……………………………………………………………（263）

中国梦与当代青年发展

周永源[*]

党的十八大以来,以习近平同志为总书记的党中央十分关心青年的成长进步和培养工作。习总书记多次出席青年活动,与青年谈心,给青年回信,他在多个场合、用多种形式表达了对青年的深情期望和殷切教诲,提出了一系列关于青年工作的重要论述。

2013年五四青年节,习总书记来到中国航天科技集团公司中国空间技术研究院,参加"实现中国梦,青春勇担当"主题团日活动,强调"青年最富有朝气、最富有梦想,青年兴则国家兴,青年强则国家强。广大青年要坚定理想信念,练就过硬本领,勇于创新创造,矢志艰苦奋斗,锤炼高尚品格,在实现中国梦的生动实践中放飞青春梦想,在为人民利益的不懈奋斗中书写人生华章"。2014年5月4日,习总书记亲临北京大学,与师生座谈,发表了《青年要自觉践行社会主义核心价值观》的重要讲话,深刻阐述了社会主义核心价值观的重大意义、丰富内涵、历史渊源和实践要求,明确提出了"勤学、修德、明辨、笃实"的青年人培育和践行社会主义核心价值观的总要求。2014年五四青年节前夕,习总书记又给河北保定学院西部支教毕业生群体代表回信,勉励"青年人到基层和人民中去建功立业,在实现中华民族伟大复兴中国梦的实践中实现自己的人生梦想"。2016年五四青年节前夕,习总书记与青年知识分子、劳动模范、青年代表座谈,指出"实现中华民族伟大复兴的中国梦,需要一代又一代有志青年接续奋斗。青年人朝气蓬勃,是全社会最富有活力、最具有创造性的群体。全面建成小康社会,广大青年是生力军。

---

[*] 北京青年政治学院副院长、研究员。

希望我国广大青年充分展现自己的抱负和激情，胸怀理想，锤炼品格，脚踏实地，艰苦奋斗，不断书写奉献青春的时代篇章"。习总书记的重要讲话和指示，情真意切、思想深刻、内涵丰富、意义重大，在全国广大青年中引起强烈的反响，从而汇聚广大青年实现中国梦的青春力量。

习近平总书记关于青年工作的一系列重要论述，站在党和国家事业发展的全局战略高度，着眼于实现中华民族伟大复兴中国梦的宏伟目标，围绕"中国梦与当代青年历史使命"这一主题，深刻阐述了新形势下青年工作的重大理论和实践问题，进一步指明了当前青年工作的前进方向、基本原则和工作重点，进一步指明了在实现中国梦的历史进程中当代青年的责任担当和成长道路，体现了理论和实践的高度统一、历史和现实的有机统一，是当代青年健康成长、建功立业的行动指南，是推动、开创青年工作新局面的纲领性文献。

一　青年是实现中国梦的生力军

党的十八大开启了中华民族伟大复兴的新历史征程，描绘了全面建成小康社会、加快推进社会主义现代化的宏伟蓝图，发出了向实现"两个一百年"奋斗目标进军的时代号召。当前，全党全国各族人民正在为实现党的十八大提出的奋斗目标而奋发努力，正在朝着实现中华民族伟大复兴的中国梦而奋勇迈进。这是党和国家的工作大局，也是当前我国青年工作的时代主题。这深刻揭示了新的时代条件下青年工作的前进方向，阐明了实现中国梦与当代青年的密切联系，明确了青年一代肩负的历史使命与发展途径。

青年最富朝气、最富梦想。实现中国梦，是习总书记爱跟青年人探讨的重要话题之一，将"青春梦"融入中国梦，自觉将"个人梦"与中国梦紧密联系在一起，把满腔报国之志转化为立足岗位的工作业绩，把积极奉献精神转化为服务人民的实际行动，用"青春梦"托起中国梦，这是他对当代青年的殷切期待。习总书记指出："中国梦是全国各族人民的共同理想，也是青年应该牢固树立的远大理想。中国特色社会主义是我们党带领人民历经千辛万苦找到的实现中国梦的正确道路，也是青年应该牢固确立的人生信念。"他意味深长地对青年说："每一代青年都有自己的际遇和机缘，都要在自己所处的时代条件下谋划人生、创造历史。"当代中国青年"生逢其时，责任重大"。实现中国梦，需要一代又一代有志青年接续奋斗，也必将为当代青年实现人生理想、创造美好生活打开无比广阔的空间。青年人朝气蓬勃，是全社会最富有活力、最具有创造性的群体。为实现中国梦而奋斗，既是时代赋予当代青年的历史使命，也是当代青年实现全面发展的最好舞台。在实现中国梦的进程中，青年是不可或缺的社会群体，也是大有可为的生力军。习总书记指出："中国梦是我们的，更是青年一代的。中华民族伟大复兴终将在广大青年的接力奋斗中变为现实。"他在2014年五四青年节，与北大师生座谈时现场算了一道题，现在在大学学习的大学生都是20岁左右，到2020年全面建成小康社会时，很多人还不到30岁；到21世纪中叶基本实现现代化时，很多人还不到60岁。也就是说，实现"两个一百年"奋斗目标，千千万万青年将全过程参与。在实现中国梦的进程中，青年树立共同理想，中国梦的实现就会拥有生生不息的力量源泉；青年坚持共同奋斗，中国梦的实现就会获得更加广泛和坚实的群众基础。

实现中国梦，不仅需要青年，也成就了青年。为每个青年播种梦想，点燃了亿万青年心中的梦想；让更多的青年敢于有梦、勇于追梦、勤于圆梦，广大青年勇做走在时代前列的奋进者、开拓者、奉献者，努力成长为祖国建设的有用之才、栋梁之材。中国梦正转化为青年一个个绚丽多彩的"成才梦""成长梦""创新梦""创业梦"。在人人皆可成才、人人尽展其才的良好环境下，越来越多的青年才俊以充沛的精力、开放的观念、丰富的学识，成长为全面深化改革的生力军，为我国经济社会发展带来了蓬勃朝气，在实现中国梦的伟大实践中续写浓墨重彩的青春诗篇，从而实现人生价值。

二　青年要有坚定理想信念

理想信念是精神支柱。有了正确的理想信念，人生就有了努力方向，前进就有了强大动力。习总书记强调："理想指引人生方向，信念决定事业成败。青年时代，是激情满怀、富有朝气的时代，是放飞理想、人生出彩的时代。青年一代有理想、有担当，国家就有前途，民族就有希望，实现我们的发展目标就有源源不断的强大力量。"他深刻地指出:"广大青年要树立正确的世界观、人生观、价值观,掌握了这把总钥匙,再来看看社会万象、人生历程,一切是非、正误、主次,一切真假、善恶、美丑,自然就洞若观火、清澈明了,自然就能作出正确判断、作出正确选择。"当今时代,中国青年应该牢固树立什么样的理想信念?中国梦,顺应了历史发展大势,顺应了时代进步潮流,顺应了人民过上美好生活的热切期待,是全国各族人民的共同理想,也是青年一代应该牢固树立的远大理想。中国特色社会主义是历史的选择、人民的选择,是实现中国梦的康庄大道、必由之路,也是广大青年应该牢固确立的人生信念。当代青年要坚定理想信念,就是要走中国特色社会主义道路,为实现中国梦而奋斗。青年要不断深化对邓小平理论、"三个代表"重要思想、科学发展观的学习,深化对党领导人民的奋斗史、创业史、改革开放史的了解,深化对我国经济社会发展进程、发展趋势的认识,掌握思想武器,认清前进方向,不断增强道路自信、理论自信、制度自信,坚定不移跟党走,奋力实现中国梦。

坚定理想信念,不能空喊口号,一定要同实际相结合。青年要有坚定的理想信念,要着力让理想信念在青年心中扎根,用中国特色社会主义理论体系武装青年头脑,用历史的眼光启示青年,用伟大的目标感召青年,用光明的未来激励青年,凝聚起坚持和发展中国特色社会主义、实现中华民族伟大复兴中国梦的广泛思想共识,为青年坚定理想信念提供正确理论指导和强大精神支柱。要着力在实践中坚定青年理想信念,引导青年培养坚韧不拔、百折不挠的精神,不忘初心,继续前行,始终将国家富强、民族振兴、人民幸福作为努力方向,把满腔报国之志转化为立足岗位的工作业绩,把积极奉献精神转化为服务人民的实际行动,为实现中国梦注入源源不断的青春力量。

三 青年要勇于创新创造

创新是动力之源。一个国家、一个民族,要做到不断进步、实现长远发展,必须依靠创新。唯创新者进,唯创新者强,唯创新者胜。当今时代是一个充满变革、快速发展的时代,新知识新技术新产业不断涌现,只有加快创新创造步伐，才能赢得主动、赢得优势、赢得未来。习总书记强调："青年是社会上最富活力、最具创造性的群体，理应走在创新创造前列。"青年要充分发挥敢想、敢闯、敢为天下先的特点，把创新创造的理念融入自己的学习生活中，着力在提高丰富的想象力、敏锐的观察力上下功夫，在挖掘创新潜能、提高创新能力上下功夫，以一往无前的进取精神投身到创新实践中去。要培养青年敢为人先、开拓进取的锐气，树立在继承前人的基础上超越前人的雄心壮志；培养青年逢山开路、遇水搭桥的意志，为了创新而百折不挠、勇往直前；培养青年探索真知、求真务实的态度，在创新中不断积累经验、取得成果。青年要脚踏祖国大地，胸怀人民期盼，找准专业优势和社会发展的结合点，找准先进知识和我国实际的结合点，力争有所突破、有所发展、有所建树，真正使创新创造落地生根、开花结果，努力在改革开放中闯新路、创新业。

创新创业精神已成为当今大众创新和经济增长的驱动器，提升青年创造力和创新创业能力逐渐成为现代高等教育的职责与未来发展趋势。因此，引导青年勇于创新创造，要着力培养创新人才，全面深化教育改革，更加重视教育理念创新、教育模式创新、教育方法创新，更加重视打牢创新基础、倡导创新精神、激发创新活力，更加重视发展创新文化、完善创新机制、营造创新氛围，大幅提高教育培养创新人才的能力和水平。要着力搭建创新平台，积极打造创新载体，组织青年结合本职工作开展创新活动，挖掘青年创新潜能，激发青年创新活力，促进创新链、产业链、市场链环环相扣、有机衔接，从而为青年驰骋思想打开更浩瀚的天空，为青年创新创业搭建更广阔的舞台，为青年塑造人生提供更丰富的机会，为青年建功立业创造更有利的条件。

四 青年要自觉践行社会主义核心价值

国无德不兴，人无德不立。对一个国家、一个民族来说，最持久、最深层的力量是全社会共同认可的核心价值观。在青年一代中培育和践行社会主义核心价值观，意义重大而深远。2014年五四青年节时，北大未名湖畔，习近平总书记指出："青年的价值取向决定了未来整个社会的价值取向，而青年又处在价值观形成和确立的关键时期，抓好这一时期的价值观养成十分重要。这就像穿衣服扣扣子一样，如果第一粒扣子扣错了，剩余的扣子都会扣错。人生的扣子从一开始就要扣好。"社会主义核心价值观的养成绝非一日之功。习总书记要求，广大青年树立与培育社会主义核心价值观，要在"勤学、修德、明辨、笃实"上下功夫，下得苦功夫，求得真学问，加强道德修养，注重道德实践，善于明辨是非，善于决断选择，扎扎实实干事，踏踏实实做人，立志报效祖国、服务人民，从实处用力，从知行合一上做起。"勤学、修德、明辨、笃实"的要求，迅速在广大青年群体中流传开来，成为当代青年修身立德、成才发展的"八字真经"，广大青年自觉做社会主义核心价值观的传播者和践行者。

引导青年树立社会主义核心价值观，要求青年勤于学习、敏于求知，注重把所学知识内化于心，形成自己的见解，既要钻研业务，又要关心国家、关心人民、关心世界，学会担当社会责任。要着力让学习成为青年成长进步的阶梯，教育青年努力扩大知识半径，刻苦学习，把握人生道理、领悟人生真谛、体会人生价值、实践人生追求。教育青年继承发扬中华民族传统美德，始终保持积极的人生态度、良好的道德品质、健康的生活情趣，努力做到慎始、慎独、慎微，守得住做人、处事、用权、交友的底线。

实现中国梦的历史进程，必然是一个全民族文明素养不断提升的过程，尤其需要青年一代勇开风气之先，自觉践行社会主义核心价值观，不断养成高尚品格，以实际行动促进社会文明进步。要自觉弘扬爱国主义、集体主义、社会主义思想，心中有国家、有社会、有人民，做一个肯付出、勇担当的有责任的青年。要自觉遵守社会基本道德规范，弘扬中华民族传统美德，积极倡导社会公德、职业道德、家庭美德，做一个守底线、讲诚信的有道德的青年。要带头学雷锋，弘扬志愿服务精神，积极参加志愿服务，多做扶贫济困、扶弱助残的实事好事，倡导良好社会风尚，做一个热心肠、愿助人的有爱心的青年。青年道德水准和精神风貌的提升，一定会为美好和谐的社会注入充满蓬勃朝气的强大暖流，并丰富和成就青年自身的宝贵人生。

五 青年要按照党的要求成长成才

习总书记指出:"展望未来,我国青年一代必将大有可为,也必将大有作为。这是'长江后浪推前浪'的历史规律,也是'一代更比一代强'的青春责任。"他多次在与青年谈心中指出:"只有把人生理想融入国家和民族的事业中,才能最终成就一番事业。""同人民一道拼搏、同祖国一道前进,服务人民、奉献祖国,是当代中国青年的正确方向。""当代中国青年要有所作为,就必须投身于人民的伟大奋斗。同人民一起奋斗,青春才能亮丽;同人民一起前进,青春才能昂扬;同人民一起梦想,青春才能无悔。"2013年五四青年节,他同各界优秀青年代表座谈时语重心长地讲道:"青年时代,选择吃苦也就选择了收获,选择奉献也就选择了高尚。青年时期一定要多经历一点摔打、挫折、考验,有利于走好一生的路。"他强调,广大青年要牢记"空谈误国、实干兴邦",把艰苦环境作为磨炼自己的机遇,不怕困难、攻坚克难,一步一个脚印往前走,勇于到条件艰苦的基层、国家建设的一线、项目攻关的前沿,经受锻炼,增长才干,让"中华民族伟大复兴终将在广大青年的接力奋斗中变为现实"。这既体现了党培养青年的一贯要求,又深刻揭示了青年成长发展的内在规律,指明了当代青年成才发展的前进方向和科学路径。

引导青年把练就过硬本领作为成长成才的牢固根基。让青年充分认识到学习是首要任务,青年的素质和本领直接影响着实现自身发展的进程。习总书记指出:"知识是青年成才发展的重要基础。青年人正处于学习知识、增长本领的黄金时期,应该把学习作为首要任务,作为一种责任、一种精神追求、一种生活方式。为学之要贵在勤奋、贵在钻研、贵在有恒。"他还强调:"青年要既读有字之书,也读无字之书;既要专攻博览,也要关注社会;既要善于向书本学习,也要善于向实践学习,在理论与实践的互动过程中,增长能干事、干成事的本领。"这些重要论述,深刻揭示了学习的本质和目的,阐释了勤奋学习对于青年成长成才的重要性。当代青年还要充分认识到与社会实践相结合、与人民群众相结合是学习成长的有效途径,牢固树立事业靠本领成就、梦想从学习开始的观念,自觉到祖国和人民最需要的地方去,到条件艰苦的基层去,学真知、悟真谛，磨炼意志，增强本领，不断提高素质和能力，更好地适应时代发展和事业要求。

引导青年把矢志艰苦奋斗作为成长成才的青春底色。习总书记指出："人类的美好理想，都不可能唾手可得，都离不开筚路蓝缕、手胼足胝的艰苦奋斗。没有艰苦奋斗精神的国家难以发展进步，没有艰苦奋斗精神的民族难以自立自强，没有艰苦奋斗精神的青年难以担当重任。"现在，我们比历史上任何时期都更接近实现中华民族伟大复兴的目标，比历史上任何时期都更有信心、更有能力实现这个目标。"我们要继续赶考"，距离实现中华民族伟大复兴的目标越近，我们越不能懈怠，越要加倍努力，越要动员广大青年为之奋斗。无论时代怎么发展、条件怎么变化，艰苦奋斗的传统永远不会过时。我们正处在全面建成小康社会的决定性阶段，面临着前所未有的机遇和挑战，面对着十分繁重的改革发展稳定任务。要着力教育青年把艰苦奋斗作为一种政治本色来坚守，把艰苦奋斗这个传家宝一代一代传下去，做到永远奋斗、永不褪色。青年有梦想、有机会，但也有考验、有挑战。无论处于什么样的环境，无论处于什么样的人生起点，都要依靠辛勤努力，创造属于自己的精彩人生。要有实干精神，从现在做起，从点滴做起，脚踏实地做工作，聚精会神干事业，努力创造一流业绩。要不怕挫折、不畏困难，顺境不骄、逆境不馁，让顽强奋斗、艰苦奋斗、不懈奋斗成为青春最厚重的底色，用艰苦奋斗的正能量推动实现中华民族伟大复兴的中国梦。

六 习总书记关于青年工作的系列论述，开启了青年研究工作关注与服务青年的新征程

习总书记关于青年工作的系列论述，不仅是当代青年工作的行动指南，也是当前和今后相当长的一个时期我们青年研究工作的根本遵循，开启了青年研究工作更加关注与服务青年的新征程。当前，我们正处在一个变革和转型空前深刻的时代。不同职业、不同身份的人，可以对这个时代进行不同的诠释，可以在这个时代中找到不同的定位。我们青年研究工作者的时代诠释和时代定位是什么？习近平同志在哲学社会科学

工作座谈会上指出："这是需要理论而且一定能够产生理论的时代，这是需要思想而且一定能够产生思想的时代。"这个言简意赅的论断，为我们描绘了一个"思想理论的时代"，为我们青年研究工作者提供了时代定位的明确坐标。我们青年研究工作者要担负起历史赋予的光荣使命，不辜负这个"思想理论的时代"。

当代中国青年实现中国梦的伟大实践是青年研究工作创新的源泉。青年研究工作作为哲学社会科学的重要组成部分，只有同中国特色社会主义伟大实践紧密结合，才能有所作为、有所建树，彰显强大的生命力和影响力。学术只有关注现实、来自现实并为现实服务，才是真学术。要改变青年研究工作脱离青年实际的状况，青年研究工作者要走出书斋，关注青年发展现实，将个人研究同国家发展、社会需求、青年关切结合起来，使研究工作接地气，深深植根于青年发展现实的沃土。

当前青年研究工作要明确重点，着眼痛点。首先，明确重点。青年研究工作不同于一般"纯学术"研究，应用研究和理论研究结合、现实研究和超前研究结合是其重要特征。所以，我们青年研究工作者要密切关注党和国家青年事业发展全局的战略性、前瞻性课题，聚焦重大现实问题，在亟待解决的关键问题上有所突破，使研究成果更好地转化为党和政府相关青年工作的方针政策，更好地发挥思想库、智囊团的作用。"文章合为时而著，歌诗合为时而作。"当下我们正处在新的发展形势下，赋予青年研究工作广阔的舞台和空间，也赋予青年研究工作者不少时代课题，诸如共青团改革与青年工作创新、"互联网+"与当代青年创业创新、中国梦与当代青年的发展、网络文化背景下青少年文化认同等问题。青年研究工作要明确主攻方向，增强研究成果的实用性和针对性。其次，着眼痛点。伟大的实践呼唤伟大的理论。应该正视的是，当前社会发展中许多青少年问题都急需青年研究理论去回应和解答，比如新媒体对青少年成长的作用与影响、改革开放以来青少年价值观变迁、青年群体的变化与现状、后独生子女时代的青年社会等问题，但在这些方面我们还有不小差距，这是青年研究工作的痛点。只有知道痛点在哪里，才能对症施策。当前青年研究工作要以问题为导向，以需求为导向。问题中蕴含着研究机制的不断创新，问题中蕴含着研究发展的内在规律。我们青年研究工作既要为身处的伟大时代述学立论，又要用青年研究成果回应、解答青少年现实问题，让青年研究工作产生强大的生机和活力，进而为实现"两个一百年"宏伟奋斗目标提供理论支撑和智力保障。

参考文献：

[1]《实现中华民族伟大复兴是中华民族近代以来最伟大的梦想》，《习近平谈治国理政》，外文出版社2014年版。

[2]《在实现中国梦的生动实践中放飞青春梦想》，《习近平谈治国理政》，外文出版社2014年版。

[3]《为实现中国梦凝聚有力道德支撑》，《习近平谈治国理政》，外文出版社2014年版。

[4]《青年要自觉践行社会主义核心价值观》，《习近平谈治国理政》，外文出版社2014年版。

[5]《培育和弘扬社会主义核心价值观》，《习近平总书记重要讲话文章选编》，中央文献出版社、党建读物出版社2016年版。

中国梦　青年行

黄志坚*

　　1919年五四运动以来，中国青年在中国共产党领导下，为中国新民主主义革命、社会主义革命和建设的胜利，英勇奋斗，开拓进取，做出了伟大的贡献。回顾青年运动历史，一个时代有一个时代的任务，一代青年有一代青年的使命。历史发展到今日，当代青年肩负何种历史使命？习近平总书记2012年11月29日参观《复兴之路》展览时首次指出：现在，大家都在讨论中国梦，我认为，实现中华民族的伟大复兴就是中华民族近代以来最伟大的梦想。这个梦想，凝聚了几代中国人的夙愿，体现了中华民族和中国人民的整体利益，是每一个中华儿女的共同期盼。2013年5月4日习近平总书记在同各界优秀青年代表座谈时，进一步指出："为实现中华民族伟大复兴的中国梦而奋斗，是中国青年运动的时代主题。共青团要在广大青少年中深入开展'我的中国梦'主题教育实践活动，用中国梦打牢广大青少年的共同思想基础，用中国梦激发广大青少年的历史责任感，为每个青少年播种梦想、点燃梦想，让更多青少年敢于有梦、勇于追梦、勤于圆梦，让每个青少年都为实现中国梦增添强大青春能量。"实现中华民族伟大复兴的中国梦，就是当代中国青年肩负的历史使命。

一　中华民族伟大复兴的中国梦

　　说起中国梦，这在我国有一个历史的演进。据文献记载，最早提出

---

* 中国青少年研究中心教授。

中国梦,是在宋朝末年。宋末一位诗人,叫郑思肖,他写有一首《德祐二年岁旦诗》:"力不胜于胆,逢人空泪垂。一心中国梦,万古下泉诗。日近尤望见,天高问岂知。朝朝向南拜,愿睹汉旌旗。"这首诗的点睛之笔,是"一心中国梦","愿睹汉旌旗"。我们如果了解宋朝末年的历史背景,就可以感悟到这位诗人的爱国情怀。北宋末年,国穷兵弱,宋政权被金兵打退到江南,偏安一角。偏安了一百五十年,结果还是被继金之后的元朝给灭了。郑思肖当时魂牵梦绕的是祖国山河重新统一,"愿睹汉旌旗"重新飘扬。这种爱国情怀,在那个时代另一位诗人陆游那里,也可以感受到。他的《示儿》诗:"死去原知万事空,但悲不见九州同。王师北定中原日,家祭无忘告乃翁。"抒发的都是期望国家山河统一的情怀。

这样的中国梦,到了近代,即集中表现为追求民族的独立和解放。我们知道,1840年鸦片战争以后,中国沦为半殖民地半封建社会,帝国主义列强入侵,封建统治腐败无能。当时的祖国可以说是山河支离破碎,人民备受蹂躏。直到新中国成立之前的这一百多年,中国人民心怀的最大愿望,就是民族独立、人民解放。

新中国成立以后,"中国人民站起来了",中国人民梦寐以求的就从民族独立、人民解放转向祖国富强、人民幸福。这种祖国富强、人民幸福的梦想追求,几经曲折,到1978年党的十一届三中全会以后,有了更为清晰明确的目标:建设社会主义现代化国家。党的十八大提出"两个一百年",即党成立一百周年时全面建成小康社会,新中国成立一百周年时建成富强、民主、文明、和谐的社会主义现代化国家。

中国梦是民族梦。在中国的民主革命时期,一位被称为"革命军中马前卒"的邹容,在110年前发出呼唤:"扫除数千年种种之专制体制,脱去数千年种种之奴隶性质","扫荡干涉尔主权之外来恶魔,尔祖国历史之污点可洗","尔祖国之名誉飞扬,尔之独立已高标于云霄……"回顾百年前仁人志士的期盼,看今天在中国共产党的领导下,祖国的自由独立已经实现,祖国的崛起名振全球,实现"两个一百年"的目标离我们已经越来越近。习近平总书记正是站在这个新的历史起点上,向世人宣示:中华民族伟大复兴的中国梦,是凝结着无数仁人志士的不懈努力,承载着全体中华儿女的共同向往,昭示着国家富强、民族振兴、人民幸福这样的美好前景。实现中国梦，如今已经成为团结海内外中华儿女的精神旗帜，在全国各族人民中产生了强大的凝聚力和感召力。

中国梦是国家梦。我国百余年遭受帝国主义列强侵略，历经鸦片战争、英法联军入侵、八国联军入侵、甲午战争，割地赔款，丧权辱国。1898年香港出版的《辅仁文社社刊》上，发表的一幅漫画《时局图》，令国人警醒。在这幅漫画里：一只熊，横霸无忌地侵占着我国东三省，熊暗喻沙皇俄国；一只斗牛犬，以守住不放的姿态占据长江一带，斗牛犬暗喻英国；有副肠子，以贪得无厌的姿态占领着山东，肠子暗喻德国；有只青蛙以任意收揽的姿态占了广东、广西、云南，青蛙暗喻法国；有太阳的光线射到福建，这个太阳暗喻日本。还有一只鹰飞来，也要瓜分中国的领土，鹰暗喻美国。在这幅漫画旁边，赫然写着："沉沉酣睡我中华，哪知爱国即爱家；国民知醒今宜醒。莫待土分裂似瓜。"可见当时国家所处的危亡之势。但是看今天呢，我们祖国统一，令我们振奋，令我们自豪。

中国梦是人民梦。习近平总书记讲得非常透彻：中国梦归根到底是人民的梦，必须紧紧依靠人民来实现，必须不断为人民造福。20世纪30年代有一位著名的学者叫施蛰存，他当时抒发自己的梦想时说："我梦想中的未来中国，却与每一个小百姓所梦想着的一样，完全一样！是一个太平的国家，富足、强盛。百姓们都舒服，说一句古话'熙熙然如登春台'。"今天实现振兴中华的中国梦，就是要实现百姓们"如登春台"。什么样的"春台"呢？习近平总书记描述了十个更好："我们的人民热爱生活，期盼有更好的教育、更稳定的工作、更满意的收入、更可靠的社会保障、更高水平的医疗卫生服务、更舒适的居住条件、更优美的环境，期盼着孩子们能成长得更好、工作得更好、生活得更舒服。"这十个"更好"，正是我们中国百姓的"春台"。生活在伟大时代的中国青年，可谓恰逢盛时，有广泛的机会用中国梦激扬青春梦，点燃理想之光，照亮前进之路，同祖国和时代一起成长与进步。

二 中国梦 青年梦

中国梦不仅是民族梦、国家梦、人民梦，更是青年梦。习近平总书记在2013年的"五四"讲话中特别强调：中国梦是我们的，更是青年一代的。中华民族的伟大复兴终将在广大青年的接力奋斗中变为现实。总书记充满期待地说："广大青年要勇敢肩负起时代赋予的重任，志存高远，脚踏实地，努力在实现中华民族伟大复兴的中国梦的生动实践中放飞青春梦想。"

青年人正是处在人生的多梦季节，向往未来，梦想很多。著名政治家、思想家梁启超，对青年和老年做了相当生动而深刻的比较，他说："老年人常思既往，少年人常思将来，惟思既往也故生留恋心，惟思将来也故生希望心，惟留恋也故保守，惟希望也故进取，惟保守也故永旧，惟进取也故日新。"这里顺带解释一下，梁启超用的"少年"这个词，也就是我们今天说的青年。因为"青年"这个词汇，在梁启超那个时代还没有。我国近代之前，人生的少年期与青年期尚无严格区分，人们所讲的少年，常常亦泛指青年。如李白诗"宣父犹知畏后生，丈夫不可轻少年"，颜之推讲"人在少年，神情未定"，岳飞《满江红》中的"莫等闲，白了少年头，空悲切"，都是这种泛指。梁启超讲的少年实际就是我们今天讲的青年。现在我们常说的"青年强则国强"，也是从梁启超"少年强则国强"的名句引申而来。

近代以来，无论是"救我中华"还是"振兴中华"的行列里，凡革新者，进取者，无不视青年为强国兴邦之本，无不寄希望于青年。中华民族伟大复兴的中国梦，更需要一代又一代的青年接力奋斗去实现。中国青年政治学院研究生2013年学术论坛，主题是"中国梦，青年行"。我认为这个主题定得非常好，尤其是这个"行"字，寓意深刻，一语双关。"行"，至少包含两层含义：一层含义是责任，青年行意即义不容辞，勇于担当。顾炎武的名言"天下兴亡，匹夫有责"，今天可以说"历史进退，祖国兴衰，青年担当"。另一层含义是践行，青年行，意即从我做起，冲锋在前，不务空谈，实干兴邦。

实现中国梦，青年人理当承担更大的责任。今天的青年人，就说20

岁左右的人，2020年实现全面建成小康社会的时候，还不到25岁；到2050年，建成中国社会主义现代化国家的时候，也才50多岁。可以说，实现"两个一百年"奋斗目标的中国梦，现在的青年人，将全过程参与，正是主力。中国梦的实现，希望在现在这一代青年身上！

三 助力青春追梦

梦想，是一种向往，一种期冀，一种归属，一种希望。振兴中华的中国梦，可以凝聚青年心，激励青年行，指引广大青年在实现中国梦的实践中充分释放青春正能量，为实现"两个一百年"的目标建功立业，个人也由此成长成才。青春追梦，为当代青年实现人生理想，创造美好前景，打开无比广阔的发展空间。

青年人追梦，共青团应该有什么样的责任担当呢？党中央在团十七大的祝词中指出："共青团要切实担负起团结带领广大青年为实现中国梦而奋斗的历史使命。"团中央的工作报告也指出："党的奋斗目标，当代青年的历史使命，决定了共青团的光荣责任。"共青团在广大青年追梦过程中身负的这个重大责任，落实到工作，就是要从三个方面助青年筑梦、追梦和圆梦。

第一，用社会主义核心价值体系助青年筑梦。人在年轻的时候，处于多梦的阶段，想干这个，想干那个，五彩缤纷，追求和向往很多啊！这些都是可贵的。然而，把个人的种种向往和追求融入中华民族伟大复兴的事业，就需要有正确的价值取向。一个人的人生观、价值观决定着一个人的思想和行为。而人生观、价值观的核心是理想、信念，它决定着一个人向往什么样的未来，为什么样的未来去奋斗。青年人心怀中国梦的思想基础，是理想、信念。只有用社会主义核心价值体系武装青年，才能引导青年树立正确的价值取向，懂得把自我价值和社会价值相统一，把自我价值融入社会价值之中，通过社会价值的实现来体现自我价值。当今社会价值的最大值，是振兴中华的贡献量，当今青年人生价值的衡量，是在振兴中华的实践中做出何等奉献。游离于振兴中华的实践之外，人生只能是岁月蹉跎，青春虚度，何来价值可言。青年说得好："青春不奉献，将来拿什么回忆。"

第二，用发挥经济社会发展生力军作用助青春追梦。追梦，是一种理想付诸实践的行动。追梦，最重要的是实践，要干，要实干。党的十八大开启了实现"两个一百年"奋斗目标的新的伟大进军。共青团助青年追梦，就要紧紧围绕社会经济建设的任务和目标，引导青年在爱岗敬业，立足本职岗位争创一流业绩中追梦；引导青年在勤奋学习、开发创造力、成为祖国合格人才的奋斗中追梦；引导青年在"我与祖国共奋进""青年文明号""青年突击手"等各种活动中追梦；引导青年在精兵强军中追梦。各行各业的青年，人人都能立足本职岗位，在自己的本职岗位上创一流成绩，中国梦就可以在青年一代的奋斗中成为现实。

第三，用切实的服务助青年圆梦。青年人筑梦、追梦的目的是圆梦。梦想是美好的，但梦想成真才能成为现实。助青年梦想成真，共青团应当提供圆梦服务，其重心可以概括为三项：关注青年希望；帮助青年发展；支持青年创业。

助青年圆梦，虽然为不同岗位、不同层次青年提供的服务应当各有特色，但各种圆梦服务归结起来有一个关键词，叫希望。我们常说，青年是国家的未来，民族的希望。既然青年是未来和希望，那么最可贵的就是他们本身就有希望。梦想，就是希望；追梦，就是努力实现希望；圆梦，就是把希望变成现实。

中国梦的魅力就是让人人看到希望，人人有奋斗的舞台，人人有发展的机会。共青团要努力创造条件，创造机会，搭建舞台，激励每一个青年都怀有希望，助力每一个青年都能够实现心怀的希望。一个人的发展，一个社会的发展，最不能缺失的是希望。一个年轻人，在人生路上，在青春搏击场，动力从哪里来，激情从哪里生，毅力从哪里发？青年成长的许多实例告诉我们，动力来自希望，激情来自希望，毅力也是来自希望。人生路上最怕的是无望、失望和绝望。一个人如果没有希望，觉得希望渺茫，就会不思进取而安于平庸，陷于迷茫彷徨。一个人如果因希望未能如愿而失望，就会丧失信心，走向自卑，陷于苦闷沮丧。一个人如果因希望的缺灭而绝望，那就更为可怕，内向可能发生自残自尽的人生悲剧，危及青年自身成长；外向可能发生反社会的极端事件，危及社会的安定。在实现振兴中华的过程中，人人放飞希望，人人信心满怀，人人矢志不渝，人人昂扬向上，才能助青春为实现中国梦绽放。

《中国青年报》有一篇社论《汇聚起实现中国梦的青春力量》，对当今年青一代有这样的评估："这一代青年何其幸运，生逢这伟大的复兴时代，这一代又何其光荣。""何其幸运"，"何其光荣"，这个评价是对的，但又有不够全面的缺失，忽略了这一代青年还有"何其艰辛"的一面。我们只要到青年中间去了解，去交谈，就会发现，这一代青年在感受幸运、感受光荣的同时，又感到有生存和发展的压力。习近平总书记说："善学者尽其理，善行者究其难。"如果我们不看到青年人的这些难处，服务青年的行动就难以落到青年人的渴求处，往往容易满足于做一些"锦上添花"的事情而少有"雪中送炭"，对青年人的艰辛视而不见，甚至冷漠遗忘。

有一部在青年中曾经火爆的电影，叫《致我们终将逝去的青春》。这部电影，描述了"70后"一代青年人的青春和梦想，还有失落和迷惘。青年人，本该是最富有激情的，昂扬向上的，青春向上的。读过五四运动时期《新青年》杂志发刊词陈独秀的《敬告青年》，大家都能记得，陈独秀对青年的评价，"青年如初春，如朝日，如百卉之萌动，如利刃之新发于硎"，"硎"就是磨刀石，就像那个刀刚刚从磨刀石上磨出来的，"利刃之新发于硎，人生最可宝贵之时期也。青年之于社会，犹新鲜活泼细胞之在人身"。然而，《致我们终将逝去的青春》中的青年人，有青春，有梦想，也有迷惘和失落。我们只要到"80后""90后"青年人中去做调查，就不难发现，有一些青年人因为背负太大的压力而早衰，乃至丧失了激情，年纪轻轻已豪情消失，未老先衰。就说"80后"吧，如今他们的年龄大致在23岁到30多岁，正在步入职场，走上工作岗位，结婚生子，成家立业。进入人生这个阶段，他们将要完成成家立业、买车买房、结婚生子这样一些人生大事。但是在物价高企、房价飞涨的今天，这些年轻人，即使是一些出生在小康之家的年轻人，也会感到相当吃力。现在的年轻人，不能不面临这些严峻的现实，因而不得不过早地放弃青春年少的浪漫情怀和激情。这些青年，在"压力山大"的焦虑和浮躁中奔忙，诗歌变得难懂，吉他落满灰尘，甚至连爱情都开始有一股铜臭味。有的职业青年这样形容他们承受的压力："习以为常的加班，生活成本逐年上升，生活环境不断恶化，加之同龄人之间的互相攀比，焦虑与浮躁之气似乎迷茫在人与人之间的每一个角落。"现在职场中的年轻人啊，抱怨在增多，踏实的努力在减少，这是我们不能不了解、不能不面对的一种现状。

还有一种不能不了解、不能不面对的现状，是社会公平公正的缺失。这也容易造成年轻人激情的过早缺失。一个不争的事实，就是在改革开放的初期，许多年轻人通过自身的闯荡，不怕吃苦，不怕风险，就能实现阶层的上升，就能富起来，就能够成为"万元户"，就能够成为"成功人士"。但现在呢，一个没有任何关系的平民百姓，想要像20世纪80年代那样向上，那样成功，已经相当艰难。

为什么会产生这样的艰难呢？细究起来原因很多，其中有一个深层的不容回避的社会问题，即改革过程中利益分化的加剧，也就是利益格局的固化。有一些既得利益集团，为了保护既得利益，对年青一代的生存和发展资源，往往"先下手为强"，利用公权和金钱，为一些"官二代""富二代""星二代"搞"暗箱操作""萝卜招聘""火箭式提升"。这就使社会精英的产生机制产生了畸变，从"能者上，庸者下"转化为精英层内的自我循环。"拼爹、拼关系、拼进贡"，使得一些底层青年很难再相信奋斗改变命运，失去了通过奋斗改变命运的希望。

社会上曾经流传的一个段子："一等爸爸不说话，二等爸爸打电话，三等爸爸满街跑，四等爸爸在家骂。"揭露鞭笞的就是"拼爹"恶行。有关子女的升学、就业和高升，位高权重或富甲一方的爸爸，不用自己说话，有人给他安排；有点权势的爸爸，可以利用关系网，找门路，打电话，拉关系；位低权轻的爸爸，关系不多，只得满街跑，到处打听求人，拐弯抹角托人；无权无钱的草根爸爸，没有拉关系、跑关系的能量，只能在家里叹气，埋怨，骂几句撒气话。

就是这样一些新的社会现象，阻碍了社会阶层之间的流动，社会纵向流动的通道越来越窄，下层向上层流动被阻。现在一些本该"青春向上"的青年无奈地说："我们现在是'青春向下'。"这是动员组织青年为实现中国梦而奋斗中，不能不看到、不能不关注的问题。所以，共青团的助力服务，需要面向一代青年，尤其要关注底层青年，草根青年，普通平民百姓青年，为他们创造公平进入市场的机会，为他们提供公平就业的机会，为他们争取公平获得社会资源的机会，以机会均等、规则公正、过程公平助青年追梦圆梦。习近平总书记2013年五四青年节在同各界优秀青年代表座谈时的讲话中,对各级党委和团的组织提出了服务青年的四"为"要求:一为青年驰骋思想打开浩瀚天空,二为青年实践创新搭建广阔舞台,三为青年塑造人生提供丰富的机会,四为青年建功立业创造更有利的条件。这四个"为",正是当今共青团助力青春圆梦的重中之重。

参考文献:

[1] 习近平:《参观〈复兴之路〉基本陈列时的讲话》,《中国青年报》2012年12月11日。

[2] 习近平:《在同各界优秀青年代表座谈时的讲话》,《中国青年报》2013年5月5日。

[3] 习近平:《在同团中央新一届领导班子成员集体谈话时的讲话》,《中国青年报》2013年6月21日。

[4] 习近平:《在知识分子、劳动模范、青年代表座谈会上的讲话》,《中国青年报》2016年4月30日。

[5] 习近平:《共同构建人类共同体》,《中国青年报》2017年1月20日。

[6] 刘云山:《在实现中国梦的伟大实践中谱写壮丽的青春篇章》,《中国青年报》2013年6月18日。

[7] 秦宜智:《高举团旗跟党走奋力实现中国梦》,《中国青年报》2013年6月18日。

[8] 陈独秀:《敬告青年》,《青年杂志》1915年1卷1号。

[9] 辛向阳:《中国梦的历史演进及其启示》,《重庆社会科学》2013年第5期。

[10] 青连斌:《以公平支撑起中国梦》,《中国青年报》2013年7月8日。

让青春在实现中国梦的伟大实践中闪光

——关于中国梦与当代青年发展方向的思考

赵英民[*]

2012年11月29日，习近平总书记在参观《复兴之路》展览时的讲话中指出："实现中华民族的伟大复兴就是中华民族近代以来最伟大的梦想，现在，我们比历史上任何时期都更接近中华民族伟大复兴的目标，比历史上任何时期都更有信心、有能力实现这个目标。"青年作为社会最具激情和朝气的一代如何在伟大的变革时代找准奋斗目标、健康成长，成为对国家、对社会和人民有用的一代有用之才？笔者认为青年的成长与发展要与民族的强大和国家的进步紧密相连，要融入社会的伟大洪流当中，当今时代的最宏伟奋斗目标就是实现中华民族伟大复兴的中国梦，因此，当代中国青年的发展方向和奋斗目标就是积极投身实现中华民族伟大复兴的中国梦当中，让青春在实现中国梦的伟大实践中闪光，为国家富强和民族振兴贡献自己的青春和力量。

一 回顾昨日的辉煌，认识伟大复兴的目标

中华民族源远流长。在长达5000多年的历史进程中，中华儿女创造了辉煌的中华文明，为人类社会的进步和发展做出了杰出的贡献，写下了不朽的篇章。中华文明在世界上曾经领潮流和时代之先，并将这种领先地位一直保持到15世纪。直到乾隆末年，中国的经济总量仍居世界第一位，人口占世界的1/3。中国古代的四大发明，对世界文明的发展产生了深刻的影响。明朝以前世界上主要的发明创造和重大科技成就大约有

---

[*] 吉林省团校研究员。

300项，其中中国就有170多项。在人类历史上，先后出现过多种类型的古老文明，但能够一直延续至今并且没有重大断裂的，只有中华文明。到了近代，由于封建制度的衰朽和西方列强的侵略掠夺，中国逐渐陷于落后境地，进而沦为半殖民地半封建社会，中华民族陷入苦难的深渊。资本主义和中华民族的矛盾、封建主义和人民大众的矛盾，成了近代中国的主要矛盾。求得民族独立和人民解放，实现国家繁荣富强和人民富裕，便成为中华民族面临的两大历史任务。为了救亡图存和民族振兴，无数仁人志士上下求索，却都壮志未酬。以孙中山先生为代表的资产阶级革命派喊出了"振兴中华"的口号。辛亥革命推翻了清王朝，结束了两千多年的封建君主专制制度，但未能改变中华民族的屈辱地位和中国人民的悲惨境地。清末民初的中国政坛上曾出现过许多政党，但都未能解决中国的救亡和发展问题。1921年中国共产党诞生后，实现中华民族独立、解放和复兴的重任，历史地落到了中国共产党人的肩上。正如党的十八大报告所说：中国共产党从成立那一天起，就肩负起了"实现中华民族伟大复兴的重任"。从20世纪中叶到21世纪中叶的一百年间，中国人民的一切奋斗，都是为了实现祖国的富强、人民的富裕和民族的伟大复兴。这个历史任务，我们党领导全国人民已经为之奋斗了半个多世纪，取得了巨大的进展。1949年后，我们党创造性地完成了由新民主主义到社会主义的过渡，实现了中国历史上最伟大最深刻的变革，开创了在社会主义道路上实现中华民族伟大复兴的历史征程。十一届三中全会以来，我们党找到了建设中国特色社会主义的正确道路，赋予民族复兴新的强大生机。中华民族的伟大复兴展现出灿烂的前景。实现中华民族伟大复兴，是一个内涵丰富的目标，同时也是一个与时俱进的目标，民族复兴的内容必然随着时代的发展而不断丰富其时代内涵。正确认识、科学把握中华民族复兴的当代任务，我们才能把握机遇和挑战，步伐坚定地朝着这一目标迈进。

二　深刻理解复兴之意，牢记民族复兴的伟大使命

"民族复兴"，顾名思义是相对于历史的曲折而言的，是"使曾经衰落的民族再度兴盛起来"，作为这种参照系的，一方面是历史上曾经有过

的辉煌；另一方面则是后来曾经陷于的悲惨境地，包括直到现在还在某种程度上存在的落后状态。在近代，民族复兴具有特殊的含义。一是实现民族独立；二是实现国家富强。在中国共产党责无旁贷地肩负起民族复兴重任的同时，也赋予民族复兴以新的内涵，即要通过社会主义现代化建设实现民族的伟大复兴。新中国成立之初，我们党就提出了把中国建设成为一个工业化的具有高度现代文明的伟大国家的任务。进入21世纪，我国进入了全面建成小康社会，开创中国特色社会主义事业新局面的新的历史阶段。党的十六大报告指出：我们党必须"团结和带领全国各族人民，实现推进现代化建设、完成祖国统一、维护世界和平和促进共同发展这三大历史任务，在中国特色社会主义道路上实现中华民族的伟大复兴。这是历史和时代赋予我们党的庄严使命"。党的十八大报告重申了这一论述，进而把现阶段实现中国共产党执政使命的三大任务和中华民族伟大复兴的目标统一起来，赋予中华民族伟大复兴以新的时代内涵。一是建设社会主义现代化强国。以经济建设为中心，推进社会主义社会的全面发展进步。党的十八大把中国特色社会主义事业的总体布局，由社会主义经济、政治、文化、社会建设"四位一体"发展为社会主义经济建设、政治建设、文化建设、社会建设和生态文明建设"五位一体"。这一总体布局的重大战略调整，进一步明确了社会主义现代化建设的历史任务，就是要通过全面推进中国特色社会主义事业，建设富强、民主、文明、和谐的社会主义现代化强国。二是实现祖国统一。中华民族是一个统一的大家庭，中华民族的领土和主权不容分割。没有祖国的统一，就不会有完全意义上的民族复兴。要贯彻"和平统一、一国两制"的基本方针和现阶段发展两岸关系、推进祖国和平统一进程的八项主张，促进两岸人员往来和经济文化等领域的交流，切实做好台湾人民的工作，坚决反对和遏制"台独"分裂势力，努力维护台海地区的和平稳定，推进祖国统一大业。三是推进和谐世界建设，维护世界和平，使中华民族屹立于世界先进民族之林。当今世界，和平、发展、合作已成为时代的潮流。一个民族的兴盛，一个国家的发展越来越离不开世界的和平与发展。我国既要通过争取和平的国际环境来发展自己，又要通过自己的发展来促进世界和平，在国际关系中弘扬平等互信、包容互鉴、合作共赢的精神，共同维护国际公平正义。同世界各国人民一道，加强团结，密切合作，携手建立一个持久和平，共同繁荣的和谐世界。

三 憧憬美好蓝图，当代青年任重道远

美好蓝图令人向往，宏伟目标催人奋进。实现民族复兴的中国梦，当代青年重任在肩。党的十八大提出了到2020年全面建成小康社会和到建国一百年时把我国建成发达国家的奋斗目标，这是我们党向人民、向历史做出的庄严承诺。这两个宏伟目标是中华民族伟大复兴征程上的又一座重要里程碑，任重而道远。青年作为其中最少保守和最富朝气的力量，历来都是社会变革和进步的中坚力量，当代青年生逢这样一个伟大的时代，肩负着责无旁贷的历史重任，今天我们继承和发扬中国青年的光荣传统和优良作风，也要努力做到与时俱进，紧扣时代脉搏。五四时期的先进知识分子和爱国青年为了救亡图存，拯救中华民族于水火，掀起了一场声势浩大的爱国运动、思想运动和文化运动，提出了"爱国、民主、科学、进步"的口号，这个口号成为激励一代又一代青年进步、成长的五四精神，也为当代青年确立了可以有所作为的历史坐标。我们今天继承和发扬五四精神在于鼓励当代青年领会五四精神的实质内涵、现实意义，并实现它对现实的普世价值，深刻挖掘五四精神的时代精髓，引领当代青年在实现中国梦的伟大实践中创造更加辉煌的成就，用充满激情的青春托起中国梦。

（一）实现中国梦是时代赋予当代青年的庄严使命

一个人不怕一无所有，就怕没有梦想，一个国家和民族也是如此，有梦想就有希望，有梦想才有力量。中华民族历来是一个充满梦想、执着追求梦想的民族。早在蒙昧荒蛮的远古时代，我们的先人就借助女娲造人、夸父逐日、精卫填海等神话，向世人述说了自己美好的梦想。今天，我们这个有着五千年文明史的民族，正朝着"伟大复兴"的梦想快步前行！"关山万里残宵梦，犹听江东战鼓声。"中华民族伟大复兴这一梦想，凝聚了几代中国人的夙愿。从鸦片战争到辛亥革命，从五四运动到新中国成立，从改革开放到构建和谐社会，中华民族无数仁人志士上下求索、前赴后继，屡遭挫折，斗志弥坚，历经磨难更加坚强。在中国

共产党的领导下，全国上下万众一心，找到了实现民族复兴的正确道路——中国特色社会主义道路。沿着这条道路，建三峡大坝、修青藏铁路、办奥运盛会、中国人行走太空……中华儿女的一个个梦想得以实现；沿着这条道路，香港、澳门先后回归祖国，中华民族以更加自信的姿态走向世界。中国特色社会主义取得了举世瞩目的成就，以前所未有的姿态屹立于世界的东方，展现出民族复兴的光明前景。"雄关漫道真如铁，而今迈步从头越。"如今，历史将实现中国梦的重任赋予了新时代的有志青年！青年兴则国家兴，青年强则国家强。青年是整个社会力量中最富有朝气、最富有创造性、最富有开拓精神的群体，是推动社会前进的最重要力量。历史昭示我们，赢得了青年，就赢得了未来、赢得了希望。中国特色社会主义事业是面向未来的事业，这一宏伟事业的成功，需要一代又一代有志青年的接续奋斗。作为建设中国特色社会主义事业承前启后、继往开来的一代青年，每个人的前途命运都与国家和民族的前途命运紧密相连。实现民族复兴的接力棒，已经交到当代青年手上。面对伟大的时代召唤，当代有志青年应当怀揣梦想，担起重任，大步前行。

（二）实现中国梦让当代青年的人生价值得到真实实现

有梦想才会有方向，有梦想才会有前行的动力。纵观人类发展历史，凡是登上人生高峰的人，都是拥有伟大梦想的人。对于当代青年来说，最有意义和价值、最值得倡导的梦想，莫过于把自己人生价值的实现同国家的前途命运紧密地联系起来，为中华民族伟大复兴而不懈奋斗。

中国梦是教育、医疗、养老等社会事业不断改善的"民生梦"，是强国富民、改善环境的"小康梦"，更是追求和平发展、睦邻友好的大国和平崛起之梦。如此美好的中国梦，也是我们亿万中国人的梦想。想要实现这个梦，需要我们每一个中国同胞的共同努力，需要有正确的人生态度，需要有超越个人利益诉求的境界，需要选择一条正确的人生道路。只有这样，才能自觉地把实现中国梦作为自己的人生价值目标去追求。要做到这些，必须牢固树立正确的世界观、人生观、价值观。没有这正确的"三观"，就不可能有这样的行动自觉。只有牢固树立了正确"三观"，才能真正把握中国梦的真谛。"中国梦是民族的梦，也是每个中国人的梦。"中国梦是美丽的，让人向往，令人憧憬。然而，美丽的中国梦要从一种梦想变成光辉的现实，需要我们青年一代接过前人的接力棒继续奋斗。当代有志青年要不负重托、不辱使命，志存高远、脚踏实地，在实现中国梦的奋斗中彰显自己的人生价值。

在实现中国梦的奋斗中彰显人生价值，就要坚定不移地走中国特色社会主义道路。中国梦的实现，有赖于对正确道路的选择。近代历史上，康有为、梁启超、谭嗣同、孙中山等一批优秀中国人都曾有过中国梦，并为之英勇奋斗过，有的甚至献出宝贵的生命，然而他们的努力无一例外地都失败了，原因就在于没有找到正确的道路。现在，实现中国梦的正确道路已经开辟，这就是中国特色社会主义道路。历史已经证明，并将继续证明：这条道路是实现中华民族伟大复兴的唯一正确的道路。当代有志青年要坚定理想信念，增强对中国特色社会主义的理论自信、道路自信、制度自信，坚定不移、义无反顾地沿着这条民族复兴之路为伟大梦想的实现而奋斗。

在实现中国梦的奋斗中彰显人生价值，就要坚定不移地跟着共产党走。中国共产党是中国特色社会主义事业的坚强领导核心。90多年来，党始终关注青年、关心青年、关爱青年，始终同广大青年在一起。中国青年运动发展的历史和现实昭示人们：只有坚持共产党的领导，中国青年运动才能沿着正确方向蓬勃发展；只有坚定不移地跟党走，广大青年才能在正确的人生道路上迅速前进。

在实现民族复兴的奋斗中，当代有志青年要成就远大抱负，就必须坚定不移地高举中国特色社会主义旗帜跟党走，做到党有号召团有行动，立足实际，助力中国梦。青年必须不断努力学习，开阔眼界，提高自身素质，才能以自己的聪明才智投身国家建设，为早日实现民族复兴大业贡献力量，用青春梦托起中国梦，在实现中国梦的奋斗中实现自己的人生价值。

（三）用青春的热血与激情、努力与实干托起中国梦

实现中国梦的目标是实现国家富强、人民幸福、民族振兴，体现了中华民族和中国人民的整体利益，是每一个中华儿女的共同期盼。实现这个梦想，就是要把我们的祖国建设成为富强、民主、文明、和谐的社会主义现代化国家，让我们的人民过上更加幸福美满的生活，让中华民族以更加昂扬的姿态巍然屹立于世界的东方。

梦在前方，路在脚下。如今，当代青年已经成为实现中国梦的中流砥柱，从农村田间地头的村官到"神九"飞天发射中心的技术员，从汶川、雅安地震的救灾一线到奥运、世博的火热现场，到处都活跃着他们青春的身影，青年正在用实际行动诠释着对祖国的热爱，用勇气涉急流、渡险滩，用实干开新局、谱新篇，用青春和智慧驱散"浮云"，坚定不移、义无反顾地沿着这条民族复兴之路为伟大梦想的实现而努力奋斗！

实现中华民族伟大复兴，需要一种精神支持和具体行动。这种精神就是中国精神，即以爱国主义为核心的民族精神和以改革创新为核心的时代精神。这种行动就是扎扎实实地实干。中国精神只有转化为强国行动才能彰显出真正力量。在当前日益激烈的国际竞争中，在实现民族复兴的艰辛历程中，实现中国梦，说到底就是要把自己的事情做好。青年人只有脚踏实地地实干，才能把美丽的梦想变成光辉的现实。胡锦涛同志指出："全国广大青少年要志存高远，增长知识，锤炼意志，让青春在时代进步中焕发出绚丽的光彩。"广大青年要牢记教诲，永远热爱我们伟大的祖国，永远热爱我们伟大的人民，永远热爱我们伟大的中华民族，"空谈误国、实干兴邦"，刻苦学习、勇于实践，求真务实、艰苦奋斗，敢于吃苦、勇挑重担，与时俱进、开拓创新，用自己勤劳的双手收获成功、托起中国梦。

实现中国梦，青年正当时。一切有志于实现中国梦的时代青年，都应扬帆起航、中流击水，在党的指引下把握方向、围绕大局，服务经济发展，促进社会和谐，在全面建成小康社会的奋斗中书写璀璨篇章，在实现中国梦的征程上留下青春的脚印。

让青春在实现中国梦的伟大实践中闪光！

参考文献：

[1] 习近平：《承前启后　继往开来　继续朝着中华民族伟大复兴目标奋勇前进》，《人民日报》2012年11月30日。

[2] 本书编写组：《十六大报告辅导读本》，人民出版社2002年版。

[3] 胡锦涛：《坚定不移沿着中国特色社会主义道路前进　为全面建成小康社会而奋斗——在中国共产党第十八次全国代表大会上的报告》，人民出版社2012年版。

青年理想追求与中国梦的实现

张 波[*]

一 梦 梦想 中国梦

(一) 梦

梦,是在睡眠中发生的一种异常精神状态。从理论上说,梦是一种意象语言。这些意象从平常事物到超现实事物都有。梦是一种主体经验,是人在睡眠时产生的感觉。梦的内容通常是非自愿的,也有些梦的内容是自己可控制的。但是无论内容是可控制的还是自愿的,梦的整个过程是一种被动体验,而非主动体验过程。梦是一种神经行为,也有解释是人的潜意识凸显。梦虽然是一种不自觉的虚拟意识,但也是人生前进的方向与灵感。

梦是人的一种意识里的追求,是人生前进动力的源泉,梦是思想和愿望的化身。古人相信,做梦总要有原因的。古代人王符就曾说"夫奇异之梦,多有收而少无为者矣",他认为做梦总有原因可寻。做梦的原因主要有三:即物理因素、生理因素和心理因素。梦属于灵魂医学范畴,是由内外信使的刺激,引起大脑的一小部分神经细胞活动,表现为高层次灵魂的最低水平的意识状态,当然,它也遵循生物体灵魂三定律,只是它不被清醒地觉察,也不能控制而已。钱钟书在《列子张湛注——周穆王》中,对我国古代释梦之说讨论甚详,并提出了梦或成于"想",或成于"因"。

---

[*] 浙江省青年研究会研究员。

梦的心理学特征，就是个人把关心的事物有意无意地编织到梦的结构中，以及自身对一切超越现实限制的向往。因此梦本身可以看成记忆增强，或者是对某种事物的追求。俗话说"日有所思，夜有所梦"。有所思即有所梦，梦的内容反映的是追求，体现的是抱负。美国文学史上著名的文学作家杜鲁门·卡波特说过："梦是心灵的思想，是我们的秘密真情。"梦是潜意识现象，表现出潜意识外溢的征兆，尽管有时会感觉虚无。

（二）梦想

梦想，是一种意识里的追求，动力的源泉。梦想是人类对于美好事物的一种憧憬和渴望，虽然有时梦想是不切实际，但毫无疑问，梦想是人类最天真、最无邪、最美丽、最可爱的愿望。我们的人生需要更多的梦和想，如果连梦都没有哪来的想，如果没有想，哪来的前进方向。

梦想和梦是不同的，梦想是有主观性因素的，具有自觉性和可延续性；梦具有不自觉性。作家古龙说过："梦想绝不是梦，两者之间的差别通常都有一段非常值得人们深思的距离。"汉代司马相如在《长门赋》中写道："忽寝寐而梦想兮，魄若君之在旁。"五代王定保在《唐摭言·怨怒》中写道："虽限山川，常怀梦想。"明代高启在《咏隐逸·卢鸿》中写道："开元始求治，贤哲劳梦想。"他们对于梦想的理解就是在梦中怀想，希望生活在更美好的社会里和理想的生活环境中。

梦想无论怎样模糊，但总是潜伏在人们心底中。我们的人生因梦想而伟大，因梦想而精彩。而青春是人生最快乐的时光，在我们的生活中，现实和梦想是有一定的差距，正是因为有差距，所以我们才会有憧憬、有梦想。对于人生来说，有梦想的地方就是天堂。梦想，是人们在生活里进行大胆的想象，也许不一定会实现，但是一个美好的期望。有人类生活的地方，就有梦想飞翔，梦想决定着人们奋发努力的方向。有梦想的生活才是真正意义上的生活，它便是人生活的动力。所以美梦成真是我们长久以来的精神追求。而梦想一旦被我们付诸行动，就会变得神圣无比，就会与理想并驾齐驱。梦想是我们心中对自己和对未来的一种渴望、盼望以及希望，它是人生活的动力。人如果没有梦想，人生便如迷宫，不知道前方的路在哪里。只有有梦想的生活，才是真正意义上的生活。人因梦想而执着追求,拼搏进取,梦想会让人由平凡走向不平凡。无论过去、现在还是将来,我们心有多大,人生的舞台就有多大,我们的梦想有多大,这个世界就有多大!

(三) 中国梦

2012年11月29日,新一届中央领导集体在参观《复兴之路》展览的过程中,国家主席习近平发表了重要讲话。明确阐述中国梦的真实内涵。他说:"实现中华民族伟大复兴,就是中华民族近代以来最伟大的梦想。……历史告诉我们,每个人的前途命运都与国家和民族的前途命运紧密相连。……实现中华民族伟大复兴是一项光荣而艰巨的事业,需要一代又一代中国人共同为之努力。……我坚信,到中国共产党成立100年时全面建成小康社会的目标一定能实现,到新中国成立100年时建成富强民主文明和谐的社会主义现代化国家的目标一定能实现,中华民族伟大复兴的梦想一定能实现。"

在以上讲话中,中国梦的内涵十分确定,也十分清晰。从个人发展的理解上看,中国梦让我们将眼光放远,增强自信,努力工作,将个人的发展与国家的命运结合起来;从国家发展的理解上,就是要凝聚人心,实现中华民族的伟大复兴,实现国家富强、民族振兴、人民幸福。对于中国人民来说这是千年的回响、百年的追求,理所当然、顺理成章,不用讲也明白。中国梦就是和平、发展、合作、共赢的梦。中国梦不是满足于个人的"独善其身",而是要在"兼济天下"中发展自己,通过发展自己激励更好地兼济天下,造福人类和世界。

每个人都有自己的梦想,每个民族也都有自己的梦想,这个梦想就是中国梦。中国梦点燃了中国人生命的希望和热情,鼓舞了中国人民奋起战斗的勇气和决心,中国梦激扬着中国人民无视眼前的任何困难,激励大家百折不挠,永不放弃!中国梦归根到底是人民的梦,必须紧紧依靠人民来实现,必须不断为人民造福。习近平总书记指出:"这个梦想,凝聚了几代中国人的夙愿,体现了中华民族和中国人民的整体利益,是每一个中华儿女的共同期盼。"走过"雄关漫道真如铁"的昨天,跨越"人间正道是沧桑"的今天,中国梦正指引当代中国向着"长风破浪会有时"的明天迈进。中国梦深刻道出了中国近代以来历史发展的主题主线,深情描绘了近代以来中华民族生生不息、不断求索、不懈奋斗的历史。中国梦就是要用中国人民自己的道路与制度、用自己的生活方式，来实现全国人民的安居乐业，幸福美满。

二 理想 现实 追求

（一）理想

理想，是人们向往的美好愿望或宏伟的目标。理想是人生奋斗不同阶段的目标，是人们对未来有可能实现目标的想象。但是，并不是所有想象都是理想。理想不是幻想和妄想，也不同于梦想。理想是一种基本能够达到目标的想象，有其突出的特点。

一是理想具有客观必然性。理想能够正确地反映出现实与未来的关系，客观必然性就是理想存在的一种想象。理想通过正确地反映客观实际及了解合乎事物变化和发展的规律，并且经过自身的努力是可以实现的。

二是理想具有一定的社会性。理想的实现离不开社会的现实，不是孤立的个人的随意想象，是人类特有的一种精神现象。理想的社会性是由社会制约和决定的想象。

三是理想具有鲜明的阶级性。在阶级社会中，由于不同阶层的社会地位和经济利益的大不相同，不同人群追求的目标也就各不相同。所以，他们形成的理想也各不相同，人们的理想在阶级社会中必然具有阶级的烙印。各阶级统一的理想是不存在的。

理想一般要比梦想远大，梦想一般是关于个人前途的期待，而理想可能关乎人类或者社会的未来。简单地说，梦想是一种对于事物的美好憧憬，甚至是一种夸大的脱离现实的想法。理想是自己制定的目标，可以经过努力奋斗而获得的。所以说，理想是从少年、青年、中年到老年不同时期都在变换着的目标。理想也是人在生活的实践中形成的、有可能实现的、对未来社会和自身发展的向往与追求，是人们的世界观、人生观和价值观在奋斗目标上的集中体现。

当然，很多事物也不是绝对的，也许在目前技术无法达到的领域来说是一种梦想，但是未来就成为理想甚至是现实的事物。就如现在的宇宙飞船、高铁、无人驾驶飞机，在过去就是梦想，是人类经过多年的努力将梦想变成理想，继而变成了现实。梦想与理想本质上没什么区别，都是现在尚未实现而以后努力去实现的最终目标。前者有些虚幻，难以达成，只是最大限度表达自己一时的意愿。后者，则是长久以来积存在心中，点点积累，是其前进的最终目标，同时也是最现实的。理想是属于未来的，是由当事人所设定的目标，是所希望达到的人生目标和追求向往的奋斗前景。理想是路，能够带你走向成功，是人们心中美好的愿望，是力量的源泉，是前进的动力，是人活着的希望。

（二）现实

现实，顾名思义就是说客观存在的事物，现实就是确定能看到、闻到、听到、感知到的东西，是你现在就能确定存在的事物，是当下存在的客观。

当代学者、诗人张修林在其《现实、存在和价值》的哲学专著中说，"语言作用于纯粹的客观实在，形成现实"。

张修林进一步解释说："所谓纯粹的客观实在，指与人类的认识没有直接关系的纯天然性的实在，它与人类的任何判断、认识和想象无关。人类一旦对其实施判断、想象、认识，它就已经与人类发生关系，而成为现实。"

那么，我们现在一般所说的现实，就是人们在学习、生活、工作中存在着的社会自然环境和客观人际关系的总和。就是一切真实存在的客观，也许这些客观存在并不理想，但它们是一种形态状况，通过人们的改造和发展，正在进行着不断变化。现实之所以成为现实，首先是当下存在着的，有着可以发展成为现实的因素和根据。现实又包含着新的可能。

所谓"现实存在"，就是指存在于人们意识中的现实情况，一般是纯自然的物质和事物。如，现代的中国是一个发展中的国家，改革开放使人们的生活发生了翻天覆地的变化，这就是一个现实。但是，由于我们正处于一个发展变化的现实，因此，各种社会的不和谐之音也随处可见，所以，我们要进行改革创新，使之成为一个理想的现代化国家，人们都能幸福生活。

"理想很丰满,现实很骨感。"而这些实实在在的"骨感"存在也都是不以人的意志为转移的,是自然界本身的存在,与人类的思维、意识、情感、精神领域无关,它们是社会、事物本身以及这些事物的内在结构、形态、特性、规律、运动、转换与变易等。是的,"丰满"是给有准备的人,"骨感"是留给没有进取心的人;因此,"丰满"会改造"骨感",使之也变为"丰满"。现实,还会因为社会科学的发展、人类素质的提高而被调整完善,从而被人类所了解、认识和改造。

(三) 追求

追求,是人活着的希望和人生前行的动力,追求是为了得到,它本身就是一种目的。人生追求的目标,不外乎两类,一类是物质富裕;另一类是精神的富有。其实,在人的一生中,对物质产品的需求是十分有限的,但是,因为人内心的欲望及人的攀比,使一些人堕入了欲望的深渊,以追求物质财富作为自己人生理想的最高目标,不择手段、处心积虑地追求物质财富,迷失了精神。其实,一个人不管拥有多少的财富、多大的权势等,物质上的需要与一般人并无两样。

追求,其实说白了就是一种自我超越。一是在物质上超越,建立起自己对金钱的掌控系统,以满足自己的欲望及得到别人对自己的较高的评价。二是在精神上超越,在面临困境和挑战时,能够不断超越从前的自我,形成独立的理想和信念。精神是人的一种感觉,思想上的境界。因为精神是一种能力,是人生前进的发动机,它给人以一双展翅飞翔的翅膀,让我们能够在思想自由的天空中翱翔,精神往往能够激发出惊人的创造力。

人要有物质追求,生活的质量才有保障,但不可以为物质所迷惑。我们只有实现精神上的富有,才能达到自己的理想目的。精神的力量是无穷的,意念是神奇的,只有精神富有,才会有更高层次的追求,完成自己的使命,这一生才是有意义的。人活着必须要有追求,如果没有追求,没有理想,没有目标,将会迷失自己,会活得很空虚,很迷茫,不知道自己为了什么而活着,追求就是一种坚韧不拔、誓死不渝的积极向上精神。其实,凡是真正热爱生活的人都不会只停留在物质生活满足的层面,人需要精神境界的提升、人生更需要精神的力量来牵引。那种只顾物质利益的追求、为物所役的人，肯定不会有高品位的人生。

人类的理想实现，就是以客观现实为前提和基础，在此前提和基础上进行不断的追求才能实现。如对科学精神的向往和追求、对世界的人文关怀、社会正能量的提升、倡导时代新风正气，都有积极的推动作用，而这些都是中国人实现中国梦精神追求的具体内容。

三　青年个人理想与中国梦的融合

青年人从"梦"到"梦想"，从"理想"到"现实"，每个人的奋斗都应与国家的发展结合在一起。无论哪个时代，青年的特点总是怀抱着各种理想和幻想，热情奔放、活力四射，拥有无限激情。中国的未来在于青年，青年是肩负中国梦使命的主力军，青年人都有着各自不同的理想，或远大，或现实，或渺小，或平常，或崇高。但是，青年的理想都离不开中国梦的助力。青年如何做到"个人梦"和"国家梦"的有机结合，将是我们面临的重大课题。

人类因梦想而伟大，人生因拼搏而精彩。对一名企业青年而言，要实现梦想，企业就是他们的舞台。要鼓励青年在企业的发展中，不断展示出他们的岗位才能和个人魅力，个人理想应该是在本职岗位上开拓创新、甘于奉献。用年轻人的朝气、活力和激情的力量托起企业发展。在岗位技能操作比赛场上，培育青年岗位能手，带动提升个体的综合素质。通过对个人梦想的追求，提升理想，以实现"国家梦、企业梦、个人梦"三者的有机结合。

曾经有一位哲人说过："当我真心在追寻着我的梦想时，每一天都是缤纷的，因为我知道每一个小时都是在实现梦想的一部分。"作为一名青年公务人员，应该把践行中国梦与实现个人理想相融合，通过勤奋工作、刻苦学习，善于思考、勇于实践、敏于创新；要"尽心、尽力"地做好日常工作，工作中要"知不足"，学习上要"不知足"；认真学习党纪国法，学习别人的长处；只有踏实地工作才能换来踏实的生活，才能对得起自己所在岗位的职责和身份，保证自己的纯洁品性；要为建设美丽祖国贡献力量，在实现中国梦的过程中实现个人人生价值。

虽然开始时是梦想，但只要不轻易放弃，梦想就能成真。对青少年学生来说，努力学习建设祖国的本领，不要使崇高理想和豪言壮语变成空洞的辞藻，不要使梦想黯然失色，而是要让这崇高的理想存在于热爱科学、忠诚祖国的精神之中，存在于激奋的情感和行动之中，存在于自身心灵的热情激荡之中。当代青年学生是祖国的未来与民族的希望，是社会上富有朝气、富有创造性、富有生命力的群体。对于青年学生来说，中国梦首先应该是成才之梦，实现自身的全面发展，使之成为合格的建设者和接班人，成为对国家、社会有用的人，这应该是青年学生最朴素的理想和追求。有了这个理想和追求，青年才可能真正地建立起与中国梦的对接。青年学生们要引领校园时尚文化，掀起科技创新热潮，用高尚的精神奏响朝气蓬勃、奋发向上的青春旋律。

梦想无大小，实干最可贵。中国梦，需要每一个脚踏实地的足印。作为服务行业的青年人，就要以服务窗口标准化建设为契机，强化服务意识，不断丰富服务内涵，创新服务质量，全力打造"我微笑，为了你微笑"的窗口服务品牌。用青春、热情为客户提供优质服务，真情奉献社会，创新升级，达到"准确、快捷、高效、安全"的服务目标，创建一个和谐平安的社会，以实际行动续写青春的华章，实现自己的梦想与中国梦的对接。

每个人都有梦想，但具体的梦想内容各不一样，如同点滴的涓涓细流渐渐地汇成梦的海洋。青年农民群体，作为新农村建设的新生代力量，成为推动农村地区城镇化、工业化的重要动力，并成为一些不发达地区、县域中经济社会发展的一支主力军。一些农村青年回乡创业是以城带乡、以工促农的有效载体，他们以创业的方式为社会主义新农村建设添砖加瓦，激情演绎，在新时代城镇化建设的号角中，以激情四射的青春力量助推中国梦的实现。

理想是力量的泉源、智慧的摇篮；梦想是冲锋的战旗、斩棘的利剑。无数的青年企业家，引导着发展潮流，创造着改革开放的奇迹与梦想，将知识和创意付诸实践。我们可以看到洋溢在一张张略显稚嫩脸庞上的，是令人欣慰、充满希望的精气神儿。青年"创二代""创三代"崛起，谱写了一曲曲经济发展、现代化建设的赞歌，因为理想是青春的光和热的闪耀。让青春和生命在祖国最需要的地方闪光，他们让知识通过实践的作用，外化为卓越的事业和成就，内化为自身的素质和能力，在人生奋斗的历程中，实现自身的价值，促进中国梦的早日实现。

依托自己天性的才华，让自己的梦想得到实现，让自己的才华得到彰显。因为昨天的梦想，就是今天的希望，并且还会成为明天的现实。今天，数以万计的青年志愿者，活跃在全国各地，有责任意识，激情飞扬，无私奉献。勇于担当，帮助他人、服务社会，勤勤恳恳为民办实事，为百姓排解忧愁，传递爱心，传播着中华民族五千年文化，有效地拉近人与人之间的心灵距离，缓解社会矛盾，促进社会和谐。他们为尽早实现伟大的中国梦做出自己积极的贡献。

中国梦，是当代青年普遍的坚定的思想意识和目标追求；中国梦是推动人类进步之梦，青年人一定要殚精竭虑，最大限度地把自己的聪明才智和创造力发挥出来，将自身理想的发展融入伟大中国梦的成就之中。生活在我们伟大祖国和伟大时代的青年人，共同享有人生出彩的机会，共同享有梦想成真的机会，共同享有同祖国和时代一起成长与进步的机会。中国梦是13亿中国人的共同理想信念，而来自各个领域、各条战线、各行各业年轻的中国力量将不断为中国精神注入新的能量，汇集成不可战胜的磅礴巨能，在历史的新起点上，青年定会躬身力行、不辱使命，将生生不息的中华民族送达梦想的彼岸。

中国的青年们，行动起来吧，用青春和智慧，托起民族复兴的中国梦！这里，谨以"80后""北漂"时评人周小平博文《请不要辜负这个时代》的一段话作为此文的结语："这个特殊的时代赋予了我们必须完成的特殊使命：那就是为我们这个饱受了百年污蔑的民族和国家正本清源。我的朋友，请不要辜负了这个时代，不要让子孙后代责怪我们今天的愚钝。"

参考文献：

［1］习近平：《承前启后 继往开来 朝着中华民族伟大复兴目标奋勇前进》，《党史文苑》2012年第23期。

［2］周小平：《请不要辜负这个时代》，党建网（http：//www.dangjian.cn/specials/shuzixuexi/qwgd/qtfm/201308/t20130805_1389424.shtml）。

以中国梦引领青年的理想信念教育

陈 婷[*]

人人都有梦想，梦想代表了对美好生活的向往，它促使人们克服艰难险阻为之而努力、奋斗，它充实了人们的心灵，提升了人们的精神境界。正如诗人流沙河所言："理想是火，点燃熄灭的灯；理想是灯，照亮夜行的路；理想是路，引你走向黎明。"梦想能指引前进的方向，激发人们奋斗的动力，梦想也是一个国家凝聚力、活力的来源。中国梦致力于实现国家富强、民族振兴和人民幸福，是中华民族的复兴之梦，是个人发展与国家发展的统一。青年是最富于青春的激情和梦想的群体，自近代以来，一代代青年高扬理想的旗帜，关注国家社会发展，勇于承担历史责任，成为中华民族复兴的重要力量。当代青年成长于中国发展的新的历史阶段，应该志存高远，以民族复兴、人民幸福为己任，将个人发展与国家发展统一起来，传承中国精神，在奋斗中实现自己的个人价值和社会价值。

一 实现中国梦需要青年将个人发展与国家发展统一起来，为中国梦贡献力量

实现中国梦需要凝聚中国力量，中国梦重视人的价值和人的幸福的实现，使每个人都有机会共享中国梦，成为中国梦的拥有者和实现者。中国梦坚持以人为本的发展观，坚持不断深化改革，实现社会公正，激发社会的活力与创造力，使得每个人都有动力共建中国梦。正如习近平

---

[*] 复旦大学社科部 2012 级博士研究生。

总书记所言,中国梦要使人民"共同享有人生出彩的机会,共同享有梦想成真的机会,共同享有同祖国和时代一起成长与进步的机会"。实现中国梦,不仅意味着中华民族要重新走在世界前列,而且意味着每个中国人都要实现有尊严地生存,拥有更多的发展机会,实现国家振兴和人民幸福。社会主义致力于实现每个人的全面自由的发展,现实存在的个人是国家富强的动力,也是发展的目的和着眼点。国家的发展依靠每个人的努力,发展是为了人民更好地生活,中国的发展"要让世界上人口最多国家的人民,拥有充分的就业、优质的教育、完善的保障、良好的医疗,要让人民在物质生活富裕的同时实现精神的富有,要让每个人拥有更充分的政治权利、文化权益、社会地位和法治环境,要让人民群众享有更好的生态文明"。十八届三中全会进一步指出:"让一切劳动、知识、技术、管理、资本的活力竞相迸发,让一切创造社会财富的源泉充分涌流,让发展成果更多更公平惠及全体人民。"

中国梦着眼于社会成员的整体利益,是民族复兴之梦,是全国人民共同奋斗的理想和目标,是个体发展与国家发展的统一。中国梦重视个体价值的实现,然而不同于建立在个人成功与财富基础上的美国梦,中国梦是个人梦想、社会梦想、国家梦想的统一。美国梦所追求的主要是单个人的富裕、荣誉,然而"在资本主义制度下,个体理性的追求被广泛地异化为对财富的追求。对个体选择的尊重反而造成了单一的社会价值观,即对个体成功尤其是在财富上的成功的追求,这样的追求以'平等'作为出发条件,却以人与人之间的贫富分化而告终"。中国梦追求的是社会成员的普遍幸福,"中国梦不仅保证群体每个人能够得到自己该得的利益,保证每个人的权利得到保护,而且维持着共同体的利益和承担着人类责任。中国的近代现代化道路选择了中国共产党,并且始终将共同富裕作为发展道路的目标,社会主义的目标和共产主义的理想始终是中华民族复兴之梦的追求目标"。中国梦体现了中国人民的整体利益,这是中国梦不同于其他梦想的本质之处。中国共产党坚持共同富裕的原则,将人民的共同富裕作为社会的终极价值目标,代表的是中国人民的根本利益,而非少数人的利益。马克思、恩格斯指出,"过去的一切运动都是少数人的,或者为少数人谋利益的运动。无产阶级的运动是绝大多数人的,为绝大多数人谋利益的独立的运动"。中国梦的前提是国家富强、民族振兴，落脚点是人民幸福。

个人的发展与国家的发展密不可分，国家的发展为个人的发展预设了空间和现实的条件。正如流沙河所说："饥寒的年代里，理想是温饱；温饱的年代里，理想是文明。离乱的年代里，理想是安定；安定的年代里，理想是繁荣。"任何一个时代的个人的梦想的展开都是在一定的时代背景、国家发展的大前提下进行的。国家安定繁荣则个人梦想实现的机会更大，国家动荡不安、贫穷落后，"覆巢之下无完卵"，个人也深受影响。青年是实现民族复兴的重要力量，实现中国梦需要青年将个人梦想融入民族复兴的共同梦想之中，以社会整体利益为重，协调好个人利益和社会整体利益。当前随着市场经济的发展，人们利益分化加大，价值观也出现了多元化的趋势。一部分人将对金钱的追求作为人生的最高目标，崇尚拜金主义、享乐主义、极端个人主义的人生观，为了追求自我利益的最大化不惜牺牲他人、社会和国家的整体利益，见利忘义、唯利是图，逾越道德和法律的边界，如近些年出现的毒奶粉、地沟油事件以及腐败事件等。拜金主义也影响了部分人的价值观，一些人形成了功利至上的思想倾向，认为金钱才是人生价值的最高标准。人生价值是个人价值与社会价值的统一，衡量人生价值应该看个人对社会的贡献、对历史的推动作用，追求个人梦想的实现不应该侵犯社会的整体利益，二者应该协同发展。一方面需要构建合理有效的机制，使个人利益与社会利益形成良好的互动关系，在激发个体创造力的同时，维护好全社会的整体利益。另一方面应意识到个人利益与整体利益是辩证统一的，个人发展不应以牺牲他人和整体利益为代价，实现人生价值要依靠自身的诚实劳动，依靠对社会的贡献。中国梦既肯定个人对幸福的追求又强调民族的共同理想和追求，强调二者的协调统一，在面对多种社会思潮时应该坚持以中国梦为指引，将个人梦想融入中国梦，实现个人价值和社会价值的统一。

二 实现中国梦需要青年立足中国国情，坚定中国特色社会主义道路自信

实现中国梦需要青年立足中国国情，坚定中国特色社会主义道路自

信。当前历史虚无主义、新自由主义、民主社会主义等思潮在青年中存在一定的影响，混淆了部分人的政治认知和政治信仰。当代青年一代应该立足中国实际，以中国梦为指引，坚定马克思主义信仰，坚定中国特色社会主义的道路自信。实现中国梦要坚持中国道路，习近平同志指出："这条道路来之不易，它是在改革开放三十多年的伟大实践中走出来的，是在中华人民共和国成立六十多年的持续探索中走出来的，是在对近代以来一百七十多年中华民族发展历程的深刻总结中走出来的，是在对中华民族五千多年悠久文明的传承中走出来的，具有深厚的历史渊源和广泛的现实基础。"

历史、人民选择了中国共产党和社会主义道路。拥有五千年历史的中华民族曾创造了灿烂的文化，为人类的文明进步做出了贡献，然而近代以来中国沦为了半殖民地半封建国家，国家面临危亡，"当西方开展工业革命时，清朝统治者依然固守着农业文明与自然经济的缓慢节奏，依然迷恋着封建主义的专制皇权，依然强化着封建主义的思想禁锢，依然实行着对外闭关锁国的政策。从那时起，中国就开始落伍于世界潮流，逐渐失去了往日的辉煌，逐渐拉大了与西方在各方面的差距，逐渐成为时代的落伍者"。清政府对外割地赔款，不能维持民族独立，人民生活处于水深火热之中。

为寻求救国救民之路，无数的中国人奔走四方，上下求索，寻求民族复兴之路。为寻求独立自强之路，魏源倡导学习西方先进科学技术，提出"师夷之长技以制夷"，康有为、梁启超公车上书，试图变法以自强，最终以失败告终。孙中山先生领导的辛亥革命结束了中国两千多年的封建君主专制制度，推动了历史的前进，使民主共和观念深入人心，然而辛亥革命的果实最终被袁世凯窃取。"袁世凯死后，许多涉及中国未来梦想的制度设计被提出来，有些还进行了实验。这些制度设计包括改良主义、村社主义、无政府主义、三民主义、新儒家、复古主义、法西斯主义、社会民主主义，等等。此外，在历史进程中，还出现了民主与科学的梦想、实业救国的梦想、教育救国的梦想、农村改造的梦想、科技救国的梦想，等等。"但在当时半殖民地半封建的社会，这些梦想最后都破碎了。近代以来世界上有代表性的理论、学说、主义在中国差不多都被尝试过，近代历史上中国曾一度出现了一百多个政党，但都没有解决国家面临的历史性课题，也没有在中华大地上真正扎下根来。在多种思潮的激荡当中、多条道路的比较中，中国人民选择了社会主义道路，选择了中国共产党。以马克思主义为指导，坚持马克思主义与中国实际相结合，这是中国近代以来社会历史发展的内在逻辑所决定的。中国共产党领导的新民主主义革命和社会主义革命，推翻了帝国主义、封建主义、官僚资本主义在中国的统治，建立了新中国，确立了社会主义制度，实现了民族独立，为中国发展进步奠定了政治前提和制度基础。

中国特色社会主义道路是在实践过程中形成的。新中国成立后，如何在贫穷、落后的基础上建设现代化国家，中国共产党领导中国人民进行了艰难的探索，什么是社会主义，怎样建设社会主义，在对这个问题的认识上也曾走过弯路，付出了巨大的代价。为了改变贫弱的局面，中国人民突破陈规，联系中国实际，以自强不息、锐意进取的改革创新精神，坚持改革开放，走上了中国特色社会主义道路。邓小平以巨大的历史责任感认识到中国不能再错失发展的机遇，"不改革开放只能是死路一条"。社会主义就是要破除僵化思想的束缚，不断地深化改革，解放生产力、发展生产力，最终实现共同富裕。邓小平也一再强调"如果改革造成了贫富两极分化，就说明我们的改革开放政策失败了"。经过三十多年的改革开放，中国的 GDP 总量已居世界第二，然而正如邓小平所说，发展起来以后的问题并不比发展时少。当前社会面临贫富分化拉大、阶层分化、社会有失公正、环境急需保护等问题，处于改革发展的关键时期，面临改革的"深水区"，需要冲破陈旧观念的障碍、突破利益固化的藩篱，深化改革、推进发展。青年应以历史、发展的眼光看待改革开放过程中出现的问题，对其中出现的社会问题不应该偏激地看待，坚信以深化改革来解决发展中出现的问题，牢记历史赋予青年的责任，坚定中国特色社会主义道路自信。

三 实现中国梦需要青年勇于承担历史责任，弘扬中国精神

实现民族复兴和人民的幸福是一代代中国人的共同梦想。从饱受列强欺凌到走上独立自强之路，从贫困走上人民富裕、国家富强之路，今

天的青年人站在国家发展的新的起点上，面临的是推动民族复兴的历史任务，应传承热爱祖国、自强不息的民族精神和艰苦奋斗、开拓创新的改革精神，以中国梦激发前进的动力，承担历史赋予当代青年的使命，成为实现民族复兴的重要推动力量。

实现中国梦需要青年弘扬热爱祖国、自强不息的民族精神。中华文明传承几千年不息，中华民族历经挫折而不屈靠的就是热爱祖国、自强不息的民族精神，民族精神鼓舞了一代又一代中华儿女为了国家的繁荣昌盛拼搏不息、奋斗不止。"天下兴亡，匹夫有责"，"先天下之忧而忧，后天下之乐而乐"，中国人民历来有热爱祖国重视社会整体利益的传统，在国家危难之际有无数先进的中国人自觉地将个人的命运发展与祖国发展联系起来，如周恩来在中学时期就立下"为中华之崛起而读书"的志向。黄花岗七十二烈士之一的林觉民为了挽救危难中的国家，痛别深爱的妻子，慷慨就义，写下了情深意切的《与妻书》。一批批先进的中国人以民族复兴为己任，高扬理想的旗帜，不惜为之流血牺牲。当代青年应该弘扬爱国主义的精神，增强对社会、对人民的责任感，勇于承担历史责任，成为民族复兴的推动力量。

实现中国梦要弘扬以改革创新为核心的时代精神。中华文明之所以永葆活力靠的就是开拓创新的精神。改革开放以来，我国丰富和发展了以改革创新为核心的解放思想、开拓进取、攻坚克难、与时俱进的时代精神。"文化大革命"后，总结社会主义建设的经验教训，邓小平提出要不断解放思想，破除僵化观念的束缚，一个党，一个国家，一个民族，如果一切从"本本"出发，思想僵化，迷信盛行，那它就不能前进，它的生机就停止了，就要亡党亡国。当前中国处于传统向现代社会的转型期，面临新的挑战，改革也进入关键期，需要进一步弘扬改革创新的精神，冲破思想观念的障碍和利益固化的藩篱，以深化改革完善社会主义制度，鼓励新思想的涌现，创造公平正义的社会环境，激发社会的活力。十八届三中全会提出了进一步解放思想、解放和发展社会生产力、解放和增强社会活力，破除体制机制弊端，以深化改革推动社会主义制度的自我完善和发展。"中国梦不能成为自我陶醉、自我封闭的梦，中国梦既是民族复兴的梦，也是开放、发展、创新的梦。这是传统与变革或曰变与不变的辩证法。"中国梦既需要我们传承优良的文化传统也需要我们借鉴他国优秀文明，联系中国实际，改革创新，开拓进取。"中国梦把中国优秀传统文化、马克思主义先进理论和外部世界的人类优秀文明成果融为一体，形成新鲜而丰厚的精神资源，在国家层面，倡导富强、民主、文明、和谐；在社会层面，倡导自由、平等、公正、法治；在个人层面，倡导爱国、敬业、诚信、友善，进而凝聚产生整个民族的精神力量。"

实现中国梦需要发扬艰苦奋斗的精神。"空谈误国，实干兴邦"，中国梦指引了我们奋斗的方向，梦想要成真需要我们在实践中为之奋斗。当代青年成长于物质条件相对充裕的环境，缺乏艰苦奋斗的实践经历，因而部分人注重自身享受，追求物质上的满足，缺乏吃苦、奋斗的精神。无论是国家民族的兴旺，还是个人事业的成功，都离不开艰苦奋斗，实现人生理想需要青年发扬脚踏实地、不畏艰难的实干精神和敢于开拓、锐意进取的奋斗精神。李大钊根据自己治学和工作的体验，反复教导青年必须具备求真的科学态度，强调学知识、做工作，都应该扎扎实实，培养认真的习性，"不驰于空想，不骛于虚声"，"以此态度求学，则真理可明；以此态度做事，则功业可就"。

实现中国梦需要直面困难和挑战。通往梦想的道路并不平坦，在实现梦想的征程上，必然会遇到这样那样的困难、风险和挑战，要培养奋发向上的精神，以不畏艰难、坚韧不拔的精神直面挑战。青年要增强社会责任感，以民族复兴、人民幸福为己任，实现个人的全面发展与国家富强、民族振兴的有机统一。

参考文献：

[1]《同心共筑中国梦》，《文汇报》2013年6月25日。

[2]《中共中央关于全面深化改革若干重大问题的决定》，人民出版社2013年版。

[3] 吴海江、杜彦君：《国际比较视野下的美国梦、欧洲梦和中国梦》，《思想理论教育》2013年第11期。

[4]《多维度中的中国梦》，《光明日报》2013年10月20日。

[5] 郝永平、黄相怀、田田：《历史维度中的中国梦》，《光明日报》2013年10月15日。

[6] 童力：《中国梦，从历史中走来》，《中国社会科学报》2013年7月1日。

［7］邓小平：《解放思想，实事求是，团结一致向前看》（1978年12月13日），《邓小平文选》第2卷，人民出版社1994年版。

［8］韩震：《中国梦：中华民族国家认同的理想前景》，《道德与文明》2013年第4期。

［9］《当代精神软实力的新构建》，人民网（http：//theory.people.com.cn/n/2013/1208/c359404-23779056.html）。

［10］《李大钊文集》（下），人民出版社1984年版。

中国梦背景下当代青年理想信念
教育实现路径探析

叶茂盛[*]

2012年11月29日，习近平总书记在参观中国国家博物馆《复兴之路》图片展时指出：实现中华民族伟大复兴，就是中华民族近代以来最伟大的梦想。中国梦道出了无数中国人奋发图强的心声。青年是祖国的未来和民族的希望，是实现中华民族百年复兴梦想的重要力量。中国梦的实现有赖于当代青年的长期努力和不懈奋斗，应将中国梦融入当代青年理想信念教育全过程，使其了解祖国的昨天、今天和明天，树立正确的世界观、人生观和价值观，肩负起实现中国梦的历史使命和时代责任。因此，在中国梦背景下，研究加强当代青年的理想信念教育实现路径具有重要意义。

一　中国梦的提出及内涵

当今世界经济全球化，政治多元化。北美大陆曾孕育出世界上有名的"美国梦"，但在金融风暴席卷之下，怀揣梦想来到美国的人们已没有了当年的热情。在亚欧大陆的另一端，欧洲正进行超国家共同体的尝试，并催生出一个"欧洲梦"，但欧债危机的爆发带来的更多是对"欧洲梦"的质疑。而新中国成立以来，几代中国人靠自力更生和艰苦奋斗，把一穷二白的旧中国改造成日益繁荣富强的新中国。当前，中国国力不断提升，国内生产总值跃居全球第二位；人民生活水平显著提高，社会建设取得巨大进步；改革取得大量成果，积累了大量财富，但也面临了一些

---

[*] 北京市科委技术市场办助理研究员。

矛盾和问题，如职务腐败、贫富差距、环境恶化、弱势群体面临困境，等等。就是在这样复杂的国际、国内环境下，提出了中国梦。

中国梦的基本内涵是实现国家富强、民族振兴、人民幸福。中国梦是实现中国国家富强的国家梦，是实现中华民族振兴的民族梦，中国梦是实现中国人民幸福的人民梦，凝聚了几代中国人的夙愿，体现了中国人民的整体利益，是中华民族近代以来最伟大的梦想。通过中国梦这一高度凝练的象征性理念激励全国人民团结一心、奋发图强、和衷共济，实现中华民族伟大复兴的未来梦想。中国梦是全国各族人民的共同理想，也是当代青年应该牢固树立的远大理想。中国特色社会主义是我们党带领人民历经千辛万苦找到的实现中国梦的正确道路，也是广大青年应该牢固确立的人生信念。

二 中国梦背景下当代青年开展理想信念教育的必要性

随着中国梦得到广泛的认同，开展当代青年理想信念教育的历史时机更加成熟。2012年12月26日，刘云山同志在全国组织部长会议上指出，要切实加强理想信念教育，引导党员干部进一步坚定中国特色社会主义道路自信、理论自信、制度自信，以良好精神状态为实现伟大中国梦而奋斗。2013年5月4日，习近平总书记在同优秀青年代表座谈时指出：理想指引人生方向，信念决定事业成败，没有理想信念，就会导致精神上"缺钙"。中央领导同志从不同角度深刻地揭示了中国梦背景下加强理想信念教育的时代紧迫性。

另外，加强青年理想信念教育还具有很强的现实必要性。当今社会，价值取向多元化趋势加快，其中不乏拜金主义、享乐主义等不良影响，让少数青年混淆价值、迷失自我，抱怨没有施展空间，对现行道路产生动摇，或者无所事事、虚度光阴。种种现象，其根源都在于理想信念不坚定、不正确。青年树立怎样的志向，怎样坚定理想信念，至关重要。当代青年作为中国特色社会主义事业未来的建设者和实现中华民族伟大复兴的重要力量，有必要认识和理解中国梦。应将中国梦宣传教育融入当代青年理想信念教育全过程，使青年了解祖国的昨天、今天和明天，树立正确的世界观、人生观和价值观，肩负起实现中国梦的历史使命和时代责任。

三 中国梦背景下当代青年理想信念教育实现路径

如何深刻理解中国梦的内涵，自觉应用这一理念探索学习科学文化知识，解决现实问题，并最终实现成长、成才，成为当代青年理想信念塑造的具体着力点。要按照"课堂理论学习—课后互动活动—社会实践检验—成长成才激励"为主线的现实路径塑造理想信念。

（一）课堂理论学习是青年认知中国梦的主要渠道

要发挥课堂教学作为学习中国梦主渠道作用。有关中国梦学习课程设置应坚持"要精，要管用"的原则，以经典原著导读、专题讲座、专家讲坛等形式传授中国特色社会主义理论成果，要将中国梦的学习教育和国情、市情、学情相结合，促使广大青年学生对中国特色的社会主义理论入耳、入脑、入心，真学、真信、真懂。

对中国梦理念现实意义的认知，是理想信仰塑造的逻辑起点。认知属于理想信仰形成的初级阶段，这主要依靠直接在课堂上的理论知识学习来完成。对于当代青年而言，首先，中国梦是精神能量，即一定要坚定马克思主义的信仰、坚定社会主义的信念、增强对改革开放和现代化建设的信心、增强对党和国家的信任。其次，它是责任担当，是包括广大青年学生群体在内的全体国民为了实现共同理想而付出的不懈努力。最后，它还是文化气韵。中国梦唤醒了国人的民族文化自觉，彰显了传统文化的瑰丽色彩。因此，可以说中国梦的提出再度引起了广大青年学生对于自身历史使命、社会责任的热切关注，极大地增强了当代青年自身的"抗体"和"免疫力"，引领了当代青年的政治信仰，激发了中华儿女实现祖国伟大复兴的新的自觉。

（二）课后互动活动是促进青年认同中国梦的重要手段

青年通过系统学习中国梦理念内涵、外延及现实意义之后，下一步就是通过课后互动活动而增加其认同度。即引导青年学会正确运用中国特色社会主义理论基本原理去分析和解决现实问题，使其感受到理念的力量所在，与实践的同一性所在，以此达致理念认同。这需要联系社会热点问题和青年成长实际，通过案例研讨、专题研习（参见典型案例一）、主题辩论、展播《信仰》《复兴之路》等经典影视、书目推荐等活动，引导青年分析、解决所关注的现实问题，突出青年人在中国梦内化过程中的主体认同、理论认同、实践认同。

专题互动活动在保证被教育者的自主性的同时，还要充分结合中国特色社会主义理论教学内容，与其他理论课程相结合，如配合"经典原著导读"课程开展小组读书和研习活动，配合"社会热点问题解析"课程开展热点辩论活动，配合"时代精神"课程开展与老党员、时代楷模面对面活动，配合"人民领袖的领导艺术"课程开展领袖足迹参观瞻仰活动，配合"调查研究方法"课程开展小组调研项目教学活动，配合"领导力开发"课程开展任务驱动教学活动，等等。其主旨在于引导青年将所学理论内化为活学活用、提升运用理论解决实际问题的能力。以实现在课后互动活动中提高认识，增加知识，全面坚定中国梦理念认同。

典型案例一：北京大学新闻与传播学院举办
"中国梦与少年志"专题研习活动

2013 年 4 月，北大新闻与传播学院"中国梦与少年志"主题党团日活动暨第 20 期党性教育读书班在二教 316 室举行，参加活动的党性教育读书班和团校学员通过小组成果交流与模拟新闻发布会的形式，展现了新传学子心中的拳拳中国梦，殷殷少年志。院党委书记冯支越在活动现场聆听了同学们的学习心得，和大家进行交流。活动以"中国梦与少年志"为主题，契合主流价值，引导学生深入有效地学习十八大精神与两会精神，是一堂生动丰富的思想教育课。梦在前方，路在脚下，北大新传人将怀揣民族复兴的中国梦，立壮志，行大道，为早日实现中国梦而上下求索。在随后的模拟新闻发布会中，各小组分别扮演媒体工作组与政府工作组，并由前者向后者自由提问。"新闻工作者"以敏锐的洞察提出了一系列集中突出、普遍关注的热点难点问题：如何解决经济发展与生态文明建设之间的矛盾，如何在食品监督过程中协调多方利益等。"政府工作人员"结合现有政策与自身见解"答记者问",再次从不同角度和层次解构中国梦的现实意义与实现途径。

(三)社会实践检验是促进青年感受中国梦实现理想升华的直接动力

社会实践是实现青年"个人梦"进而实现中国梦的主要路径之一,即着眼于运用中国特色社会主义理论分析现实国情、解决实际问题,引导青年在实现自身人生价值的过程中,进一步坚定为中华民族伟大复兴献身的理想信念。活动可针对不同的理论课程设计不同的实践项目,或开展革命根据地红色实践教育、基层社会调查、问题式的现实国情观察等社会实践项目,或开展学术交流、实习见习等个人成长式的实践,从而以各种实践活动引导青年在认知现实国情、实现自身发展的过程中实现理想信念的升华。

鼓励和引导青年学生在中国梦的大主题下,对实践中接触的基层群众开展参与式观察和交流,了解基层群众生活、工作的实际情况,倾听他们对于当下生活的感受和对未来生活的憧憬,从而以小见大,感悟由千万个"个人梦"组成的民族精神和时代精神,挖掘中国梦在不同层面的具体体现,从而实现促使青年学生感受中国梦、实现理想升华。

典型案例二:清华大学开展"我的中国梦"主题社会实践

清华大学开展"我的中国梦"主题社会实践,百余支队伍、近千名学生走向西部、走入农村、走进社区,足迹遍布30多个省(市、区),亲身体会基层劳动者对当下生活的感受及对未来生活的理想憧憬,深刻感悟由千万个中国梦组成的民族精神和时代精神,挖掘社会主义核心价值体系在不同层面的具体体现,坚定为中华民族伟大复兴而奋斗的决心。其中,环境学院内蒙古风电考察实践支队亲身体会了乌兰察布恶劣的气候环境和中广核宏基风电场职工艰苦的工作条件,并为这些"追风人"执着追求"为国家多发绿色电"的梦想而感动。环境学院2011级本科生高琰昕感慨地说,正是无数这样坚守在平凡岗位上的平凡人共同构建起了中华民族伟大复兴的中国梦。

（四）成长成才激励是促进青年坚守中国梦理想信念的基本保证

理想信念在青年的思想意识中是从"感性认识"到"理性认知"，从"情感认同"再到"习惯养成"的过程，也是伴随着青年综合实践能力的不断积累的过程。当代青年不应仅仅了解中国梦、了解中国特色社会主义"五位一体"建设，更应是传播中国梦、传播中国特色社会主义理想的具有较好专业素质，能够走在各行各业前端的时代精英。因此，在层层递进的培养过程中，当代青年的理想信念塑造最终还应落脚于助推专业素质、完善人格、综合能力的成长，从而激励青年坚守中国特色社会主义的理想信念，并最终用其一生的奋斗，去实践理想信念，建设中国特色社会主义强国，为中华文明和世界文明的进步贡献毕生才华。

典型案例三中的大学生村官蒋正超正是在自己平凡的岗位上不断积累，不断进步，成了新时期坚守理想信念、践行中国梦的杰出代表。

典型案例三：中国青年政治学院毕业村官蒋正超坚守理想信念践行中国梦

蒋正超是中国青年政治学院2006级社工学院的校友。2010年7月份，他考取了北京市怀柔区庙城镇孙史山党支部书记助理一职，成为一名大学生村官。2012年，蒋正超联合同届村官，在镇政府支持下，他拿出几年辛苦积攒下来的工资，一口气承包了18个大棚搞种植，种植蔬菜新品种20余个，展开大棚蔬菜种植实验示范活动，带动村民致富。他一直坚守的梦想就是让世界都成为鸟语花香的乐土，他也在为此努力着。

"立志当农民"的蒋正超在中国青年政治学院举行的"中国梦·青年梦·中青梦"座谈会上给大家展示了自己带领村民种植的甘蓝、西芹、菜花等绿色蔬菜，得到学院党委书记在内多位领导的称赞。蒋正超认为："个人梦想就像一滴水，所有人的梦想集合起来就汇成了'中国梦'这条大河。"近年来，蒋正超先后获"北京市优秀大学生村官""大学生村官自主创业明星"等称号，他的事迹也受到凤凰网、新华网、《中国青年报》《中国改革报》等媒体广泛的关注。

四 当代青年理想信念塑造过程中需注意的问题

(一) 要正视当代青年理想信念形成面临的现实挑战

理想信念虽然属于精神层面范畴，但也与现实密不可分。理想信念只有与现实相结合，才能内化于心。正因如此，要让广大青年坚定理想信念，首要的是正视青年理想信念形成的现实环境，认清理想信念形成的复杂性和艰巨性。由于当代青年在升学、就业等方面面临着激烈的竞争，再加上多元化社会思潮的深刻影响，理想信念呈现出多元化倾向，一些青年的共产主义理想信念淡薄，对社会前途存在模糊认识，某些消极、落后的价值观念和错误思潮在当代青年中还有着相当大的影响力和渗透力。如此客观处境是坚定青年理想信念不可回避的现实挑战，也是开展青年理想信念教育的出发点。为此，必须引导青年客观看待现实，引领他们成为胸怀崇高理想的乐观主义者。要通过教育让他们明白，对于现实中的一些阴暗面，采取抱怨现实、责难现实的方式，对自身的成长毫无益处；只有保持积极健康的心态，用历史和发展的眼光看待现实问题，义无反顾地担当起改造现实的历史使命，汇入实现中国梦的伟大洪流，才是自身成长成才的正确路径。

(二) 要营造有利于塑造当代青年理想信念的公平社会环境

首先，高校毕业生就业市场应当实现由学历型向技能型再向素质型的转变，只有当用人单位在挑选毕业生时遵循了素质优先，德才兼备的原则，各级教育机构才有可能实现真正意义上的素质教育。其次，要树立正确的就业观和择业观。一方面，当代青年要理性面对就业形势，不要把眼光仅仅盯在沿海发达地区，随着国家区域协调发展战略逐步落实，中西部地区正逐渐成为大有所为的舞台；另一方面，要逐步形成灵活多样的就业方向和就业形式，以此来缓解就业中的地区性和结构性矛盾。只有营造了有利于塑造当代青年理想信念的公平社会环境，才会防止利己主义、享乐主义、功利主义、技术主义等思潮的抬头。

(三) 在理想信念教育中切忌搞"一刀切"

在当代青年学生理想信念教育中，应当注意区分不同类型的学生，采取适合他们自身的教育方式方法，结合学生个人生活实际来逐步帮助、提高以使其最终建立积极健康的理想信念和人生态度。最重要的是应当针对不同的个人理想，找准切入点，使其与中央领导同志提出的当代青年应当具有的理想信念之间建立可靠的、有机的发展联系，配合丰富多彩以实践中国梦为主题的社会实践活动，逐步使其顺利地过渡和升华。

(四) 建立科学合理、动态长效的成果反馈和促进体制

理想信念教育的反馈和促进体制，一直是青年思想政治教育中的一个难题。在整个青年考核评价体系中，除了专业成绩、在校表现之外，还应当大力增加社会实践的内容。社会实践活动包括学生集体社会实践和个人社会实践，目前的青年学生在个人社会实践方面应该说还是比较丰富的，但是在集体社会实践方面还有待于及时、高效组织。在集体社会实践活动中，往往能够较个人社会实践更好地反馈和促进理想信念教育的成果。

五 小结

在中国梦背景下，当代青年理想信念的塑造过程就是对中国特色社会主义进行内化、升华、应用及坚守的过程。从教育学的角度看，理想信念的形成符合认知理论的一般规律，因此，理想信念的塑造要坚持理论讲授和实践培养相结合的原则，即打下扎实的思想理论基础和运用中国特色社会主义理论探索解决现实问题的实践。同时，当代青年理想信念的形成也符合与青年个性特征相适应的规律，因此，理想信念的塑造要坚持因材施教，采用当代青年喜闻乐见的话语方式和教育手段，重在潜移默化。理想信念的形成还符合长期性与复杂性相统一的规律，因此，中国特色社会主义理想信念的塑造还应坚持分步骤、系统化的原则，形成全员、全过程、全社会培养的长效局面，并归纳、提炼当代青年理想信念内化机制及形成路径。

当今时代我们比历史上任何一个时期更接近民族复兴的梦想，我们更有信心更有能力实现中国梦，更需要我们这些中国特色社会主义事业的继承者们不断拼搏，"空谈误国、实干兴邦"。中国梦的实现，不单单是国家经济实力的壮大，还包含国家、民族、社会、个体在内的多维发展，是一个个具有坚定理想信念的当代青年梦得以实现的伟大进程。

参考文献：

［1］卢子娟：《"三个自信"与实现中国梦》，《中国党政干部论坛》2013年第5期。

［2］《全国组织部长会议在北京召开，刘云山出席并讲话》，2012-12-26，中央政府门户网站（http：//www.gov.cn/ldhd/2012-12/26/content_2299726.htm）。

［3］邓闽军：《坚定信念指引青年人生方向》，2013-05-06，中国青年网（http：//pinglun.youth.cn/wztt/201305/t20130506_3188313.htm）。

［4］邓小平：《邓小平理论》，第3卷，人民出版社1993年版。

［5］肖贝、冯美娜：《新闻与传播学院举办"中国梦与少年志"主题党团日活动》，2013-04-01，北京大学网站（http：//pkunews.pku.edu.cn/xywh/2013-04/01/content_268048.htm）。

［6］清华大学团委：《寻中国梦 抒爱国情 立报国志——记清华大学学生"我的中国梦"主题社会实践活动》，《北京支部生活》2013年第10期。

［7］中国青年政治学院团委：《中国青年政治学院举行"中国梦·青年梦·中青梦"座谈会》，2013-05-07，中国青年政治学院网站（http：//www.bjyouth.gov.cn/jcxx/dx/484503.shtml）。

中国梦引领大学生成为忠诚的爱国者

姜春英[*]　周昌芹[**]　姜聪敏[***]

伟大时代，产生伟大梦想。党的十八大以后，习近平总书记提出的中国梦这一人类文明史上罕有的壮美集体梦想，道出了当代中国最耀眼的时代主题和奋斗目标。中国梦是中华民族的梦，是每一个中国人的梦，更是每一个大学生的梦。当代大学生是民族的希望、祖国的未来，是实现中国梦的生力军和中坚力量。中国梦所蕴含的强大凝聚力和感召力极大地激发了大学生群体的爱国之情、报国之心和卫国之志，当代大学生在中国梦这一凝聚着中华民族正能量的集结号下，在敢于有梦、勇于追梦、勤于圆梦的过程中，正逐渐成为一名忠诚的爱国者。

那么，一名忠诚爱国者的特征是什么？这要从爱国主义的含义说起。伟大革命导师列宁曾经说过：爱国主义是人们对自己祖国情感上、意识上、行为上的热爱及其实践。"爱国主义作为情感、理智和行动三者交融的有机整体，是爱国之情、强国之志和报国之行的统一。""爱国主义包含着情感、思想和行为三个基本方面。其中，情感是基础，思想是灵魂，行为是体现。只有做到爱国的情感、思想和行为一致的人，才是真正的爱国者。"换句话说，只有做到爱国的情感、思想和行为一致的人，才是忠诚的爱国者。中国梦以其宏大而深邃的内涵，以其强大的凝聚力和感召力，通过"铭记历史"激发着大学生的爱国之情，通过"心中有梦"树立着大学生的强国之志，通过"实干兴梦"锤炼着大学生的报国之才，

---

[*] 重庆旅游职业学院讲师。
[**] 重庆旅游职业学院教务处处长、讲师。
[***] 黑龙江省饶河县第三小学一级教师。

从而引领当代大学生成为忠诚的爱国者。

一 中国梦通过"铭记历史"，激发大学生的爱国之情

(一)"铭记历史"的重要性

要爱之必先知之，知国才能爱国，"知之深"才能"爱之切"，知国需懂史。龚自珍曾告诫世人，"灭人之国，必先去其史"。因为，"对历史闭上眼睛者看不到未来"。梁启超说过："史学者，爱国心之源泉也。"邓小平同志反复强调：要用历史教育青年，教育人民。历史是最好的老师，它承载着民族的密码、国家的精髓，翻开历史好比翻开国家和民族的传记，一个人只有充分了解本民族的奋斗历史和发展历程，才能培养出真挚深厚的爱国情感。但是，根据相关调查资料显示，相当多的当代大学生对祖国的历史和国情，知之不多、知之不深。这种情况会对身处盛世、年纪尚轻、涉世不深、"三观"不稳的大学生的思想政治状况产生诸多不良影响。江泽民同志就曾指出：现在，有不少的年轻人，对于我们国家和民族过去饱经忧患的历史，争取独立和解放的历史，不了解，不熟悉……这就向我们提出一个任务，必须向人们，特别是年轻人加强国情教育。胡锦涛同志也强调：全国广大青年一定要深刻了解近代以来中国人民和中华民族不懈奋斗的光荣历史和伟大历程。就在前不久，十二届全国人大常委会第七次会议通过了两个决定，分别将9月3日确定为中国人民抗日战争胜利纪念日，将12月13日确定为南京大屠杀死难者国家公祭日。"两个决定"体现了以国家的名义提醒包括大学生在内的中国人时刻铭记历史、反思历史、珍惜现在。"以中国国家名义进行正式纪念与公祭，其世界意义在于，促使人类历史记忆长久保持唤醒状态，而避免出现哪怕是片刻的忘却与麻木。"只有铭记历史、正视历史，中华民族才能走出受辱阴影，实现内心的强大，以更加自信、从容和平和的大国心态面向未来。因此，要激发大学生的爱国之情，必须要让他们铭记历史，在全面了解祖国的历史与现状、屈辱与成就、差距与优势、机遇与挑战中培养理性、深厚而坚定的爱国之情。

(二)"铭记历史"是中国梦的一大主题

"中国梦教育说到底就是对历史的提炼与总结。""中国人民形成中国梦的过程,就像是一本历史教科书。""中国梦是历史的、现实的,也是未来的。""它记录着中华民族从饱受屈辱到赢得独立解放的非凡历史,承载着为开创中国特色社会主义道路艰辛探索的伟大历程,展现着中国特色社会主义的似锦前程。"

在人类的历史长河里,众多文明如流星陨落、昙花一现,唯独中华民族始终薪火相传、绵延不绝,长期居于世界文明发展的先进行列;中国自秦汉以来,尽管也有分裂时期,但"合"仍是历史的主流,基本保持了大一统局面。千年悠久历史积淀而成的天朝大国情结,衍生出中华民族长久以来的自豪感和优越感。然而,鸦片战争击碎了中国人的大国梦想,中国从曾经的泱泱大国变为任由世界列强宰割的弱国病国。在世界列强加紧侵略、民族危机空前加重的背景下,救亡图存的民族使命迫在眉睫,无数中华儿女进行了不屈不挠的探索和抗争。自那以后,实现中华民族伟大复兴的中国梦,就成为中国近现代史的主题,由此,中国人开始了寻求救国真理、探索民族出路的历史。"中华民族的昨天,可以说是'雄关漫道真如铁'。"无论是封建阶级的洋务运动,还是资产阶级改良派的维新变法,抑或是资产阶级革命派的辛亥革命,这些追寻梦想的行动都没有彻底驱散笼罩在神州大地上的阴霾,中华民族的独立自由之梦依然破碎难圆。中国共产党的诞生是中国从黑暗走向光明的转折点,中华儿女在中国共产党的领导下掀起了一场前所未有的彻底反帝反封建的民主革命,进行了艰苦卓绝、筚路蓝缕的求索和斗争,最终实现了民族独立和人民解放。

中华人民共和国的成立,掀开了在中国共产党领导下为实现国家繁荣富强、人民共同富裕而奋斗的新篇章。"中华民族的今天,正所谓'人间正道是沧桑'。"1949年以来特别是改革开放30年来,中国共产党带领全国各族人民总结历史经验、艰苦奋斗、开拓进取,战胜各种艰难曲折和风险考验,取得了举世瞩目的伟大成就:经济持续健康发展,人民民主不断扩大,人民生活水平全面提高,文化软实力显著增强,资源节约型、环境友好型社会建设取得重大进展,国际地位迅速提升。总之,在中国共产党的领导下，在中国特色社会主义道路的指引下，中国从黑暗走向光明、从贫穷走向富裕、从落后走向进步、从封闭走向开放，沿着"站起来""富起来""强起来"的幸福路线，用短短几十年的时间成功走过了其他国家几百年的历程。"中华民族的明天，可以说是'长风破浪会有时'。"现在，我们比历史上任何时期都更接近、更有信心、更有能力实现中华民族伟大复兴的目标。但我们同时也应清醒地认识到：一方面，"我国仍处于并将长期处于社会主义初级阶段的基本国情没有变，人民日益增长的物质文化需要同落后的社会生产之间的矛盾这一社会主要矛盾没有变，我国是世界最大发展中国家的国际地位没有变。"我国人口众多，基础薄弱，经济社会发展很不平衡，人均国内生产总值偏低，发展经济、保护环境、改善民生的任务仍十分艰巨。当前，中国正处于工业化、城镇化、农业现代化和转变经济发展方式的关键阶段，改革也已进入攻坚期和深水区，发展瓶颈和深层次矛盾日益凸显。另一方面，随着世界多极化和经济全球化的深入发展，随着中国国际地位的迅速提升和国家利益的不断延伸，我国与外部世界的经济摩擦、利益摩擦、舆论交锋更加突出，如何有效应对各种压力和挑战，化解"巨人"成长的"烦恼"，如何维护国家利益和稳定，有效彰显中国的发展理念、发展道路的优势，我们面临的任务十分艰巨，距离实现中华民族伟大复兴这一战略目标还有很长的路要走。

（三）在"铭记历史"中激发大学生的爱国之情

十八大之后，全国掀起了一阵"梦"的热潮，这股热潮很快就吹进了各高校，中国梦所蕴含的强大精神能量引起了高校学子的强烈共鸣和高度关注，掀起了学习、研究、践行中国梦的高潮。在这过程中，中国梦以其丰富的历史内涵，通过"铭记历史"可以很好地培养大学生的爱国之情。

有事例、有对比、有分析，才能使大学生真正"知史""知国"，他们在感人的事例、生动的对比、深入的分析中激发、培养深厚的爱国之情。通过使大学生了解分析近代中华民族的辛酸史、血泪史、抗争史，以此激发大学生的"国强我荣、国衰我辱"的民族意识、奋发图强的斗志和立志改变祖国面貌的爱国激情。通过了解分析中国共产党成立近百年来的探索史、奋斗史、自我革新史，以此促使大学生认识到是历史和人民选择了中国共产党，中国共产党是无愧于"始终代表中国先进社会生产力的发展要求、始终代表中国先进文化的前进方向、始终代表中国最广大人民的根本利益"称号的伟大政党，以其独具的"先进性、学习性、革新性"和"创造力、凝聚力、战斗力"特点领导中华民族从一个胜利走向另一个胜利，只有中国共产党才能救中国，只有中国共产党才能带领中华民族实现伟大复兴的中国梦。通过了解分析中国推进社会主义建设的正反经验，以此使大学生理解"发展就是硬道理""稳定压倒一切"的重要意义，深刻领悟到必须坚定不移地接受马列主义思想的指引、坚定不移地推进改革开放政策、坚定不移地走中国特色社会主义道路，达到增强大学生的理论自信、道路自信、制度自信的目的。通过了解分析祖国在时间纵向上取得的进步与成就和在国域横向上存在的差距与不足，以此培养大学生用全面、历史、客观、理性的眼光与思维看待中国的发展成就和存在的不足，使他们具有"既不盲目乐观地看待成就，又不消极悲观地看待差距，既不崇洋媚外，又不盲目排外"的理性爱国观念。通过了解分析中国当代的国情与世情、机遇与挑战，以此促使大学生清醒意识到：当代中国既是一个国际地位和世界影响迅速崛起的大国，又是一个经济、科技欠发达的发展中国家；既是一个在蓬勃发展、焕发生机活力的国家，又是一个在经济全球化中面临严峻挑战的国家，由此，在激发大学生的民族自信心、自豪感的同时，也培养和增强了大学生的忧患意识、民族责任感、历史使命感和世界眼光。

总之，通过回首祖国的过去、审视祖国的现在和展望祖国的未来，以此激励大学生珍重中华民族的光辉历史，牢记落后就要挨打的铁律，谨记发展才能自强的真理，铭记道路决定命运的真谛，坚定中华民族伟大复兴的中国梦必然实现的信念。我们相信，建立在对民情、党情、国情和世情的全面深刻认识基础之上的爱国情感必将理性、深厚而持久，也只有这样的爱国情感才能经受得住全球化浪潮的冲击和考验。

二 中国梦通过"心中有梦"，树立大学生的强国之志

（一）"心中有梦"的重要性

"梦"即梦想、追求，或者说是理想、信念。"'功崇惟志，业广惟勤。'理想指引人生方向，信念决定事业成败。没有理想信念，就会导致精神上'缺钙'。""有梦想就有希望，有信念就有力量。"一个人有无理想、有无科学的理想，决定了他是成为奋发有为、高尚充实的人，还是成为碌碌无为、庸俗空虚的人。青年大学生正值"做梦"的年龄，也正值即将人生启航的阶段，心中是否有梦、是否有远大的梦，对他们的未来人生至关重要。大量事实告诉我们，那些在事业上取得伟大成就、对人类做出卓越贡献的人，都是在青年时期就立下了鸿鹄之志，并为之坚持不懈、努力奋斗。因此，树雄心、立壮志，是关系大学生一生前途命运的重大课题，它不仅能够指引大学生的人生奋斗目标，引导他们做对社会有用的人；而且能够提供大学生的人生前进动力，指引他们走敢于奋斗拼搏的路；还能够提高大学生的人生精神境界，激励他们为祖国的繁荣昌盛而学习。习近平总书记就指出，"青年一代有理想、有担当，国家就有前途，民族就有希望，实现我们的发展目标就有源源不断的强大力量"，正所谓青少年有梦，则民族有梦，青少年追梦，则国家兴旺发达。

（二）中国梦的一大主题是"心中有梦"

一个心中有梦的人，才是可爱的人；一个心中有梦的民族，才是伟大的民族。中华民族是一个敢于心中有梦的民族。实现"两个一百年"的奋斗目标，实现国家富强、民族振兴、人民幸福的中华民族伟大复兴，就是每一个中华儿女共同期盼的心中梦——中国梦，"'中国梦'是全国各族人民的共同理想"。"'中国梦'是整个中华民族的民族情结、社会理想、心灵归宿和精神彼岸。""现实的'中国梦'，是所有中国人理想信念的汇聚。""'中国梦'是国家的、民族的，也是每一个中国人的。国家好、民族好，大家才会好。只有每个人都为美好梦想而奋斗，才能汇聚

起实现中国梦的磅礴力量。"习近平总书记的这段论述既充分阐述了中国梦是国家梦和个人梦的完美结合,"'中国梦'既是'宏大叙事'的国家梦,也是'具体而微'的个人梦";又深刻揭示了国家梦和个人梦的辩证关系。一方面,"大河有水小河满",国家梦决定、制约着个人梦。"国之运,民之命矣",国家梦为个人梦提供了环境的保障、指引的方向、成长的空间、实现的舞台,个人梦的确立要以国家梦为指导,个人梦的实现依赖于国家梦的实现,没有国家梦,休谈个人梦。因此,这就决定了只有将个人梦想同国家的前途、民族的命运相结合,同社会的需要和人民的利益相一致,只有将个人梦融入国家梦、民族梦,梦想才能成真。另一方面,"小河无水大河干",国家梦又是个人梦的凝练和升华。国家梦的最终实现,归根到底还要靠每个人的共同努力,并体现在实现个人梦想的具体实践中,是个人梦的"合力"。国家梦只有转化为每一个具体的个人梦,才有寄寓的载体,才有不绝的源泉,才能汇集起不可战胜的磅礴力量。因此,这就决定了每个人在国家梦的指导下,大胆设计、勇于追求个人梦想,在全面建成小康社会、加快推进社会主义现代化进程的实践中,开拓进取,努力实现个人梦想。"'中国梦'的理论创新之处在于:……采用国家和个人两个视角即从宏观和微观两个层面解析中国梦的内涵,可以有效解读个人和国家两个层次的理想。"

(三)在"心中有梦"中树立大学生的强国之志

"'中国梦'是民族的梦,也是每个中国人的梦。""生活在我们伟大祖国和伟大时代的中国人民,共同享有人生出彩的机会,共同享有梦想成真的机会,共同享有同祖国和时代一起成长与进步的机会。"习近平总书记的这段论述,深刻指出了中国梦的突出特点是始终把实现每个个体的诉求作为其首要价值和根本指向。马克思曾说过:人们奋斗所争取的一切,都同他们的利益相关。社会实践学表明,人们更关心与自己切身利益相关的事情。而中国梦的独特魅力就在于,它以亲切平实、通俗清新的语言呈现给老百姓一个更接地气的宏伟梦想。因为,它在强调"宏大叙事"的国家大梦的同时,更加重视描绘"具体而微"的个人小梦,它给人的印象不再只是"遥不可及",而是更加"触手可及",这就使中国梦更具有感召力、亲和力和凝聚力。"'中国梦'之所以如此深得民心，就在于既强调民族国家的富强复兴，又给每个普通中国人实现自己梦想的努力留下了广阔空间。"中国梦对大学生在敢于立志、敢于立强国之志方面起到巨大的激励和引导作用。首先，中国梦使大学生敢于立志。"中国共产党始终高度重视青年、关怀青年、信任青年……从来都支持青年在人民的伟大奋斗中实现自己的人生理想。"各级党委和政府要"为青年驰骋思想打开更浩瀚的天空，为青年实践创新搭建更广阔的舞台，为青年塑造人生提供更丰富的机会，为青年建功立业创造更有利的条件"。中国梦使大学生懂得，中国梦就是自己的梦，中国梦的实现就是个人梦想的实现，每个人都是"梦之队"的一员，人人都有追梦、圆梦的权利；中国梦使大学生相信，在中华大地上每个人都有人生出彩的可能，只要立下科学的理想信念，励志刻苦学习，积极投身实践，努力奋斗拼搏，就可以改变人生命运，实现自我价值。其次，中国梦使大学生敢于树立强国之志。"青年最富有朝气，最富有梦想。近代以来，我国青年不懈追求的美好梦想，始终与振兴中华的历史进程紧密相连。"孙中山先生当年曾激励广大青年：要立志做大事，不要立志做大官。所谓"大事"就是振兴中华。在今天，做大事就是献身于中国特色社会主义伟大事业，为实现国家富强、民族振兴、人民幸福的中国梦而奋斗。"'中国梦'是我们的，更是你们青年一代的。""广大青年要坚持用邓小平理论、'三个代表'重要思想、科学发展观武装头脑，把理想信念建立在对科学理论的理性认同上，建立在对历史规律的正确认识上，建立在对基本国情的准确把握上，不断增强道路自信、理论自信、制度自信，增强对坚持党的领导的信念，永远紧跟党高高举起中国特色社会主义伟大旗帜。"在中国梦的激励和引导下，大学生能够深刻领悟到，最有意义的理想信念是永远将个人命运熔铸到国家和人民的命运中，立永跟党走之志，立为民服务之志，立为国奉献之志，立强大祖国之志，在为实现伟大的中国梦而不懈奋斗过程中实现人生价值、绽放人生精彩。

三 中国梦通过"实干兴梦",锤炼大学生的报国之才

(一)"实干兴梦"的重要性

"有梦想,有机会,有奋斗,一切美好的东西都能够创造出来。"习近平总书记的这句话告诉我们,即使梦想再美、机会再多,如果没有奋斗,一切都是徒劳的,由梦想到现实之间隔着"奋斗"的距离。"人类的美好理想,都不可能唾手可得,都离不开筚路蓝缕、手胼足胝的艰苦奋斗。"奋斗,只有奋斗,才是通往理想彼岸的桥梁,即使理想离我们只有一步之遥,幸福也不会主动来敲门,走向理想的每一步都需要艰辛不懈的奋斗,都需要一步一个脚印的实干。理想之花灿烂,理想之果甘美,要使理想开花结果,必须用辛勤的汗水来浇灌。梦在前方,路在脚下,唯有持久的实践、艰苦的奋斗,才能缩短到目标的距离;唯有实干,才能托起绚烂之梦:对于国家来说,实干才能兴邦;对于民族来说,实干才能振兴;对于个人来说,实干才能报国。

(二)"实干兴梦"是中国梦的一大主题

"幸福不会从天而降,梦想不会自动成真。""真抓才能攻坚克难,实干才能梦想成真。""越是美好的未来,越需要我们付出艰辛努力。"以习近平总书记为核心的党中央清醒而深刻地认识到,伟大的中国梦要从梦想变为现实,出路只有一个,那就是依靠并凝聚全国人民的辛勤劳动、诚实劳动、创造性劳动,归根到底,要依靠并凝聚全国人民的实干,实干是创造辉煌历史的法宝,也是成就伟大事业的基石,"劳动创造了中华民族,造就了中华民族的辉煌历史,也必将创造出中华民族的光明未来"。

"行百里者半九十。距离实现中华民族伟大复兴的目标越近,我们越不能懈怠,越要加倍努力。"以习近平总书记为核心的党中央还清醒而深刻地认识到,我国虽然已经取得了辉煌成就,离梦想越来越近,但越是接近目标,越要奋力拼搏,越要苦干实干。在前进的道路上除了有鲜花和掌声,更多的是落井下石;除了有预料的顺境,更多的是不测的逆境。

这就要求我们在任何时候都必须沉着冷静、戒骄戒躁，当身处顺境时，切莫得意忘形，要迎高潮而快上、乘顺风而勇进；当身处逆境时，切勿悲观失望，要处低谷而力争，受磨难而奋进。总之，要秉持着顽强奋斗、不懈实干的精神，在实干中圆人民幸福梦，在实干中圆民族振兴梦，在实干中圆国家富强梦，在实干中圆伟大中国梦。

（三）在"实干兴梦"中锤炼大学生的报国之才

只有强国之志而无报国之才，报国就是一句空话。对此，习近平总书记向包括大学生在内的青年群体发出深远而强有力的号召：首先，在勤笃好学中练就过硬本领，"让勤奋学习成为青春远航的动力，让增长本领成为青春搏击的能量"，在学习中要做到"既扎实打牢基础知识又及时更新知识，既刻苦钻研理论又积极掌握技能"，"要坚持学以致用，深入基层、深入群众"。其次，在解放思想中勇于创新创造，"要有逢山开路、遇河架桥的意志，为了创新创造而百折不挠、勇往直前。要有探索真知、求真务实的态度，在立足本职的创新创造中不断积累经验、取得成果"。再次，在躬身践行中矢志艰苦奋斗，要"立足本职、埋头苦干，从自身做起，从点滴做起"，要"勇于到条件艰苦的基层、国家建设的一线、项目攻关的前沿，经受锻炼，增长才干"。最后，在引风气之先中锤炼高尚品格，"要加强思想道德修养，自觉弘扬爱国主义、集体主义、社会主义思想，积极倡导社会公德、职业道德、家庭美德"。"要始终保持积极的人生态度、良好的道德品质、健康的生活情趣。要倡导社会文明新风，带头学雷锋，积极参加志愿服务，主动承担社会责任，热诚关爱他人，多做扶贫济困、扶弱助残的实事好事，以实际行动促进社会进步。"这些饱含着习总书记的良苦用心和深情厚望的号召，迅速点燃了大学生群体的学习激情，引导着他们锤炼报国之才。"中国政法大学的一位研究生激动地说，提出'中国梦'，是向世界宣示了中国正在崛起的信息，我们倍感自豪，学习有了更大劲头，未来必将属于我们年轻人'。清华大学的一位学生说，'中国梦'的提出，避免了我们行动的盲目，我们为什么、该做什么，都有了明确方向，心里很踏实，因为习主席已经告诉人们该如何奋斗。"这两名大学生道出了大学生群体的集体心声，那就是，时代为他们提供了施展才华的大好机遇和广阔空间，他们会珍惜大好时光和历史机遇，做到从我做起、从现在做起、从小事做起，把刻苦学习、脚踏实地、开拓进取、从善如登的精神体现在日常的学习、生活和工作中，以勇立潮头的浩气、超越前人的勇气、与时俱进的朝气，全面锤炼自己的报国之才，勇做走在时代前面的奋进者、开拓者、奉献者，勇做知国、爱国、报国的忠诚爱国者。

"万年久矣，只争朝夕。"每一个大学生都要珍惜宝贵的青春，在"铭记历史"中激发爱国之情、认知中国梦，从而敢于有梦；在"心中有梦"中树立强国之志、向往中国梦，从而勇于追梦；在"实干兴梦"中锤炼报国之才、践行中国梦，从而勤于圆梦。青年兴则国家兴，青年强则国家强，中国一定能赢得未来，中国梦一定会早日实现！

参考文献：

[1]《列宁选集》，第 3 卷，人民出版社 1972 年版。

[2] 崔青青：《以新中国成立 60 周年为契机加强大学生爱国主义教育》，《高校理论战线》2009 年第 8 期。

[3] 本书编写组：《思想道德修养与法律基础》，高等教育出版社 2013 年版。

[4] 李树民、闻铮：《铭记国耻　面向未来》，《中国社会科学报》2010 年 11 月 2 日。

[5] 瞭望东方周刊评论：《对历史闭上眼睛者　看不到未来》，2014 - 02 - 26，搜狐新闻网（http：//news.sohu.com/20140226/n395639935.shtml）。

[6] 李华兴、吴嘉勋编：《梁启超选集》，上海人民出版社 1984 年版。

[7]《邓小平文选》，第 3 卷，人民出版社 1993 年版。

[8] 王新玲、孙琳：《人要有正气和骨气》，1990 - 07 - 01，中国共产党新闻网（http：//dangshi.people.com.cn/GB/242358/242773/242777/17735193.html）。

[9] 王建华、许晓青、刘斐：《促人类历史记忆　长久保持唤醒状态》，2014 - 02 - 26，搜狐网（http：//roll.sohu.com/20140226/n395647512.shtml）。

[10]《中共中央关于印发〈爱国主义教育实施纲要〉的通知》，《中华人民共和国国务院公报》1994 年第 20 期。

[11] 周伟：《论大学生中国梦教育的意义和途径》，《晋中学院学报》2013 年第 4 期。

[12] 冯秀军：《中国梦与当代大学生的成长成才》，《思想理论教育》2013 年第 11 期。

[13] 刘明福：《13亿人拥抱中国梦》,《决策与信息》2013年第5期。

[14] 本书编写组：《思想道德修养与法律基础》,高等教育出版社2013年版。

[15] 柳振万：《中国梦·教育梦·大学梦》,《大连干部学刊》2013年第5期。

[16]《担起我们这代人的使命——九论同心共筑中国梦》,2013-04-02,中国高职高专教育网（http://www.tech.net.cn/web/zgm/articleview.aspx?id=20130402171343043&cata_id=N340）。

[17] 姚桓、孙宁：《中国梦：责任担当、精神能量与文化气质》,《中国党政干部论坛》2013年第4期。

[18]《港媒关注习近平五述中国梦：每个国人享有出彩》,2013-04-10,中新网（http://www.chinanews.com/hb/2013/04-10/4718442.shtml）。

[19] 盛亚军：《从国家和个人两个层面审视中国梦的内涵》,《重庆社会主义学院学报》2013年第5期。

[20]《马克思恩格斯全集》,第1卷,人民出版社1956年版。

[21] 石仲泉：《中国梦的多维审视》,《理论探索》2013年第4期。

[22] 蔡名照：《中国梦正在发挥巨大感召力》,2013-12-07,人民网（http://theory.people.com.cn/n/2013/1207/c40531-23776131.html）。

中国梦视野下当代青年的责任担当研究

蔡中华[*]

自 2012 年 11 月习近平同志在参观《复兴之路》展览时提出"实现中华民族伟大复兴"的中国梦以后，中国梦一词迅速在大江南北传播开来，得到了包括广大青年在内的亿万人民群众的热烈响应和衷心拥护，也引起了世界各国政要、学者广泛深入的探讨。中国梦是推动中国特色社会主义事业不断前进的强大精神力量，是凝聚多元社会中人们思想共识的重要法宝，是对当代青年进行思想政治教育的时代主题。现阶段，在广大青年群体中开展"我的中国梦"主题教育实践活动，促使青年播种梦想、点燃梦想、追逐梦想、实现梦想，引导青年学习历史，了解国情，增强振兴中华民族的时代责任感，为实现中国梦增添亮丽的青春色彩。

一 当代青年要正确理解中国梦的内涵特征

实现中国梦是全体中华儿女共同的责任使命。作为祖国未来发展的"顶梁柱"——当代青年，应积极承担起实现中华民族伟大复兴中国梦的庄严责任。而承担好这一神圣使命，当代青年应正确理解中国梦的内涵和特征。

（一）中国梦的内涵

中国梦是一个内涵极为丰富的概念，它既具有象征性的意蕴，又有

---

[*] 河南科技大学马克思主义学院讲师。

着特定的价值理念。中国梦不仅形象地概括了中国的发展目标,而且彰显了世界和平与发展的目标价值,同时还体现了全体中华儿女的共同追求。

"实现中华民族伟大复兴,是近代以来中国人民最伟大的梦想,我们称之为'中国梦',基本内涵是实现国家富强、民族振兴、人民幸福。"首先,中国梦是国家的梦想。"国家富强"意为国家既要富又要强。这不仅表现为经济上的富足,科技、军事、国防的强大等硬实力上,而且表现为文化的繁荣、生态的良好、国民素质的提高等软实力上。其次,中国梦是民族的梦想。民族振兴是近代以来众多志士仁人一直不断追求的伟大目标。中华民族的振兴不是回到过去,而是对过去的一种内在超越。中华民族振兴,要实现经济上的振兴,这是基础;也要实现文化上的振兴,这更为根本。最后,中国梦归根到底是人民的梦。人民是实现中国梦的重要主体。人民幸福是中国梦的最终落脚点,也是中国梦的价值归宿。在现代社会条件下,人民的追求不仅仅局限在吃饱、穿暖等物质层面,而且更加注重精神性的东西,如生活得更有尊严,权益得到尊重,劳动更加体面,等等。这是人民幸福的更高层次,也是我国实现社会主义现代化的重要标志。

中国梦是充满辉煌、苦难与胜利的民族集体记忆,是中华民族追逐梦想的历史积淀。5000多年的文明发展史彰显出:博大精深的中华文化是中国梦的文化基因,举世瞩目的辉煌盛世是中国梦的历史记忆,凝神聚力的民族精神是中国梦的精神纽带。170多年的近代屈辱史,给中国梦带来了深刻的启示:落后就要挨打,不发展就难以自强。90多年波澜壮阔的党史表明:马克思主义是实现中国梦的根本指导思想,党的领导是实现中国梦的坚强保证,人民群众是实现中国梦的根本依靠力量。60多年的中华人民共和国史说明:新中国的成立为实现中国梦提供了前提条件,社会主义改造完成后社会主义基本制度的初步建立为实现中国梦奠定了制度基础,社会主义建设期间的曲折探索是实现中国梦的重要警示。30多年改革开放史体现出:走中国道路,弘扬中国精神,凝聚中国力量是实现中国梦的必然选择。

中国梦具有深刻的国际意蕴。中国梦体现了中华民族为人类和平与发展做出更大贡献的真诚意愿。它不仅重申了中国致力于世界和平与发展的决心和承诺,也进一步阐明了中国梦的世界意义。中国梦"是与各国人民追求和平与发展的美好梦想相通的","不仅造福中国人民,而且造福世界人民。实现中国梦给世界带来的是和平,不是动荡;是机遇,不是威胁"。实际上,中国梦是对世界发展的极大鼓励,能够为世界的发展提供"源于中国而属于世界"的物质、精神与制度等公共产品,会帮助他国发展、回馈世界,不会威胁其他国家和地区的安全。中国梦为国际社会注入了新的价值追求,是和平梦、发展梦、合作梦、共赢梦。追求世界的持久和平与共同繁荣是中国梦的永恒价值追求。

(二) 中国梦的特征

中国梦是以实现国家富强、民族振兴、人民幸福为基本内涵的科学命题。它把历史、现实和未来紧密相连,把国家、民族和个人作为一个命运共同体,凸显出鲜明的人民性、强烈的民族性和突出的实践性等特征。

人民性是中国梦的根本价值。每一个中华儿女都想过美好的生活,他们"期盼有更好的教育、更稳定的工作、更满意的收入、更可靠的社会保障、更高水平的医疗卫生服务、更舒适的居住条件、更优美的环境,期盼着孩子们能成长得更好、工作得更好、生活得更好"。中国梦承载着亿万人民的期待,并为实现和创造人民福祉提供了保证。当然,实现中国梦,更需要人民的参与,因为"人民,只有人民,才是创造世界历史的动力"。从根本上讲,没有人民,中国梦就失去了存在的价值。

民族性是中国梦的典型标志。每一个民族都有自己因长期的历史发展而形成的独一无二的特色。中国梦深深植根于中华民族悠久的历史文化传统之中。中华优秀传统文化中的天人合一、贵中尚和、自强不息、刚健有为、厚德诚信、爱国为民、孝老爱亲等价值理念为中国梦注入了深厚的文化养料。复杂多样、机遇挑战并存的现实国情为中国梦提供了现实的土壤。十八大在十七大基础上概括的以"我国仍处于并将长期处于社会主义初级阶段的基本国情没有变,人民日益增长的物质文化需要同落后的社会生产之间的矛盾这一社会主要矛盾没有变,我国是世界最大发展中国家的国际地位没有变"为内容的"三个没有变",是当前我国国情的深刻概括,也是实现中国梦的基本立足点。

实践性是中国梦的重要特质。中国梦是一种凝聚人心、鼓舞斗志的梦想，也是一种一代接着一代干的实践行为。空谈误国，实干兴邦。中国梦的实现，关键在实干。党员干部尤其是领导干部要以身作则，率先垂范，大力发扬实事求是的作风，起着模范带头作用；每个公民要胸怀家国情怀，秉承爱岗敬业的职业精神，踏实做好本职工作。实干的同时必须要有强烈的问题意识。问题是时代的声音。实现中国梦，需要把握当前面临的国内与国际、历史与现实、理论与实际等重大问题，以此警示人们既不能骄傲自满，也不能悲观失望，而应以客观理性的态度，看清、看准、看透社会现实问题。

二　中国梦与当代青年的密切关系

中国梦与当代青年有着紧密的联系。一方面，中国梦对当代青年的成长成才有着重要的指引作用；另一方面，当代青年是实现中国梦的重要主体，对中国梦的实现发挥着后备军、生力军和主力军的作用。具体看来，可以从以下三个方面来理解。

（一）中国梦与当代青年的梦想即"我的梦"是统一的

中国梦是国家的、民族的，也是包括当代青年在内每一个人的。青年是富有理想、最具活力的群体，敢于有梦、勇于追梦、勤于圆梦。他们也是约束最少的群体，不受传统束缚，善于突破。但是，青年人的梦想能否实现，突破是否有价值，关键是看能否遵循时代发展的大势，能否与祖国民族的命运相联系，能否与人民的要求相承接，能否与社会的发展相一致。因此，当代青年的成长应与时代同向，与国家同步，与人民同行，与社会同频。在着力推进"四个全面"战略布局、加快实现社会主义现代化建设的关键时期，当代青年应把自己的梦想与国家的梦想紧密结合起来，并为之奋斗，这样才能真正实现"我的梦"。离开这个大局来谈梦想、成才，如同无源之水、无本之木，失去了最重要的根基。从这个意义上讲，只有国家好、民族好，青年才会好。当然，我们也应看到，中国梦是一个大概念，是中华民族的梦，是集体的梦想。中国梦内蕴着个体的梦，是个体梦想的集合。当数以万计的青年为自己的梦想即"我的梦"而努力拼搏、脚踏实地、埋头苦干,就必然会汇集成强大的梦想河流,助推国家梦想的实现。从这个角度看,只有青年好,国家、民族才会更好。两方面相比,国家、民族的存在发展对青年的存在发展起着根本性的决定作用。

(二) 中国梦指引着当代青年成长成才

中国梦为当代青年的成长成才提供了最宽阔、最美好的舞台。党的十八大围绕坚持和发展中国特色社会主义,提出了"两个一百年"的奋斗目标,并制定了明晰的"路线图"和"时间表"。党的十八届三中全会、四中全会、五中全会围绕全面深化改革、全面推进依法治国与国民经济和社会发展第十三个五年规划等重大问题做出了全面的部署,进一步坚定了当代青年实现中国梦的信心、决心和恒心。在实现"两个一百年"的过程中,当代青年是见证者,是参与者,也是分享者。从见证者的角度看,当代青年亲眼见证国家面貌的改换、党风政风民风社风的变化、人民生活水平的提高,亲身感受到民族自信心的增强、国家影响力的提升。从参与者的角度看,在第一个百年期间,绝大多数当代青年完成了人生中的重大课题,完成学业,走向社会,步入职场,组建家庭,书写人生的华彩篇章;在第二个百年期间,当代青年将步入中年期,在职场续写美丽的故事,铸就出彩的人生。从分享者的角度看,当代青年享有梦想成真、人生出彩的机会,享有祖国经济、政治、文化、社会、生态等方面发展的成果。

中国梦为当代青年确立了科学的人生理想。中国梦是现阶段党和人民团结奋斗的共同思想基础。这个共同的思想基础指引当代青年树立科学的人生理想。中国梦承接五千多年的文明历史,聚焦复杂多样的现实国情,关注美好生活的未来期盼,其所蕴含的历史逻辑、现实逻辑和未来逻辑,为当代青年选择和树立人生理想提供了坚实的社会基础,其所内蕴的国家富强、民族振兴、人民幸福为当代青年实践人生理想提供了方向参照和价值标准,其所包括的坚持走中国道路、弘扬中国精神、凝聚中国力量为当代青年的人生理想注入了时代元素,其所具有的道路自信、理论自信、制度自信为当代青年认同中国特色社会主义做出了最好的诠释。

中国梦为当代青年的成长成才提供了正确的价值观。价值观是一个国家、民族和个人的魂。梦的底色是价值观，不同的价值观决定了梦的不同色彩。中国梦不同于美国梦，也相异于欧洲梦，它植根于中华优秀传统文化之中。无论是"先天下之忧而忧，后天下之乐而乐""苟利国家生死以，岂因福祸趋避之""天下兴亡，匹夫有责"的爱国精神，还是"天视自我民视，天听自我民听""民惟邦本，本固邦宁""先王之治天下，与民共之"的民本情怀，都是中华民族共同体价值观的体现。这有利于当代青年认识了解中国传统的价值观，进而有利于自身价值观的形成。中国梦彰显着中国特色社会主义文化，这集中体现在社会主义核心价值观上。以"倡导富强、民主、文明、和谐，倡导自由、平等、公正、法治，倡导爱国、敬业、诚信、友善"即"三个倡导"为主要内容的社会主义核心价值观，对当代青年追求国家的发展目标，遵循社会的价值导向，践行个人的道德准则有着鲜明的指导作用。

中国梦为当代青年的成长成才提供了强大的人生动力。中国梦作为共同理想，具有强大的精神力量，为当代青年的成长发展提供物质刺激所不具备的精神动力。当代青年的人生道路不会总是一帆风顺的，总会遇到各种各样的困难和挫折，总会感觉到强大的压力。稍有不慎，就会留下千古恨，给亲人朋友带来无法抚平的伤害。这个时候，当代青年应该用包括中国梦在内的梦想激励自己，以更加开阔的胸怀看待困难，以理性的态度分析挫折，用踏实合作的行动解决思想现实问题，进而渡过难关，实现更大的突破。此外，当代青年还要在实现梦想的过程中自觉抵制诸如拜金主义、享乐主义和极端个人主义的侵蚀，防止其消磨人生前进的动力，分析错误思想和观点的本质，进行理论透视，树立积极健康的生活方式。

（三）当代青年是实现中国梦的中坚力量

近代以来，无数的先进青年走在时代前列，为实现中华民族的伟大复兴，矢志追求，贡献智慧和力量，用青春和热血书写了彪炳史册的壮丽篇章。在革命战争年代，广大青年率先觉醒，满怀革命理想，为争取民族独立、人民解放、维护国家主权和领土完整冲锋陷阵，抛洒热血，表现出了高尚的爱国情操和大无畏的革命英雄主义。在社会主义革命和建设时期，广大青年积极响应党的号召，为改变国家一穷二白面貌而勇挑重担、艰苦创业，向困难进军，向荒野进军，保卫祖国，建设祖国，在新中国的广阔天地发愤图强，忘我劳动。在改革开放以来的历史新时期，广大青年发出团结起来、振兴中华的时代强音，为推进改革开放、社会主义现代化建设和祖国繁荣富强顽强拼搏，锐意进取。进入 21 世纪以来，为推动社会进步和国家发展，广大青年在各条战线上拼搏进取，大展身手，无私奉献，再立新功。如：2008 年，四川汶川大地震，广大青年心系灾区，无私奉献，彰显了当代青年的责任情怀；同年，北京奥运会残奥会期间，广大青年志愿者被誉为"鸟巢一代"，展现了富有热情、尊重规则、充满人文情怀的良好精神风貌，赢得了海内外人们的赞誉；2010 年，上海世博会，志愿者号称"海宝一代"，其身上体现的"小白菜"精神深受赞叹，他们是"担得起、扛得住、累不倒、压不垮"的一代。2012 年，日本进行所谓的"购岛闹剧"，广大青年强烈谴责，义愤填膺，始终坚定地与党和政府、与全国人民站在一起，采取各种形式表达维护国家主权和领土完整的爱国热情。今天，在国家、民族遇到重大事件，广大青年自觉担当大任，始终走在前列，以自身的言行表达主张，弘扬主旋律，传播正能量。历史和现实充分证明，青年兴则国家兴，青年强则国家强。广大青年确实是我国社会最积极、最活跃、最有生气的一支力量，确实是值得信赖、堪当重任、大有希望的一代，确实是实现中华民族伟大复兴中国梦的中坚力量！

三 当代青年要提高自身素质，自觉担当起实现中国梦的庄严责任

伟大的时代召唤广大青年。实现中国梦需要广大青年的共同奋斗。当代青年应牢记历史教训，正视现实情况，期待未来美好，把个人梦与中国梦紧密结合起来，积累青春正能量，不断提高自身素质，自觉担当起实现中国梦的庄严责任。

（一）自觉担当起实现中国梦的庄严责任，需要当代青年坚定理想信念

理想信念是人生的灯塔，它指引人生的发展方向，决定事业的成败。

没有理想信念，就会导致精神上"缺钙"。中国梦是当代青年应该立志为之奋斗的远大理想。中国特色社会主义是我们历经千辛万苦找到的正确道路，是实现中国梦的康庄大道，也是青年一代应秉持的人生信念。实现以人的自由而全面发展为要义的共产主义，是马克思主义的根本价值目标，也是青年一代应该牢记的最高理想。广大青年要立足现实，心怀远大抱负，情系人民群众，全面深入学习马克思主义基本理论，以科学的理论武装自己，把坚定理想信念与认同科学理论、正确对待历史规律和准确把握基本国情紧密结合起来，不断增强中国特色社会主义的道路自信、理论自信和制度自信，不断增强对中国共产党领导的信念，保持坚强的定力，不惧怕任何风险，不被任何迷惑干扰，矢志不渝地在追求梦想的道路上奋进。

（二）自觉担当起实现中国梦的庄严责任，需要当代青年不断强化学习

青年时期是人生学习的最好时期，尤其需要踏实学习、勤奋学习。只有通过学习，才能跟上时代的脚步；只有通过学习，才能练就过硬本领，形成自己的核心竞争力；只有通过学习，才能拥有实现人生价值的秘密武器。当代青年不断强化学习要弄清三个基本问题：第一，为什么而学习？古人说："书中自有黄金屋，书中自有颜如玉。"如今，读书学习可以成就自己的梦想，实现家人的期许。这是好事，应该鼓励。但如果仅仅为了个人家庭利益而读书学习，这还不够。作为祖国的未来和民族的希望，当代青年应有"为天地立心，为生民立命，为往圣继绝学，为万世开太平"的理想，要有"为中华之崛起而读书"的责任感，要有"读万卷书，行万里路"的气魄。只有把自己的前途命运与祖国、人民的前途命运紧密结合起来，当代青年才能走得更远更高，才能彰显人生的真正价值。第二，学习什么？信息化时代，知识更新非常快，若有不慎，就会走弯路，多费力。因此，只有学会学习才是根本之道。当代青年要学习人文社会科学知识，增强人文素养，从中得到"善"与"美"的滋养；要学习自然科学知识，增强科学素养，从中获得"真"的教育；要学习马克思主义基本理论，特别是历史唯物主义和辩证唯物主义，增强在实际生活中识别和抵御各种错误思潮和观点的能力，不断丰富自己的精神世界，提升分析问题、解决问题的能力。第三，怎么学习？首先，要把学习作为一种生活方式、一种精神追求。学习如同吃饭、睡觉一样，成为生活的必需。其次，要用梦想激励学习，用民族复兴的伟大梦想砥砺自己，用为人民服务的情怀召唤自己，在中国特色社会主义伟大事业中学习。再次，要结合实际进行学习，以问题为导向，解决现实中遇到的问题，做到学以致用。最后，要有世界眼光、全球视野，坚持面向世界、面向未来、面向现代化，拓展学习的方式方法，增强紧迫感，努力用人类创造的优秀文明成果武装自己，用知识之光点亮青春的梦想。

（三）自觉担当起实现中国梦的庄严责任，需要当代青年勇于创新创造

创新是当今时代的主旋律，也是中华民族最深沉的民族禀赋，正所谓"苟日新，日日新，又日新"。当今世界，综合国力的竞争日趋激烈，人才的竞争和创新能力的竞争起着关键作用。创新是当代中国战胜前进道路上面对的各种风险挑战的制胜之道，是掌握民族未来发展命运的关键之举，是实现中国梦的重大举措。青年是社会上最富活力、最具创造性的群体，最具创新热情和创造潜力，是建设创新型国家的生力军，理应走在创新创造前列。古往今来，很多青年才俊在青年时期以如饥似渴的求知欲、敢于攀登的探索精神和坚忍不拔的意志，做出了伟大的发明创造。如笛卡儿24岁创立直角坐标系、牛顿24岁发现万有引力、爱因斯坦26岁创立狭义相对论、海森堡24岁创立量子力学、华罗庚25岁成为著名数学家，等等；这启示广大青年：要以勇立潮头的浩气、超越前人的勇气、敢为人先的锐气和与时俱进的灵气来努力培养创新精神，增强创新热情，提高创新能力，发挥创新潜能，迸发创新活力，投身创新实践，为建设创新型国家而努力奋斗；要坚持求真务实的态度探索真知，秉承百折不挠、勇往直前的韧性，突破因循守旧、满足现状的习惯惰性，解放思想，开拓进取，以青春之我创青春之国家；要立足岗位，认清国情，把握实际，讲求方法，遵循规律，在创新的实践中为推动科技创新、文化创新及其他各方面的创新贡献力量，为实现中国梦开辟新的发展空间、取得新的突破性进展做出贡献。

(四）自觉担当起实现中国梦的庄严责任，需要当代青年矢志艰苦奋斗

艰苦奋斗是中华民族的优良传统，是中国特色社会主义基业长青的重要法宝，是实现中国梦的重要条件。"宝剑锋从磨砺出，梅花香自苦寒来。"人世间任何美好东西的获取，都不是轻而易举的，都需要通过筚路蓝缕、手胼足胝的艰苦奋斗。我们的国家从过去的积贫积弱到现在的蒸蒸日上，我们的民族从过去的历经屈辱到如今的独立自强，我们的人民从过去的饱受欺凌到今天的安康生活，靠的就是一代又一代人的艰苦奋斗，靠的就是中华民族自强不息的奋斗精神。创业难，守业更难，守业加创业，难上加难。梦在前方，路在脚下。实现中国梦需要广大青年：牢记"天下大事、必作于细"的道理，秉承艰苦奋斗的良好品质和精神追求，从小事做起，从现在做起，从自我做起，摒弃幻想，不好高骛远，自强不息、顽强拼搏、奋发向上，用埋头苦干的行动创造实实在在的业绩；牢记"艰难困苦、玉汝于成"的道理，继承和发扬艰苦奋斗的优良传统，百折不挠，知难而进，克勤克俭，不畏惧挫折、不彷徨退缩，在千磨万击中历练人生、收获成功；牢记"忧劳兴国、逸豫亡身"的道理，认清当下的世情、国情和党情，担当使命，敢于吃苦，明确责任，矢志奋斗，积极向上，不怨天尤人、不贪图安逸，依靠自己的辛勤努力开辟人生和事业的前进道路；牢记"空谈误国、实干兴邦"的道理，立足岗位，踏实工作，注重细节，用勤劳的双手描绘人生的蓝图。

（五）自觉担当起实现中国梦的庄严责任，需要当代青年锤炼高尚品格

品格是一个民族的力量源泉，是一个国家的精神写照，也是一个人的气质展现。青年历来是引风气之先的社会力量，一个民族的文明素养很大程度上体现在青年一代的道德水准和精神风貌上。拥有高尚道德品格的青年越多，国家、民族的前途就越光明。为此，广大当代青年：要把正确的道德认知、自觉的道德养成、积极的道德实践紧密结合起来，提高道德修养，承继传统美德，用高尚的道德行为推动全社会文明程度的提高，为社会的道德建设增添风清气正的正能量；要善于向品格高尚的人学习，善于从优秀传统文化中

汲取真善美的养料,善于总结反思,带头倡导新风正气,为开创社会良好风气发挥积极作用;要始终保持积极的人生态度、健康的生活情趣和良好的道德品质,努力成为一个品格高尚的人,一个脱离低级趣味的人,一个拥有道德感召力的人;要自觉弘扬践行社会主义核心价值观,争当诚实守信、奉献社会的模范,积极参加志愿服务活动,努力参与公益慈善活动,尽力营造守信光荣、失信可耻的社会氛围,大力传播我为人人、人人为我的社会理念;要争当推动科学发展、促进社会和谐的先锋,践行生态文明理念,多做以人为本的得人心、暖人心的好事实事;要培育健康心态,推进以理性平和、健康向上为主要内容的社会心态建设,构建平等包容、尊重差异的人际关系;要弘扬社会主义法治精神,坚持依法办事、按程序办事的行为规范,自觉维护社会的稳定团结,以实际行动促进社会进步;要定位好自己的角色,提升个人品德,维护家庭美德,恪守职业道德,遵守社会公德,让爱国主义、集体主义、社会主义思想深入内心深处。

青春因梦想而绚丽,因奋斗而精彩。广大青年只有经历了激情奋斗、顽强拼搏的青春,只有度过为祖国做贡献、为人民办实事的青春,才会留下充实、温暖、持久、无悔的青春回忆,才能使人生获得升华和超越。当代中国青年只要牢牢把握人生航向,把志存高远与脚踏实地结合起来,把团结拼搏与锐意进取结合起来,美好的青春一定能够在实现伟大中国梦的进程中绽放出更加绚丽夺目的光彩,必将同全国各族人民一道共同见证、共同享有中国梦的实现!

参考文献:

[1] 中共中央文献研究室:《习近平关于实现中华民族伟大复兴的中国梦论述摘编》,中央文献出版社 2013 年版。

[2] 习近平:《在会见二十一世纪理事会北京会议外方代表时的谈话》,《人民日报》2013 年 11 月 3 日。

[3] 《习近平接受拉美三国媒体联合书面采访》,《光明日报》2013 年 6 月 1 日。

[4] 习近平:《在十八届中央政治局常委同中外记者见面时的讲话》,《光明日报》2012 年 11 月 16 日。

[5] 《毛泽东选集》,第 3 卷,人民出版社 1991 年版。

[6] 胡锦涛:《十八大报告辅导读本》,人民出版社 2012 年版。

助推中国梦——青年人的使命与担当

高素勤[*]

1957年11月,毛泽东在第二次访问苏联期间,看望了当时在苏联学习的中国留学生,并做了重要讲话。其中他讲道:"世界是你们的,也是我们的,但是归根结底是你们的。""你们青年人朝气蓬勃,正在兴旺时期,好像早晨八九点钟的太阳。希望寄托在你们身上。"简简单单的几句话道出了青年人的基本特征和在国家发展中的重要作用。2013年习近平总书记在参加五四青年节主题团日活动中也指出,"一个国家的进步,刻印着青年的足迹;一个民族的未来,寄望于青春的力量。中国梦是我们的,更是你们青年一代的。中华民族伟大复兴终将在广大青年的接力奋斗中变为现实","广大青年要勇敢肩负起时代赋予的重任,志存高远,脚踏实地,努力在实现中华民族伟大复兴的中国梦的生动实践中放飞青春梦想"。可以说,中国梦就是青年人的梦,中国梦的实现离不开青年人的责任与担当。

一 中国梦的内涵及现实意义

(一)中国梦的内涵

2012年11月29日,习近平总书记带领新一届中央领导集体参观《复兴之路》展览时指出:"实现中华民族伟大复兴,就是中华民族近代以来最伟大的梦想。"2013年3月17日,习近平总书记在十二届全国人大一次会议闭幕会上进一步指出:"实现中华民族伟大复兴的中国梦,就

---

[*] 中共中央党校科社部2014级硕士研究生。

是要实现国家富强、民族振兴、人民幸福。中国梦归根到底是人民的梦。"国家富强就是国家的综合国力显著增强，政治、经济、文化、社会、生态、科技、教育、外交、国防等重要领域都有一个质的提升；民族振兴则侧重于民族特色和文化内涵，我国有 56 个民族，56 个民族是一家，都属于中华民族，都是华夏儿女、炎黄子孙，都各有特色又相辅相成。中华文化底蕴深厚、源远流长，是中国乃至世界文明的瑰宝。民族振兴就是 56 个民族相互尊重、团结一致、共同繁荣，就是继承和发扬中华文明的优秀文化成果，使中国文化走出国门、走向世界；人民幸福是中国梦的出发点也是落脚点，中国梦归根结底是人民的梦，它的最终目的是让全国人民共享改革开放的伟大成果，提高人民的生活水平，实现人民共同富裕、生活幸福和自由全面的发展。中国梦是国家的梦、民族的梦，也是每一个中华儿女的梦。它的核心目标可以概括为"两个一百年"，也就是：到 2021 年中国共产党成立 100 周年时实现全面建成小康社会；到 2049 年中华人民共和国成立 100 周年时，建成富强、民主、文明、和谐的社会主义现代化国家，实现中华民族的伟大复兴。中国梦的提出是依据我国国情、把握时代特征、顺应历史潮流的必然结果，也是加强党的执政能力建设、巩固党的执政地位和顺应人民期望的必然选择。

（二）中国梦的现实意义

中国梦的提出具有深刻的历史渊源、信念支撑和现实原因。中华民族有五千年的悠久历史，很早就创立了比较先进的社会制度并实现繁荣发展，引得各国前来学习，它在很长时间里在世界上占有举足轻重的地位，也使得我们在落后于世界发展潮流的时候还做着"天朝上国"的美梦。1840 年鸦片战争爆发，鸦片战争失败后，被迫割地、赔款、开放通商口岸、签订一系列丧权辱国的条约使我们从美梦中觉醒。从那时起，开明的国人就开始了救亡图存的探索，独立、自强、求富更是每一个中国人内心的深切愿望，这可以说是中国梦深层的历史起源。中国共产党是以马克思主义为指导，以建立社会主义并最终实现共产主义为最终目标，坚持全心全意为人民服务的宗旨的政党。共产党在带领人民取得国家独立、人民解放、建立社会主义制度后必然会带领全国各族人民走向国家繁荣、人民富裕并最终实现人的自由全面发展。这可以说是中国梦的信念因素。中国梦的提出更有深刻的现实背景。新形势下,世情、国情、党情发生了深刻的变化,新科技革命风起云涌、经济全球化不断加强、世界各国在互相学习和合作的基础上竞争也越来越激烈;在我国改革开放30年取得举世瞩目成就的同时,各种发展过程中的矛盾和问题也急剧爆发,再加上要带领庞大的十三亿人口实现社会的全面转型建成全面小康,任务之艰巨不言而喻。

我们党在充分发挥自身的积极主动性应对各种挑战并带领人民奔小康、同富裕的同时,自身也面临着许多急需解决的现实问题:"四大风险"和"四大考验"使党的领导面临严峻挑战;改革进入了深水区,正如习总书记所言"好吃的肉都吃掉了,剩下的都是难啃的硬骨头";开放进入了新阶段,中国已经积极地参与到世界的发展潮流中去。在这样的历史背景下,中国梦的提出具有重要的现实意义:有助于加强党的执政能力建设、巩固党的执政地位、保持党的先进性和纯洁性;有助于在基于中国国情和把握时代特征的基础上抓住机遇,全面深化改革,完善和发展中国特色社会主义制度,实现国家治理体系和治理能力的现代化;有助于扩大开放,加强与外界的交流合作、借鉴世界文明的优秀成果、加快推进社会主义现代化、提升我国的国际竞争力和国际地位;有助于坚持和发展中国特色社会主义,因为我们在建设社会主义的过程中曾遭到一些困难和挫折,就有一些国家和个人对我们的道路和制度提出质疑,中国梦的提出和实践有利于我国经济社会的发展和社会主义制度优越性的发挥,使我们更加坚定地坚持中国特色社会主义;有助于凝聚人民力量、达成社会共识。中国梦是基于全体人民的共同利益提出的、是人民的梦、是最大的公约数,有助于调动全国各族人民的积极性,齐心协力谋发展。中国梦是国家和民族的梦,也是每一个中国人的梦,更是新一代青年人的梦。因为青年一代有理想、有担当,国家才有前途,民族才有希望,实现我们的发展目标才能有源源不断的强大力量。

二 青年人在实现中国梦中的地位和作用

青年是人的一生中最具活力与生命力的黄金阶段,青年人不仅是家庭的寄托,更是民族的希望、国家的未来。青年人最有生命力、青年人最具创造力、青年人最能代表未来，是实现中华民族伟大复兴中国梦的生力军，中国梦的实现离不开青年人。青年人作为社会中最活跃的群体，他们的成长成熟离不开社会的滋养，个人理想的实现也离不开国家的繁荣富强。

（一）中国梦的实现离不开青年人

陈独秀先生在《敬告青年》中写道："青年如初春，如朝日，如百卉之萌动，如利刃之新发于硎，人生最可宝贵之时期也。青年之于社会，犹新鲜活泼细胞之于人身。新陈代谢，陈腐朽败者无时不在自然淘汰之途，予新鲜活泼者以空间之位置及时间之生命。"毛泽东认为：青年是整个社会力量中的一部分最积极最有生气的力量。他们最肯学习，最少保守思想，在社会主义时代尤其是这样。青年人是一个国家最具活力最富创造力的主体，是国家的未来，民族的希望。近代以来我国面临的首要历史任务就是实现"民族独立，人民解放"，于是一代代有志之士前仆后继、勇往直前地开始了救亡图存的艰难探索，从民族英雄林则徐"开眼看世界"，到太平天国运动的"均贫富，等贵贱"，洋务运动的"自强""求富"，戊戌变法的君主立宪，辛亥革命的实行共和，五四运动的"民主""科学"，再到中国共产党的成立并将马克思主义与中国的实际相结合，探索救国救民的科学路径，最终找到了救亡图存的科学道路，履行了这代人的历史使命，其中青年人可以说是各种探索运动的主力军。21世纪，"国家富强，人民富裕"，实现中华民族的伟大复兴的历史重任落在当代青年人的肩上。这一历史使命的完成同样也离不开广大青年人的积极参与。"青年代表未来，青年创造未来。只有赢得青年，才能赢得未来。"青年人最富有生机与活力，是最有理想的一代、最有青春气息的一代、最有生命力的一代，是标志时代的最灵敏的晴雨表。可以说没有青年强就没有国家强，没有青年的进步就没有国家的进步，没有青年的奋发有为就没有中华民族的伟大复兴。中国梦的成功与否，其关键掌握在青年的手上。

（二）青年人个人梦的实现离不开中国梦

青年时期是拥有无限可能、可以浮想联翩的阶段。每个青年人都有自己的理想，都有对于未来的物质生活、精神生活、社会生活所产生的种种向往和追求。但是，青年人作为一种社会性的存在，理想的实现就必须与国家和民族的历史命运联系在一起。"历史告诉我们，每个人的前途命运都与国家和民族的前途命运紧密相连。国家好，民族好，大家才会好。只有每个人都为美好梦想而奋斗，才能汇聚起实现中国梦的磅礴力量。中国梦是我们的，更是你们青年一代的。中华民族伟大复兴将在广大青年的接力奋斗中变为现实。"可以说，国家的需要就是青年人的需要，国家的未来就是青年人的将来，只有将个人理想与国家理想相统一的青年才能够在社会上有所作为、大有作为，把个人命运与国家和人民的命运联系在一起，把个人理想融入社会理想之中，在为社会理想而努力奋斗的过程中实现个人理想，这是青年人成长成才的必由之路。在中国梦的伟大实践中，青年人的满腔热情有了释放的地方，各种能力有了提升的空间，个人理想有了实现的舞台，最终个人梦得以实现。可见，青年人的梦想与整个国家和民族的梦想休戚相关、荣辱与共。由此，我们不难理解，中国梦就是当代青年人的个人梦。青年人要意识到自己的历史地位和历史使命，敢于担当、勇于担当、能够担当，以实际行动助推中国梦。

三　青年人助推中国梦的路径

毛泽东同志曾形象比喻过，我们的任务就像过河，只有找到船和桥才能过河。这也就是说仅仅知道目标任务还不够，我们只有找到合适的方式方法才能顺利实现目标完成任务。当代青年人的历史使命是实现中华民族的伟大复兴，唯有找到可行的、科学的、高效的途径才能有效地发挥青年人的生力军作用，助推中国梦。笔者认为，当代青年人只有拥有坚定的理想信念，过硬的本领，在实践中创新创造知行合一，形成高尚品格，才能更好地铸就中国梦。

（一）坚定理想信念，树立核心价值观

"理想信念，是一个政党治国理政的旗帜，是一个民族奋力前行的向导。"同样，也是任何一个有志之士不可缺少的重要道德品质。我国古有

陈胜"燕雀安知鸿鹄之志哉!",今有周总理"为中华之崛起而读书"。而在世界上,马克思绝对属于有志青年,早在1835年秋天,马克思中学毕业前夕,在大家都在为具体从事什么职业而烦恼时,马克思没有确定某个具体职业但给出了自己对未来职业应有的态度,他在《青年在选择职业时的考虑》中写道:如果我们选择了最能为人类而工作的职业,那么,重担就不能把我们压倒,因为这是为大家做出的牺牲;那时我们所享受的就不是可怜的、有限的、自私的乐趣,我们的幸福将属于千百万人,我们的事业将悄然无声地存在下去,但是它会永远发挥作用,而面对我们的骨灰,高尚的人们将洒下热泪。最终马克思选择了最壮丽的事业:为无产阶级和全人类的解放而奋斗终生,并成为伟大的思想家、政治家、哲学家、经济学家、革命理论家。历史证明,古往今来、国内外凡有所作为、大有作为之人无不在青年时期就树立远大的理想。"功崇惟志,业广惟勤。""立大事者,不惟有超世之才,亦必有坚忍不拔之志。"理想信念指引人生的奋斗目标,提供人生前进的动力,提高人生的精神境界。没有理想信念或理想信念不坚定就会导致一个人精神上"缺钙"。坚持和发展中国特色社会主义、实现中华民族伟大复兴是全国各族人民的共同理想,也是当代青年人应该树立的远大理想和确立的人生信念。只有有了这种高尚的理想信念,青年人才有奋斗目标,才有勇往直前的动力,才能不断提高自己的人生境界,最终把实现自我人生价值的小理想融入实现中国梦的共同理想中去。除此之外,青年人还要自觉树立和坚守社会主义核心价值观,因为正如习近平总书记在北京大学师生座谈会上的讲话中所言:"人类社会发展的历史表明,对一个民族、一个国家来说,最持久、最深层的力量是全社会共同认可的核心价值观。核心价值观,承载着一个民族、一个国家的精神追求,体现着一个社会评判是非曲直的价值标准。"然而,青年的价值取向又决定了未来整个社会的价值取向,决定整个国家的未来,这就要求青年要从现在做起、从自己做起,从点滴小事做起,使社会主义核心价值观成为自己的基本遵循,并身体力行地将其融入助推中国梦的实践中去。

(二) 善于勤奋学习,练就过硬本领

古人云"学如弓弩,才如箭镞"(出自袁枚的《续诗品·尚识》),

说的是学问如强弓,可以引导箭头射中目标,没有学问,才能就无法得到发挥。同样,青年人如果没有知识文化和技能,没有过硬的本领,助推中国梦就只能是一句假话、空话、大话。"书山有路勤为径,学海无涯苦作舟","不经一番寒彻骨,哪得梅花扑鼻香","吃得苦中苦,方为人上人"。正如鲁迅先生说:"哪里有天才,我是把别人喝咖啡的时间都用在写作上了。"习总书记也说"打铁还需自身硬"。青年人想要承担起自己这代人的历史使命就必须具备过硬的本领。但过硬的本领从哪里来?是从天上掉下来的吗?不是。是青年人本身固有的吗?不是。青年人的过硬本领,只能从勤奋学习中来。这就要求青年人要刻苦学习科学文化知识,知识就是力量,既要具备相关专业基础知识又要熟悉其他领域的知识,既要刻苦钻研理论又要积极掌握方式方法,举一反三,融会贯通,不断增强与时代发展和社会进步相匹配的素质和能力。青年阶段是学习的黄金时期,"人生易老","如白驹之过隙","高堂明镜悲白发,朝如青丝暮成雪","莫道韶华镇长在,发白面皱专相待"。所以,青年人要有时不我待的紧迫感,珍惜时间,求知若渴,不断增强自身本领,实现自己的人生理想。青春易逝,青年人一定要把勤奋学习作为主要任务,作为一种高尚的精神追求,最终转化为一种有涵养的生活习惯。树立追梦从学习开始、圆梦靠本领成就的观念,让勤奋学习成为青春远航的不竭动力,让增长本领成为青春搏击的正能量,让助推中国梦成为青春奋斗的崇高理想,最终富有真才实学,拥有过硬本领,真正成为助推中国梦的主力军。

(三)勇于创新创造,做到知行合一

创新是一个民族进步的灵魂,是一个国家兴旺发达的不竭源泉,也是中华民族最深沉的民族禀赋。正如《大学》所言"苟日新,日日新,又日新"。创新也是当今时代的主旋律,是掌握民族发展命运的关键之举,是战胜各种风险挑战的制胜之道。1978年,我国处于历史上的重大转折关头:从国内看,党和人民以及社会主义事业遭到严重挫折,民主和法制遭到破坏,经济发展缓慢甚至停滞不前,人民的生活水平长期得不到改善;从国际看,科学技术革命突飞猛进、经济全球化不断增强,我国的经济和科技实力与世界先进水平的差距不断扩大。在这重要历史

关头我们党以极大的政治勇气和理论勇气认真总结了社会主义建设正反两方面的经验教训,改正了教条主义的错误,勇于创新、敢于创造,做出了把党和国家的工作重心转移到经济建设上来,实行改革开放的伟大决策。从那时起,改革开放就成为当代中国最鲜明的特色。改革开放30多年来,我们取得了举世瞩目的成就,探索出了中国特色社会主义道路,形成了中国特色社会主义理论体系,确立了中国特色社会主义制度。在当时的特殊的历史背景下,对内改革、对外开放是我们党很有勇气的创新创造。而中华民族伟大复兴的中国梦是人类社会前所未有的以开拓创新为支撑的梦想。它的实现就更要求青年人要有引领时代潮流的锐气,勇于解放思想、开拓创新,敢于上下求索、与时俱进,树立在继承前人的基础上超越前人的凌云壮志,"以青春之我创建青春之国家、青春之民族"。青年人是社会上最富活力、最具创造性的群体,理应走在创新创造的前列。"纸上得来终觉浅,绝知此事要躬行","千里之行,始于足下","空谈误国、实干兴邦","大道至简,知易行难,知行合一,方得功成"。大多数青年人都能够认识到自己的历史使命,但是要助推中国梦还要将理论与实际相结合,知行合一,将个人理想与共同理想相结合,以实际行动追逐个人梦,助推中国梦。为此,青年人要结合我国现阶段的国情和时代背景在实际的学习、工作、生活中思考解决问题的新观点,探索新方法,形成新举措。青年人要从自己做起,从现在做起,从小事做起,以实际行动践行历史使命,逢山开路、遇河架桥,为了创新创造而不断探索、百折不挠、勇往直前。只有青年人的创造热情极大增强、创造能力极大提高、创造活力极大迸发,"国家富强,民族振兴,人民幸福"的愿景才能够实现。

(四) 锤炼坚强意志,形成高尚品格

孟子曾说:"天将降大任于斯人也,必先苦其心志,劳其筋骨,饿其体肤,空乏其身,行拂乱其所为,所以动心忍性,曾益其所不能。"我们伟大的革命导师马克思也曾说:生活就像海洋,只有意志坚强的人,才能到达彼岸。我们的国家,我们的民族,从积贫积弱一步一步走到今天的发展繁荣,靠的就是一代又一代人的顽强拼搏,靠的就是中华民族各族人民不屈不挠的坚强意志。自胜者强,自强者胜。实现中国梦的美好

理想，不可能唾手可得、一帆风顺，青年人在助推中国梦的过程中也难免会遇到各种困难和挫折，这就需要青年人拥有坚强的意志，不怕困难、攻坚克难、筚路蓝缕、手胼足胝，勇于洞悉当今的世情和我国的国情，把握世界发展趋势并深入了解我国现阶段全面深化改革的困难所在，敢于带头践行全面依法治国的战略举措，善于协同推进"四个全面"，贯彻实施"五大发展理念"，在推进中国特色社会主义现代化的社会实践中经受锻炼，磨砺意志，形成坚毅有为的品格。品格影响性格，性格决定命运，如果说一个人的性格决定一个人的命运，那么一代人的性格就决定了整个国家和民族的命运，影响国家和民族的未来。正如马克思所说，一个时代的精神，是青年代表的精神；一个时代的性格，是青年代表的性格。青年人是引风气之先的社会力量。一个民族的文明素养很大程度上体现在青年一代的精神风貌和品格特征上。青年人要拥有坚强的意志，形成坚毅有为的品格，主动承担起时代赋予的历史责任，以实际行动助推中国梦。

青年兴则国家兴，青年强则国家强。青年是国家的希望、民族的未来。党和人民要高度重视广大青年、支持广大青年、依靠广大青年、严格要求广大青年，不遗余力地为青年实践创新搭建更广阔的舞台，为青年建功立业创造更有利的条件，为青年塑造人生提供更丰富的机会。广大青年也要善于把握历史机遇，承担历史使命，树立助推中国梦的理想信念，践行社会主义核心价值观，增强自身本领，勇于创新创造，形成坚毅有为的品格。人的青春只有一次，"现在，青春是用来奋斗的；将来，青春是用来回忆的"。青年人要勇于承担起实现中华民族伟大复兴的历史重任，把自己的个人理想融入社会的共同理想中去，艰苦奋斗、勇于拼搏、敢于奉献，同全国各族人民一道助推中国梦，以实际行动奏响当今时代的壮丽乐章，让中国梦在世界华丽绽放，也让当代人的青春在历史的长河中源远流长。

参考文献：

[1] 中共中央文献研究室：《习近平关于实现中华民族伟大复兴的中国梦论述摘编》，中央文献出版社2013年版。

[2] 习近平：《继续朝着中华民族伟大复兴目标奋勇前进——在参观〈复兴之

路〉展览时的讲话》,《思想政治工作研究》2013年第1期。

［3］习近平:《在第十二届全国人民代表大会第一次会议上的讲话》,《人民日报》2013年3月18日。

［4］《毛泽东文集》,第6卷,人民出版社1999年版。

［5］《邓小平文选》,第2卷,人民出版社1994年版。

［6］中共中央文献研究室:《十六大以来重要文献选编》(中),中央文献出版社2006年版。

［7］习近平:《在参观复兴之路展览时的讲话》,《人民日报》2012年11月29日。

［8］中共中央文献研究室:《十六大以来重要文献选编》,中央文献出版社2006年版。

［9］《马克思恩格斯全集》,第1卷,人民出版社1995年版。

中国梦视阈下大学生科学信仰教育养成研究

王付欣[*]　张晓燕[**]

2012年11月29日,习近平总书记带领新当选的中央领导同志在国家博物馆参观《复兴之路》展览时,第一次提出了中国梦,他指出:"我以为,实现中华民族伟大复兴,就是中华民族近代以来最伟大的梦想。这个梦想,凝聚了几代中国人的夙愿,体现了中华民族和中国人民的整体利益,是每一个中华儿女的共同期盼。"中国梦是国家的、民族的,也是包括大学生在内的每一个中国人的。

中国梦的实现不仅以强大的物质为基础,更需要科学信仰的指引。在我国,科学信仰当然是马克思主义,这是党和国家的根本指导思想,是科学理想信念的理论基础,是树立中国特色社会主义共同理想、实现中华民族伟大复兴中国梦的理论前提。大学生作为社会主义事业的建设者、接班人以及实现中国梦的重要后备力量,其马克思主义科学信仰的确立程度,必将对社会主义现代化建设事业和中国梦的实现产生直接影响。学习马克思主义理论背景、现实状况和发展前景,有助于大学生牢固确立马克思主义的科学信仰,为中国梦的实现打下坚实基础。

一　当代大学生信仰现状分析

笔者曾对青岛市十余所高校的大学生做过"大学生科学信仰认知"及"大学生主流文化认同度"的问卷调查和实地访谈,根据研究结果得

---

[*] 中国海洋大学社会科学部讲师,青少年理论研究中心副主任。
[**] 中国海洋大学党委宣传部讲师。

出，当代大学生的信仰状况主流是好的，超过 80% 的调查对象认可社会主义核心价值体系和核心价值观，多数对马克思主义有一定的认识与了解，坚信只有马克思主义才能拯救和发展中国。这是当代大学生信仰的主流，是中国梦实现的希望所在。

同时也值得关注的是，少数大学生信仰发生动摇危机，对马克思主义信仰产生动摇和怀疑，对中国特色社会主义道路立场不坚定。究其原因，国际上东欧剧变、苏联解体导致社会主义运动处于低潮使得一部分大学生对社会主义信心不足，经济全球化、文化多元化趋势与潮流也冲击了一部分人的价值观，导致其信仰迷离；国内社会转型期出现的拜金主义、功利主义和极端个人主义使得一部分人信仰物质化与错位，加上腐败现象和信仰教育的泛政治化、教条化，使得部分大学生产生信仰危机。

二 中国梦视阈下马克思主义科学信仰的现实发展

（一）理论现实

东欧剧变、苏联解体后，国外尤其是美国的一些政治思想家欢欣鼓舞，他们认为资本主义打败了社会主义，马克思主义被扫进了历史的垃圾堆，持此观点的代表性的人物为日裔美籍学者、哈佛大学政治学博士弗朗西斯·福山。福山于 1989 年发表的文章《历史的终结?》以及 1992 年出版的著作《历史的终结及最后之人》中提出："我们正在见证的不仅是冷战的结束，或者是二战后一个特别的历史时期的结束，而是下面这种历史的终结，即人类思想进化史的终结，而且西方的自由民主政体将作为政府的最终形式得到普遍推广，将代替其他制度成为世界的政体主流。""议会民主政治制度与市场竞争的经济体系构成的自由民主主义是人类意识形态发展的终点和人类最后一种统治形式，是历史的终结。"鼓吹资本主义已经一统天下，马克思主义意识形态因此而终结。

但并非所有的思想家都认可福山的观点。就在部分人为苏东剧变、社会主义运动低潮欢呼雀跃时，世界著名思想家德里达、詹姆逊、哈贝马斯、吉登斯等不约而同地走向了马克思主义，为马克思主义辩护呐喊。

在1993年"马克思主义向何处去"的国际学术会议上，德里达做了《马克思的幽灵》的发言，后出版成书。书名中"幽灵"一是取自《共产党宣言》第一句话，"一个幽灵，共产主义的幽灵，在欧洲大陆徘徊"，指共产主义；二是来源于英国剧作家莎士比亚著名剧作《哈姆雷特》老哈姆雷特王的情节，提醒那些欢呼雀跃的思想家不要得意忘形。在《马克思的幽灵》中，德里达列举了十项资本主义不能解决的问题，而问题的解决只能依靠马克思主义。在书中德里达还写道："不去阅读且反复阅读和讨论马克思——可以说也包括其他一些人——而且是超越学者式的'阅读'和'讨论'，将永远都是一个错误，而且越来越成为一个错误，一个理论的、哲学的和政治的责任方面的错误。"为马克思主义正名。

实际上，弗朗西斯·福山在见证20年后中国的高速发展后，不得不重新审视辉煌一时的"历史终结论"。2009年9月，福山在接受日本著名政论杂志《中央公论》采访时表示，近年来中国这一"负责任的权威体制"的发展表明，西方民主可能并非人类历史进化的终点。历史并没有走向终结，马克思主义正焕发其强大生命力，尤其是在2008年全球金融危机时，马克思的《资本论》热卖，这次危机验证了马克思关于资本主义经济危机的理论分析和科学预言的正确性。为此，英国著名理论家特里·伊格尔顿写道："有一种盛行的观点认为，马克思和他的理论已经可以安息了。在世界资本主义体系刚刚经历了有史以来破坏性最强的金融危机的背景下，这样的观点更显得滑稽且可笑。马克思主义曾经是所有对资本主义制度的批判中理论上最丰富、政治上最坚定的，但如今人们却把它作为历史抛在脑后了。"

（二）实践现实

东欧剧变、苏联解体后，国际共产主义运动陷入低谷，但主要资本主义国家却掀起研究和宣传马克思主义的热潮。1995年至2010年，在法国巴黎，已连续了举行六届"国际马克思大会"；2004年3月，第22届"世界社会主义学者大会"在美国纽约召开，来自20多个国家2000多名代表出席；2007年7月，"马克思主义节"在英国伦敦举行，世界各国6000多名代表参加……

更令人吃惊的是马克思在西方普通人心目中的地位。1999年，由英国剑桥大学文理学院教授们发起，评选"千年第一思想家"，西方媒体决定在网上投票，结果选出：马克思位居第一、爱因斯坦第二。1999年9月，英国广播公司（BBC），又以同一命题在全球互联网上公开征询投票一个月。汇集全球投票的结果，仍然是马克思位居第一。2005年7月，英国广播公司（BBC）又以古今最伟大的哲学家为题，调查了3万名听众，结果是马克思得票率第一、休谟第二（27.93%、12.6%）。法国路易大帝高中新生入学推荐必读的一本书即是马克思的《路易·波拿巴的雾月十八日》。西方人从来没有忽略过马克思重要思想家的地位，相比较国内一些大学生不懂、不学、不用、不信、不屑马克思主义实不应该。

最有说服力的实践现实是，坚持马克思主义指导思想的社会主义中国30年来突飞猛进，综合实力大幅提升，用实践证明了马克思主义科学信仰的正确性。2010年，中国国内生产总值（GDP）超过日本仅次于美国，成为世界第二大经济体；2012年，中国国民人均GDP达到5432美元，由发展中国家迈入中等发达国家门槛，再经过未来10年的发展，有望进入世界发达国家行列。基于此，党的十八大提出"道路自信、理论自信、制度自信"，习近平同志也指出实现中国梦就必须走中国道路、弘扬中国精神、凝聚中国力量，道路自信是方向，理论自信是动力，制度自信是支撑，现在比历史上任何时期都更接近实现中华民族伟大复兴、实现中国梦的目标。

前几年当代女诗人扎西拉姆·多多的《班扎古鲁白玛的沉默》（又名《见与不见》）风行于网络及影视作品中，这首诗这样写道：

你见，或者不见我／我就在那里／不悲不喜
你念，或者不念我／情就在那里／不来不去
你爱，或者不爱我／爱就在那里／不增不减
你跟，或者不跟我／我的手就在你手里／不舍不弃
来我的怀里／或者／让我住进你的心里
默然　相爱／寂静　欢喜

仔细品读这首诗，正如马克思主义写给当代大学生的情诗，你信或者不信仰它，它就在那里，不来不去。史学大师、年鉴学派创始人吕西

安·费弗尔讲道:"任何一个历史学家,即使他从来没有读过一行马克思的著作,或者他认为除了在科学领域之外自己在各方面都是'狂热的反马克思主义者',也不可避免地要用马克思主义的哲学方法来思考和了解事实和例证。马克思表达得那样充实的许多思想早已成为我们这一时代精神宝库的共同储蓄的一部分了。"2012年7月19日《日本时报》发表加拿大约克大学政治学理论客座教授马尔切洛·穆斯托题为《马克思——伟人回归》的文章。穆斯托指出:"如果认为马克思的作品只是用于专门学术研究的不朽经典,就如同把他说成是'现实存在的社会主义'的理论提出者一样,是大错特错的。因为他的分析其实比以往任何时候都更贴近现实。……在苏联垮台和资本主义扩大到全球新地区之后,它已经成为全球体系,正在入侵和改变人类生活的方方面面(而不光是经济方面)。在这种形势下,马克思的理念远比他那个时代更具有现实意义。"马克思主义在今天,仍然具有旺盛的生命力、独特的思想理论魅力和社会实践价值。

三 中国梦视阈下大学生科学信仰教育养成的途径

中国梦是历史的、现实的、未来的,凝结着无数人的不懈努力,只有每个人都为美好梦想而奋斗,才能汇聚起实现中国梦的磅礴力量。中国梦终将在广大青年的接力奋斗中变为现实,大学生应义无反顾地挑起历史赋予的重任,在肩负重任的过程中,信仰是强大的精神支撑。当代大学生科学信仰教育养成的途径主要有以下几点。

1. 重视高校思想政治理论课主渠道的地位。高校思想政治理论课是大学生科学信仰教育的主渠道,是学习马克思主义理论的重要平台,是帮助当代大学生确立马克思主义科学信仰的重要途径。高校要改进教学方法,改善教学手段,改革教学内容,创新教学模式,切实提高思想政治理论课教学实效性,推动马克思主义进教材、进课堂、进大学生头脑工作,理论联系实际,使大学生了解、认同马克思主义理论,从而坚定马克思主义科学信仰。

2. 发挥高校党团组织和学生组织的阵地作用。高校党团组织具有密切联系大学生学习生活实际的优势,并能起到表率作用。党组织要重视大学生信仰教育工作,注重入党积极分子、预备党员培养,把优秀大学生吸纳到党的队伍中来,在马克思主义科学信仰上发挥学生党员的先锋模范作用和骨干带头作用;团组织要积极开展信仰教育活动,加强优秀团员培养,推荐优秀共青团员入党;学生组织活动开展朋辈互助,坚定共产主义信念。

3. 加强高校思想政治教育教师队伍建设。高校思想政治教育教师对大学生信仰教育起着重要引导作用,加强思想政治教育教师队伍尤其是青年教师队伍建设意义重大。提升他们的思想政治素质,使其自觉坚持正确的政治方向,在重大政治问题上立场坚定、旗帜鲜明;开展社会实践活动,帮助他们了解国情、社情、民情,培养责任和使命意识,从而更好地引导学生学习马克思主义理论,树立马克思主义科学的理想信念意识。

4. 拓宽大学生信仰教育的平台。经济全球化、新媒体的出现使得大学生接受教育的渠道多元化,对其信仰教育的培养带来一定的冲击与挑战。要改革高校思想政治教育的时空观,拓展领域,充分利用网络、手机等新媒体开展信仰教育,如建立有影响力的网站,制作有吸引力的手机报等,开拓阵地;强化大学生主体意识,使其理性分析与科学评判各种信息与思潮,增强鉴别能力,并自觉将马克思主义科学信仰贯穿到日常学习生活中。

参考文献:

[1] 中共中央宣传部:《习近平总书记系列重要讲话读本》,学习出版社、人民出版社 2014 年版。

[2] 王付欣、荆友奎:《青少年文化生态及其价值引领研究》,《广西社会科学》2014 年第 6 期。

[3] Francis Fukuyama, "The End of History?" *The National Interest*, Summer, 1989.

[4] [法] 雅克·德里达:《马克思的幽灵:债务国家、哀悼活动和新国际》,何一译,中国人民大学出版社 1999 年版。

[5] 叶慧珏、王潆潆:《福山:历史没有终结——专访前美国国务院顾问、"历

史终结论"提出者弗朗西斯·福山》,《21世纪经济报道》2010年12月25日。

[6][英]特里·伊格尔顿:《马克思为什么是对的》,李杨、任文科、郑义译,新星出版社2011年版。

[7][加]马尔切洛·穆斯托:《马克思——伟人回归》,《日本时报》2012年7月19日,转引自《参考消息》2012年7月24日。

将中国梦融入青年信仰教育的路径思考

高 莹[*]

　　信仰是人神圣的精神家园,在社会生活中具有极其重要的地位和作用,信仰是人对人生观、价值观和世界观的选择和持有,是人生的精神支柱,用以作为自己行动的榜样和指南。30 多年的教学改革提示我们,在教学领域里表现出来的许多问题,往往不是简单的教学问题,恰恰是范围更大的对学生信仰的教育问题。教学改革的成功依赖于对学生本身价值观教育的整体推进,需要广大教育工作者不断强化跟进意识。如果站在课程的立场理解教学改革,那么教学过程就不仅仅是一个纯粹的学习客观知识的过程,而应该成为教师和学生共同建构知识和人生信仰的过程。

　　新一轮基础教育课程改革,迫切需要把课程与学生思想工作的信仰教育作为一个有机整体加以综合考虑。如果仅仅站在课程的立场来设计课程改革而忽略信仰教育的相对独立性,可能会失之偏颇,甚至严重脱离实际。同样,仅仅站在学生思想、政治、信仰观等教育的立场来谋划教学改革,往往会看不出问题的本质,难以找到有意义的突破口和生长点。

　　为此,本文尝试结合中国梦的学习教育对青年信仰教育改革的意义进行解读,目的是与关心青年成长的同行进行交流和探讨。

　　当前,以国家富强、民族振兴、人民幸福为首要的中国梦的信仰观教育一直作为科学的并且符合我国国情的信仰价值观,向青年大学生进行引导和灌输。

---

[*] 北京市朝阳区教育研究中心附属学校教师。

一 将中国梦教育融入青年信仰教育的必要性

习近平总书记在参观《复兴之路》展览时指出:"实现中华民族伟大复兴,就是中华民族近代以来最伟大的梦想。"在十二届全国人大一次会议闭幕式上,习近平再次详细阐释了中国梦的时代命题,深刻阐明了共同坚守理想信念的重要价值。实现中华民族伟大复兴的中国梦,既深深体现了中国人的共同理想,也深深反映了先辈们不懈奋斗、追求进步的光荣传统。大学生树立的理想信念如何,直接关系到国家未来的命运。对大学生进行中国梦共同理想教育,使大学生立志为实现民族复兴的中国梦而不懈奋斗,是当前高校思想政治教育的主要任务之一。以中国梦来丰富拓展高校思想政治理论课的教学内容和课程体系,对提升大学生思想政治理论水平,引导大学生坚守共同的理想信念具有重要的现实意义。因此,思想政治教育工作者必须积极进行教学改革,不断创新思路,努力探索将中国梦共同理想融入思想政治教育课程的新路径。

(一) 有助于准确认识中国的历史与现实

中国梦的主旨是"实现中华民族伟大复兴"。中华民族伟大复兴的基础和前提是实现社会主义现代化,包括经济、政治、文化、社会、生态、国防、外交、党建等诸多方面的现代化!没有这些方面的现代化,复兴就无从谈起。当前,我们在看到中国取得历史性的进步和伟大成绩的同时,也要清醒地认识到中国正处于并将长期处于社会主义初级阶段的基本国情没有变;随着改革开放向纵深推进,制约科学发展的体制机制性障碍和发展中的矛盾日益凸显。中国梦是在实现中华民族伟大复兴的进程中提出来的,是对世情、国情、党情、民情的清醒认识和科学把握。青年信仰教育工作必须深入研究中国的历史与现实,关注社会的变化,引导青年大学生努力拼搏、锲而不舍,找准问题的根源,采取有力的措施,坚持实干兴邦,不断为人民造福,实现中国梦。

(二) 有助于坚定社会主义理想信念

理想信念是一个政党治国理政的旗帜,是一个民族奋力前行的向导,是一个国家兴旺发达的根本。党的十八大报告中指出："要抓好思想理论建设这个根本，教育引导党员、干部矢志不渝为中国特色社会主义共同理想而奋斗。"习近平总书记要求青年"勇做走在时代前面的奋进者、开拓者、奉献者"。当前，我国仍处于大有作为的战略机遇期、社会转型期，社会思潮、价值观念日趋多元化，需要借力中国梦的丰富内涵，高扬理想，用中国特色社会主义理想信念来教育青年大学生，筑牢社会主义现代化建设的思想基础。

（三）有助于践行中国特色社会主义理论体系

中国梦丰富和发展了中国特色社会主义理论体系，反映了当代中国发展的客观需要。中国梦的基本内涵主要有三条："实现国家富强、民族振兴、人民幸福。"这说明中国梦不是眼睛向着历史，简单地重寻昔日的荣光，不是要恢复古代中国鼎盛时期的疆域版图，而是从今天的现实出发，扎扎实实地解决改革开放30多年来连续快速发展而带来的诸多发展中的重大问题，如发展中的不平衡、不协调、不可持续，城乡、区域经济收入差距拉得过大，转方式、调结构步履艰难，官员消极腐败现象易发多发，少数干部理想信念动摇、精神懈怠、能力不足、脱离群众等。只有解决好了这些发展中的问题，才有可能实现中国梦。这三项基本内涵既是衡量中华民族能否复兴的三条要求，也是三条标准。三者紧密相连又各有侧重，其中每一项都包含着丰富、生动、具体的内容。因此，中国梦的提出，凸显出马克思主义中国化、时代化、大众化达到新的历史高度，体现了中国特色社会主义精神实质和科学价值。

二　当代青年信仰观教育出现的新特征

当今世界正在发生广泛而深刻的变化，当代中国正在发生广泛而深刻的变革。这些变化和变革也对当代青年人产生了深刻而复杂的影响，使得青年这个社会特殊群体的生活和思想发生着微妙而复杂的变化，这种变化尤其体现在信仰问题上。今天，青年到底信仰什么？青年的信仰问题的现状究竟如何？近年来最新的问卷调查和综合有关数据显示，当代青年在信仰教育上出现了一些新的特征。

（一）替代性和喜选择性

当前，由于我国正处于改革与发展的关键时期，兼收并蓄的多元形势，使青年接触到不同的价值导向。而"80后""90后"的青年们思维更为跳跃，喜欢张扬独特的个性、追随潮流的趋势，使青年这个社会特殊群体存在着"跟着感觉走"以及"以我为主"的信仰倾向，容易感情用事，欠缺理性思考。尤其"90后"的青年多以感觉取代思考，凭感觉的触角在多变的社会中摸索前进；或以潮流的选择代替自己的选择，在社会生活中强调以自我为中心的意识选择。

（二）多样性和变化性

在当代青年中，信仰趋向可谓复杂多样，有信仰宗教的，有信仰神秘命运的，有信仰星座的，还有无信仰的。甚至，也有个别青年把对金钱万能、权力至上的崇拜当作信仰。在这些信仰中，作为我国社会主流和主导信仰的马克思主义、共产主义在与各种社会文化思潮争夺当代青年的信仰斗争中，面临着巨大的挑战。其主要表现为后现代主义文化思潮所推崇的怀疑主义、批判主义和价值论上的多元主义，使一些青年产生了一种流浪意识。

（三）世俗化和功利化

在对信仰问题的理解上，当代青年更多地从利益与满足的角度来认知信仰，对真正的信仰即两课教育中的马克思主义信仰所包含的超越性和奉献牺牲精神体悟不够。可以说，更多地从世俗生活和世俗利益层面来理解信仰，从现实功利角度来对待信仰问题，是当代青年信仰状况的一个不可忽视的新特点。

（四）迷茫性和困惑性

调查研究表明，现在在很多大学校园里，有某种信仰的人往往对其信仰的坚定性不够，很难把信仰落实到行为实践中；认为信仰重要但还没有树立某种信仰的人往往驻足于不知道该信仰什么，很难对信仰进行合理选择；相信星座命理、宗教命运的人往往因一切皆有定数而感到现实难以把握，很难对信仰进行确信。而正在选择信仰的青年们往往又会因似乎每种信仰都有其各自道理而不知道该信仰什么。这些现象表明，当代青年们或多或少地存在着信仰模糊。

三 统领青年信仰观教育的价值意义

近些年，随着新一代"80后""90后"青年追求个性和自我的意识无限扩大，青年的信仰问题也越来越复杂，并出现多元的趋势。作为社会特殊群体的当代青年，是伴随着改革开放成长起来的一代，是改革开放的受益者，也是党和国家未来事业的建设者。因此，加强和引导教育当代青年树立对中国梦的确信并使其上升为信仰，绝不是简单的形式任务，它具有无可比拟的时代价值。

（一）有助于构建和谐社会的良好风貌

以国家富强、民族振兴、人民幸福为首要的中国梦是迄今为止我们最伟大的信仰，是在实践基础上建立并经受实践所检验的科学信仰。可以说，中国梦的信仰教育作为一种深层次的精神导向和精神支柱，直接作用于当代青年的世界观、人生观、价值观，在根本上影响着当代青年的学习和生活实践。但近年来，在社会经济不断发展的推动下，物质需求和生活欲望横流社会，人们对树立这种神圣的信仰观开始出现滑坡。基于此，作为社会特殊群体的当代青年，在肩负神圣使命的同时，他们的人生观和价值观对社会整体风气的加强和纯净自我的身心发展具有十分重要的现实意义。

（二）有助于丰富思想政治教育的理论体系

对青年大学生中国梦的信仰教育是青年思想政治教育的核心内容和中心任务。深入研究如何用好中国梦的思想政治教育方针统领当代青年信仰的教育问题，其主要内容就是研究如何在社会，尤其是高校构建青年思想政治教育的核心价值体系。加强对青年大学生中国梦的信仰教育，促进青年良好价值观的形成，所取得的胜利无疑可以丰富目前思想政治教育的理论体系。进而推动当代青年综合素质的全面发展。

(三) 有助于青年明辨是非能力的形成

当前,"80后""90后"逐渐成为社会青年的主体,这些青年主体,由于大多来自独生子女家庭,习惯接受父母、长辈的呵护、关心和照顾,走进社会后,这种在家庭中长期形成的依赖感,就易使他们面对挫折时难以担当、面对矛盾时难以解决。科学性的中国梦信仰教育,不仅为当代青年的社会实践奠定了理论基础,而且还为正确地认识世界、理性地分析问题提供了方法保障。因此,坚定中国梦信仰的科学立场,对当代青年正确分析意识形态领域的种种复杂现象,在纷繁复杂的环境中明辨是非、站稳脚跟,抵御敌对势力的渗透和影响等方面具有与时俱进的重要意义。

青年,寄托着国家和民族的希望。只有赢得青年,才能赢得未来!习近平指出:"青年最富有朝气、最富有梦想。近代以来,我国青年不懈追求的美好梦想,始终与振兴中华的历史进程紧密相连。"对此,加强当代青年思想政治教育,不断提高当代青年崇高的思想境界,应牢牢把握中国梦这个核心,树立在中国共产党领导下走中国特色社会主义道路、为实现中华民族的伟大复兴而奋斗的共同信仰。

四 树立以中国梦为信仰观教育的路径思考

人最宝贵的东西是生命,生命对于每个人只有一次。一个人的一生应当这样度过:"我的整个生命和全部精力,都已经献给世界上最壮丽的事业——为人类的解放而斗争。"——这,就是马克思的共产主义信仰!这,就是当代青年应该树立的信仰!只有选择、追求和树立坚定的科学信仰,人生才具有根本意义。

(一) 提高当代青年的理论素养

列宁曾指出:没有革命理论,就不会有坚强的社会主义政党,因为革命理论能使一切社会主义者团结起来,他们从革命理论中能取得一切信念,他们能运用革命理论来确定斗争方法和活动方式。认识和理解是信仰的基础,要求当代青年树立坚定的中国梦信仰观,不能只靠朴素的感情或单一的灌输，而是应该建立于准确的认识和理解之上的理性把握。只有对中国梦的理论进行系统的学习和深入的研究，才可能被中国梦的科学性、真理性所折服，才能真正树立和坚定中国梦信仰观。因此，当代青年须强化学习中国梦理论的相关课程，在学习过程中不能流于形式，要真正懂得中国梦的基本内涵，坚持实事求是、与时俱进的知行统一。

（二）变单一的高校课堂灌输为主动自觉地学习和接受

传统的信仰教育方法与传统的思想政治教育方法一样，往往只采取单向的教导方式，即教育者单向将知识灌输给所教授的受教育者，受高校课堂学时限制，受教育者的想法和信息没有及时反馈给教育者。这样，中国梦的思想政治教育理论在青年头脑中所产生的影响就很难达到预期的效果。个别青年仅仅停留在对中国梦理论的表层了解，并不能深入地理解其精神实质，因而也就更谈不上作为自己的信仰，时刻指导自己的行动了。对此，在信仰问题的教育中应拓宽青年的反馈和参与，根据思想政治教育理论课所开设课程的内容，比如可以依托高校图书馆、利用校内网络、学生会、社团板报等多种渠道积极宣传中国梦的信仰教育。通过这种由被动接受到主动参与的转变，拉近与科学理论的距离，启迪智慧、陶冶情操、提高素养，形成积极、健康、向上的人生价值观。

（三）通过形势政策报告的学习，深化青年学生对中国梦的认识

当前，处于改革深水区和攻坚期的中国面临的问题日益复杂，当下许多在学生中有一定影响力的错误言论是建立在对现实的误读、误判和有意裁减的基础之上的。因此，有必要通过学校建立学生形势报告会制度。例如，各地通过建立相应的报告会制度，邀请省级党政主要负责同志结合本地区发展的实际，每年为本学校做形势报告，使学生更直接地了解改革开放和经济社会发展的新成就、新变化。此外，在内容选择上，要既讲中央的方针政策，也讲本地的具体情况；既讲大道理和宏观背景，也讲小道理和具体问题；既讲形势的变化，也讲相关的专业知识、背景、规律和事物之间的联系以及下一步发展的趋势等；既讲形势发展变化现状和特点，也讲思维方式和思想方法；既有针对性地化解矛盾，引导思想认识问题，也以提高认识分析形势的能力为着力点。通过这种形式多

样的报告会,将中国梦的相关背景、历史意义、发展形势、国家政策宣讲到青年学生,提高其对思想信仰的觉悟,从而进一步深化青年学生对中国梦的理性认识。引导学生在比较中思考,在分析中选择,在综合中提高,不断提高思想认识的针对性。

(四) 加强青年信仰观理论教育和社会实践

信仰教育不是教条的、一成不变的,它必须遵循实际情况,对不同的教育客体有的放矢。所以,在青年信仰教育的方式上,要理论联系实际,及时对个体的思想变化进行调整,绝不能忽视个性,千篇一律地进行模式化信仰的宣讲教育。此外,由于青年没有真正步入社会,很多想法都是理想化或者可行性不高的,在信仰方面也容易出现偏差。比如,受外界环境因素的影响,当代青年很容易出现个人主义、拜金主义、享乐主义和自由主义的信仰倾向。在此,需要建构学校、家庭、社会与个人共同作用下的"四位一体"模式,一方面,学校在对青年群体进行以中国梦为信仰观教育的同时,社会要尽可能提供广而多的实践参与平台,让当代青年在运用理论指导自己的学习和生活时,通过亲身接触、体验社会活动,自觉主动地培养以中国梦为价值观的科学信仰。另一方面,家庭是人出生后的第一所学校,是个人成长的摇篮。家庭教育,从某种意义上说,将影响一个人品格的形成、信仰的确立。这种影响虽然不一定是自觉的,但却如春雨润物般实实在在地作用于每个人的成长。因此,充分发挥家庭环境的积极影响对促进当代青年科学信仰观的形成具有重要意义。

因此,我们在"思想政治教育"课教学中必须积极进行教学改革,以整合教学内容凸显中国梦,以创新教学模式阐释中国梦,以多维教学方法凝聚中国梦,以强化实践教学追逐中国梦,努力探索将中国梦融入青年信仰教育以及高校思想政治教育理论课程的新路径。

参考文献:

[1] 胡锦涛:《坚定不移沿着中国特色社会主义道路前进 为全面建成小康社会而奋斗——在中国共产党第十八次全国代表大会上的报告》,人民出版社 2012 年版。

[2] 习近平:《勇做走在时代前面的奋进者开拓者奉献者——给北京大学学生的

回信》,《中国教育报》2013年5月5日。

[3] [苏] 尼古拉·奥斯特洛夫斯基:《钢铁是怎样炼成的》,梅益译,人民文学出版社2008年版。

[4]《列宁选集》,第4卷,人民出版社1995年版。

如何从应试教育走向素质教育?*

——基于《教育规划纲要》及教育历史的实证分析

郭法奇**

一 问题的提出

30多年前，中国社会冲破了长期存在的"左"倾错误的束缚，开始将工作重心转移到现代化建设上来。从此，各项事业开始拨乱反正，迎来了改革开放的新时期。中国教育也出现了新的变化。当然，这一变化是伴随着教育制度的恢复和教育观念的变革进行的。

20世纪80年代以来随着国家对人才的重视和高考制度的恢复，各级学校教育采取了较为稳定发展的措施，开始走上正轨。长期被破坏的学校制度得以完善和统一；学校教材实行集中管理和规范；教学管理和质量得以加强和监控；国际教育交流推进，发达国家一些较新的教育思想被引进。这一时期是新中国成立以来教育事业和学校发展较快的时期。

20世纪90年代以来，随着信息社会的加速，各国在综合国力上的竞争愈加激烈，中国的教育观念和学校教育面临新的挑战。20世纪80年代建立起来的以恢复和修正为特征的、单一化的学校制度的弊端逐步显现，受这种制度影响的培养模式和教学形式使得人才培养路径过窄，束缚了教育者和受教育者的创造性和主体性，阻碍了符合现代社会要求的各种人才的培养。

---

* 本文2013年发表于《河北师范大学学报》（教育科学版）第11期，2014年被《新华文摘》第4期全文转载。

** 北京师范大学教育学部教育历史与文化研究院教授。

这一期间，影响中国教育改革和学校发展较大的主要是"应试教育"倾向，其时间之长和影响之广，是历史上罕见的。尽管在20世纪90年代中期提出了由"应试教育"向"素质教育"转变的思路，但素质教育在与应试教育的博弈中，推进困难。正如新颁布的《国家中长期教育改革和发展规划纲要（2010—2020年）》（以下简称《教育规划纲要》）"序言"中所指出的那样，目前"教育观念相对落后，内容和方法比较陈旧，中小学课业负担过重，素质教育推进困难"。[①] 可以这样说，这一时期虽然学校数量和教育规模有较大的发展，完成了教育改革的阶段性任务，但在教育观念、教育内容和方法方面还存在许多问题。在一些情况下，教育的发展是以牺牲学生的健康、创造力、实践力，以及社会责任感为代价的。[②] 30多年的教育改革并没有解决创造性人才的培养问题。

"应试教育"倾向是如何形成的，"素质教育推进困难"的原因何在，如何从应试教育走向素质教育，这些仍是需要进一步思考和解决的问题。本文基于《教育规划纲要》和教育历史，进行实证分析，寻求素质教育突破的瓶颈，促进个性的发展和教育。

二 "应试教育"倾向的形成及其利益机制

在《现代汉语词典》里，"名正言顺"是指"名义正当，道理也讲得通"的意思，但是纵观中国30多年教育的发展，一个令人尴尬的现象是，"应试教育"一直被认为是负面的教育，且加以否定，但它却形成了"强势"的倾向；而"素质教育"一直被认为是积极的教育，虽然加以提倡，却推进困难，往往为应试教育的影响所遮蔽。

应试教育"名不正，言不顺"，为什么"强势"，这首先与"应试教

[①] 《教育规划纲要》全称为《国家中长期教育改革和发展规划纲要（2010—2020年）》，人民出版社2010年版。

[②] 《教育规划纲要》中提出了与以往对教育认识的不同观点。如在"战略主题"（四）中，提出重点是"面向全体学生、促进学生全面发展，着力提高学生服务国家服务人民的社会责任感、勇于探索的创新精神和善于借鉴问题的实践能力"。这是一个较新的提法。过去强调的是培养学生的创新精神和实践动手能力，而这次新提出了"社会责任感"问题。这在一定程度上表明，以往的问题并没有完全解决，而教育中又出现了学生服务国家、服务人民的"社会责任感"不强的问题。

育"的文化传统和现实基础有一定关系。先来看三个概念。

"考试"是检查和评定学习者学习效果的一种手段。通过这种手段可以在某种程度上以量化或质性的形式对学习者的学习情况给予一定的判定和衡量（比较）。考试作为一种判定和衡量学习效果的手段，有其历史文化的传统，也有现实社会的需要。

从文化传统看，考试是中国古代选拔人才、延揽精英的重要手段之一，一直为官方重视并得到社会的认同。现世有人从古代科举制的发展历史来论证这一做法，认为中国现行的考试制度是中国传统科举文化的继承和发展。为此，国内有学者还专门建立了一门研究中国古代科举制的"科举学"。

从现实基础看，考试（特别是高考制度）是中国社会和教育改革开放30多年以来一直坚持推行的制度。之所以一直坚持推行，一个重要原因就是它满足了人们普遍的价值需求，即考试对所有的人都是公平和客观的、开放和公开的。所谓考试的公平和客观，是指考试的结果的公平和客观，可以避免一些人为或关系因素的影响；所谓考试形式的开放和公开，是指考试对于大多数学生，特别是贫困家庭的学生，为他们实现理想提供了可能的途径。

"应试"是考生对考试的一种心理适应和物质条件的准备状态。其实，任何考试都有一个适应和准备的过程。因为考试毕竟不同于人们的日常学习，它是对日常学习结果的一种检验。由于这种检验的特殊性，如考试所要求的安静、肃穆，考场的特定气氛等，都会对考生的心理产生一定压力。因此，对于学生来说，进行一定的适应和准备是必要的，尤其是一些比较重要的考试。目前，中国各级学校比较重要的考试主要有，小学升初中的"小升初"考试，初中升高中的"中考"，而最重要的考试莫过于一年一度的升大学的高考。[1] 高考社会关注度非常高，因此，这一考试也有中国"第一考"之称。

---

[1] 高考是高等教育入学统一考试的简称。历史上虽然曾一度出现过春季和夏季两次高考，但是由于传统习惯的影响等原因，目前只保留了每年6月份的高考。关于高等教育入学统一考试，这次《教育规划纲要》（三十六）并没有提出恢复过去的做法，但提出了"探索有的科目一年多次考试的办法"。这对于高考的"减负"有一定积极意义。

"应试教育"是从"考试"和"应试"中派生出来的。应试教育主要是指对要考试科目的掌握,以及对相关考试的准备和必要的训练。中国人历来有重考试和应试的传统。因此,为应试而进行的应试教育也是必要的。这就在实践中为应试教育提供了一定的社会和文化基础。这是应试教育为什么"强势"的第一个原因。

但是,当应试教育,特别是高中的应试教育把升学作为教育的主要目标,并且与高考的特殊要求结合时,就使得应试教育出现了新的变化。① 这也是应试教育倾向"强势"的第二个原因。那么,高考的这些特殊要求是什么呢?

一是高考科目设置的导向性。即高考科目的设置具有明确的导向性,影响了学校教育,特别是高中教学工作的重心。例如,规定考试大纲,高考科目设置固定,文理科综合分开考等。为了适应高考,许多高中围绕高考设置科目,教学围绕高考训练。高考考什么,学校就重视什么;高考不考的科目,基本被忽略,甚至一些科目要为高考让路。不仅如此,为了适应高考,许多高中提前进行文、理分科;高中三年课程两年学完,最后一年主要进行做题、练习等。

二是高考评价指标的均衡性。即高考是以计算各科的总分来对学生进行综合评定的。这就要求学生的高考分数至少每科都在及格以上或者尽量达到高分;尽管有的单科分数比较高,但是如果总分不在录取线之上,也不具备上大学的资格。② 据说这种设计的考虑是,以总分衡量学生的成绩可以促进学生的发展,较少产生偏科现象。③ 这就要求学生要平均

---

① 需要指出的是,应试教育一般分为两个部分,一类是以高中阶段教育为代表的、以升学为中心的应试教育;一类是高中以下的中小学阶段教育为代表的、以考试为中心的应试教育。这里主要是对高中阶段的应试教育进行分析,因为高中的应试教育与高考联系最为密切,特征也最突出,影响也最大。《教育规划纲要》(十一)在提到"应试教育"时,主要是在高中阶段教育要求"克服应试教育的倾向"。

② 2010年陕西西安就曾出现过一名有"文字学"特长的高考生,但是由于总分差几分而没有被上海复旦大学单独招生录取。据说,陕西省招生办以"保证高考的公平性和严肃性"为由,没有给这个学生往复旦大学投档。

③ 青年作家韩寒就曾经由于中学期间高中的学习偏科而没有高中毕业,更谈不上参加高考了。上了清华大学的才女蒋方舟的高中阶段苦学的事例也可以说明这一问题。据报道,蒋方舟的学习也是数学比较差。但她通过狂补数学,终于在半年内,将数学从原来的50多分提高到了143分。高考时,她的数学考了131分。

地对待各科的学习。结果是，学生为了通过高考可能会去花费许多精力去补齐自己并不擅长的短板，而忽略了可以发挥自己优势潜能的长板。[①]

三是高考答案的标准化。即高考主要采取标准答案[②]的形式对学生的考试结果进行评判。这种采用标准答案的形式考查学生，目的是强调高考统一的评判尺度。从教育公平的角度看，它有一定的合理性。但是答案的标准化也可能导致教学中对标准答案的追求和对记忆力的鼓励，导致对学生不同观点的排斥，抑制学生创造力的发展。

应试教育倾向"强势"的第三个原因与应试教育的利益形成机制有密切联系。下面重点从影响人的需求和选择的因素来进行分析。我们知道，人的利益需求的特性总是使人在从事各种活动时追求有利于自我发展的东西。在教育领域内，当这一特性与应试教育结合时，就形成了应试教育的利益机制。从学校范围看，应试教育的利益主体主要包括三个方面。

首先，对于学校校长来说，与升学相关的高考升学率是他最关心的利益。因为高考升学率的高低不仅决定学校的社会地位，也影响学校管理者的政绩和声望。

其次，对于一个教师来说，班级或年级的升学率是其最关心的利益。因为它也可以影响教师的社会地位和声望。当然，不排除有真正关心学生多方面发展的教师，但在应试教育体制面前，他们的影响非常有限。

最后，对于一个学生来说，虽然可能存在"被应试"的问题，但是当社会文化和学校都强调以升学为中心，并对学生的选择产生巨大诱惑

[①] 这一观点的依据也可能与管理学上木桶的"短板理论"有关。木桶的"短板理论"认为，木桶容积的大小主要取决于最低的那块板，而不是最长的板。要获得最大的容积，就要把那最低的板子补齐。但是这一理论其实并不一定适合对人的认识；因为决定一个人发展的可能并不是他最弱的那一项，而是他最强的那一项（优势潜能）。因为在人的发展中，扬长避短是可能的，但扬短避长是不合理的。新的《教育规划纲要》也证明了这一点。"纲要"在第十一章的"人才培养体制改革"（三十二）中提出，"关注学生不同特点和个性差异，发展每一个学生的优势潜能"。

[②] 现在的标准答案一般也叫作参考答案，但是性质和作用是一样的。据报道，2011年的福建高考的语文阅读采用了原《中国青年报》记者林天宏2006年写的一篇文章。林天宏看到试题后"满以为自己写的文章，自己肯定清楚，做起来得心应手，没想到一对答案，好多都不会做"。参见《福建高考语文阅读题出题老师考倒原文作者》一文（http://edu.qq.com/a/20110611/000068.htm）。

（升学许诺）时，追求以升学为中心的应试教育可能就是学生获取自己利益的最佳选择。

应试教育的利益机制由利益共同体组成。作为利益共同体的校长、教师、学生具有不同的作用。首先，学生升学的需求是应试教育的原动力。没有学生的升学需求，应试教育很难形成规模。因此，当上大学成为一个学生接受教育的主要选项时，应试教育存在的可能性非常大。其次，校长和教师对升学率的追求是应试教育的主动力。什么样的管理有利于提高升学率，什么样的教学可以保证升学率，等等，缺少这些设计和落实，学生的需求也很难实现。因此，争夺好生源，高薪挖名师，取得好分数，提高升学率，就成为应试教育利益机制运作的主要内容。

在应试教育利益机制中，共同体内的每个主体也是利益的共享体。在共同体内，学生获得高分，能够上大学，不仅使自己受益，也使教师受益；教师凭借学生的分数可以得到精神和物质上的奖励；学生的成绩和教师的业绩也可以使学校校长获得较高的地位和更多的利益。应试教育的这种利益共享体，不仅实现了其内部主体各自的利益诉求，也强化了利益共享机制。从这个意义上说，应试教育是符合经济生活中人们追求利益的特征的。应试教育不仅催生了一批"高考状元"，带动了学校和社会的高考经济，还刺激了地方教育主管部门对应试教育"政绩"——升学率的追求，形成了循环的利益链。这在一定程度上也成为一些地方政府追求教育 GDP 的重要原因之一。

应试教育机制比较注重共同体的整合和维护。一般来说，对应试教育有利的行为就被鼓励；与应试教育无关或对其不利的行为就被排斥。同时，在这个体制内获利的机构或者个体都会极力维护这个体制。维护的主要手段就是校长拼生源、教师拼升学率、学生拼分数。为了获得更大的利益，应试教育要不断地给这个体制内的所有的人加压，使每个人时刻保持紧张的状态。应试教育是一个高负荷、高压力的体制。

同时，应试教育机制还重视共同体的比较和竞争。不比较就不知道结果，不知道结果就不知道排名，不知道排名就不知道自己的位置。这就导致应试教育体制中所有的学校、教师和学生都进入一个大排队、大排名过程中。① 在这个过程中，不断竞争，不断筛选，不断加负，成为应试教育的主要特点。应试教育是一个重筛选、重淘汰的体制。

总之，应试教育凭其一定的文化和社会基础，凭其与高考保持的一致性和快速对接，更是凭其利益共享和利益维护机制的运行，保证了多年来其"强势"的地位。

中国的应试教育成为世界教育史上罕见的现象。

三 "素质教育推进困难"的原因分析

素质教育观的正式提出是在20世纪90年代中期。② 这一教育观的提出明显是针对应试教育弊端的。素质教育观提出后，虽然有政策的支持，学者的论证，但也引发了众多争论，甚至一些赞同应试教育的人也加入进来，强调应试教育与素质教育的联系，使素质教育处于较尴尬的境地。

如有人说，应试教育的存在有其合理的基础，因为高考还存在。而且就目前来说，高考仍是体现教育公平的一种最有效的手段，不能因为提倡素质教育就否定应试教育。

还有人认为，应试能力也是一种素质，也是人的发展必需的。应试教育与素质教育并不冲突，没有必要因为强调素质教育而排斥应试教育。

现在的问题是，既然从学理上讲素质教育优于应试教育，同时素质教育也有政策上的支持，那么为什么"素质教育推进困难"呢？

除了上面提到的一些原因外，这里再从人的需求和选择的角度进一步进行分析。我们知道，人在发展中总是选择对自己有价值的东西。如果面对两种都有一定价值的东西时，就要进行比较，做出一定的选择。

假设应试教育和素质教育都是有一定价值的东西，都与人们的发展

---

① 在应试教育中，学生之间分数的比较和排名已经不是什么秘密。每一次考试结束，一个学生不仅知道自己在班上的排名，还可以知道自己在年级和学校的排名。一些排名已经成为学校和教师安排座位、管理学生、督促学生努力学习的重要手段之一。

② 1994年6月，时任国务院副总理的李岚清在全国教育工作会议上提出："基础教育必须从'应试教育'转到素质教育的轨道上来，全面贯彻教育方针，全面提高教育质量。"同年8月，《中共中央关于进一步加强和改进学校德育工作的若干意见》第一次正式在中央文件中使用了"素质教育"的概念。1997年10月，国家教育委员会制定了《关于当前积极推进中小学实施素质教育的若干意见》。

需求有关。那么，在目前的高考体制和追求升学率的导向下，人们可能更倾向于选择应试教育。"素质教育推进困难"主要有以下几个方面的原因。

一是素质教育与现行的学校评价体制还难以对接。这主要是指目前以应试教育为中心的学校评价体制。众所周知，素质教育的概念是针对应试教育中所存在的不足提出的，如强调培养学生的创造性和实践能力等，但是这些内容缺乏学校评价体系的配套支持。结果，一些学校只能是采用应试教育的办法实施和评价素质教育，或者与实施应试教育的学校进行成绩和升学率的比较。在这种评价体系下，素质教育不仅没有减轻学生的负担，反而使学生比应试教育下的学习更辛苦、更劳累。①

二是素质教育与现行的高考体制也难以对接。虽然近几年高考在出题方面已经有了一些新的变化，如开始减少机械记忆的比重，增加启发思考的内容；增加综合知识的考试，注重学生多方面素质的考核；等等，但影响很有限。素质教育所强调的培养学生的创造性、实践能力等，在高考的标准答案面前，还难以进行个性化的评价；高考题目中的资料往往是给定的，学生发挥的余地不大。另外，素质教育强调学生的整体素质和多方面发展，也与高考的文理分科相悖；高中出现的不成文的文理分科教学不利于素质教育的实施。②

三是在现行追求升学率的体制影响下，素质教育推行起来也缺乏一定的积极性。受追求升学率的影响，人们在现实选择中主要有两种情况，一种是主动的，一种是被动的。具体说，实施应试教育是主动

---

① 一般情况下，应试教育是周一到周五，素质教育是周六到周日。这还不包括白天放学以后的时间。应试教育和素质教育都增加了学生的课业负担。有人估计，目前我们的教育现状是，应试教育占80%，素质教育占20%。

② 2008年11月29日，由国家外国专家局等主办的"国际人才高峰论坛"在深圳召开，全国人大常委会委员、民进中央副主席朱永新在会上发言批评现行中学的文理分科。认为文理分科降低了民族的整体素质。过早地文理分科，使得理科的学习不再学历史、学地理，不再和伟大的思想家对话，那么科学家的人文情怀就有问题，对中国问题、对人类问题、对民族文化的关系、环境污染问题等就会很少关注。他建议教育部立即组织专家进行取消高中与高考文理分科的论证。资料来源：《广州日报》，2008年12月1日（http://www.zzdnews.com/tyjy/200812/18513.html）。

的，推进素质教育是被动的。这也就是为什么在一些学校"素质教育轰轰烈烈，应试教育扎扎实实"的重要原因。如果让校长划分实施素质教育阶段的话，很多校长都可能会说，小学阶段可以搞素质教育，但是高中阶段一定要搞应试教育。因为，升学是硬道理，没人敢拿升学率开玩笑。这样就可以理解为什么一些人采取各种手段来应付素质教育了。

四是素质教育与应试教育相比，也不占优势。一个明显的事实是，应试教育可以利用素质教育，但是素质教育不能利用应试教育。即使用了，结果也走样。如在应试教育中，人们可以把应试能力看作一种素质，还可以利用素质教育的一些条件为升学服务。如对某些学科（音体美）高考加分政策的利用。但是，从来没有听说素质教育利用应试教育来促进人的个性发展、培养人的创造性和实践动手能力的。

总之，在追求升学率的体制下，用应试教育的评价体系来检验素质教育的做法，已经背离了素质教育的宗旨和原则。在实践中，"素质教育推进困难"的问题没有消除。在一定程度上，素质教育已经成为"被应试"的教育。

四　在素质教育基础上加强个性发展的教育

在现代社会，接受教育已经成为每一个公民的权利和追求。中国30多年的教育改革实现了教育规模化的发展，特别是高等教育的大发展，为许多人升大学、接受高等教育做出了重要贡献，也为提升中国教育的整体水平奠定了基础。不过，我们也应看到，目前的教育生态环境并不完全有利于人的发展，特别是个性的发展；应试教育仍然有很大的影响。因此，推进中国教育的发展，改革是必由之路。中国教育的改革需要理性的选择，需要有明确的方向和设计。可以从以下几个方面考虑。

一是要科学分析应试教育存在的原因，为消除应试教育创造条件。应试教育虽然也重视升学，但它是一种以分数定胜负，鼓励胜者、歧视弱者的教育。它只关注升学的目标，不允许别人追求不同的目标，反而将其加以"除名"或者边缘化。应试教育不仅剥夺了一部分学生的教育权，实际上损害了所有学生的教育权。① 有人把这种教育归纳为"五多五少"，即课堂控制学生多，引导学生少；要求整齐划一多，因材施教少；学生被动学习多，主动学习少；教学关注分数多，激发兴趣少；教师辛勤付出多，思考方法少。② "五多五少"的教育表明，应试教育使学生的发展失去了自主性。因此，深化教育改革必须破除应试教育。

目前来看，破除应试教育还存在一些不利的条件。如破除应试教育的政策力度还不够；社会对接受高等教育的需求旺盛；人们对以成绩为标准的选拔性教育还有偏好；学生多方面选择教育的渠道单一；社会对于违规教育的惩治力度不够。但是，也有一些有利的条件。如人们对自身权利的重视和法律保护；社会对能力重于文凭的肯定；国家对素质教育和个性发展教育的关注；长期的应试压力下师生对应试教育的反感。

解决应试教育问题，关键是要从法律的层面将学生的利益放在第一位，保护每一个学生的权益，压缩应试教育的生存空间，有效地规范学校的办学行为。在现代社会，每个人都有义务接受一定的教育和选择接受什么样教育的权利，这些应受到法律的保护。不允许出现由于个人选择等原因被侮辱、歧视和被剥夺教育权利的现象。学校应该鼓励学生根据自己的特点发展，并且为学生的选择和发展提供多样化的、按照教学大纲要求所设置的全部课程。应当保障使每个人有进一步获得高一级教育资源的权利（如升学），不能因为学校升学率、个人学习成绩等因素剥夺受教育者的教育权利；同时，学校的教学大纲和教学计划不应与高考科目直接挂钩。为了保障受教育者的教育权利，应设立独立于教育管理部门的监督和维权机构，定期接受学生的投诉，保护学生的权益。对一些明显侵犯学生权益的行为，如随意披露学生成绩、按学生成绩排队、按升学率给学校排名、利用学生成绩牟利等行为，应进行法律上的追究。

---

① 因为，即使一些学习不好的学生，在学校也可以得到一定学习的权利。这主要是受教育法保护的原因，与应试教育根本没有关系。但是在应试教育来看，那些学习不好的学生可以忽略不计。他们虽然人还在，但已经是"死"了的人。从这个意义上说，应试教育是反人性的、冷漠的教育。应试教育也剥夺了那些升学学生进一步学习的权利。因为在应试教育下，许多学生的学习能力下降了。"高分低能"就是这一现象的典型的概括。

② 可以参考 2010 年 12 月 24 日《文汇报》上的《中学校长谈教育：让课堂容忍学生"发呆""做梦"》。文章的基本观点是，"传统思维已无法适应当前培养学生创新实践能力的要求"。

二是要加强和保证素质教育的地位,使素质教育在关注所有人和促进每个人得到多方面发展上发挥应有的作用。素质教育已经提倡许多年了,但与应试教育相比,素质教育仍然处于弱势,这可能与素质教育对学生个体利益需求的考虑不足有关。应该看到,素质教育的优势在于满足对所有学生的关注,特别是不允许排斥学习差的学生。但是,素质教育更应该尊重每个学生的自主选择和发展,通过保障每个学生的学习权利,让学生运用自己的理智发展兴趣、特长和能力。现代社会是一个多元的社会,利益的多样化已经成为不争的事实,利益的追求也变得更加复杂。单一的升学目标和应试教育难以满足人们多样性的需要。因此,所有人的利益都要被尊重,所有人的需要也尽可能被满足。实施素质教育需要为学生设置多元的课程和多样性的发展目标,采取包容性教育评价,鼓励学生根据自己的兴趣、特长和能力自主进行选择。同时,现行的教育制度也应当根据素质教育的特点,促使素质教育与高考对接,建立恰当的学校评价体系,在联系学生发展的实际利益以及与应试教育的比较中对素质教育可以有更好的设计。

三是在素质教育基础上,确保学生的个性发展和个性教育落到实处。人的个性发展与素质教育是一致的。因为素质教育不仅重视人的多方面的发展,也重视人的创造性的培养,而创造性的形成与人的个性发展是分不开的。深化教育改革必须重视人的多方面发展与个性发展的统一。这就要求教育既要满足每个学生自主对自己利益的追求,包括满足学生对升学的需求——使所有学生自主、有尊严地学习;同时还要把这种对自身利益的追求引导到最大限度地发挥学生的个性和才能上来,使学生的个性发展与社会多方面的需求结合起来,实现人的多方面发展与社会需求之间的有机结合。

当然,实现上述变革需要有新的理念引领和制度上的设计。目前,这些理念和制度的设计在《教育规划纲要》中得到一定的体现。如在"更新人才培养观念"中,《教育规划纲要》提到,要"树立多样化的人才观念,尊重个人的选择,鼓励个性发展,不拘一格培养人才"。为了实现这一观念的转变,《教育规划纲要》在"创新人才培养模式"中提到,要"激发学生的好奇心,培养学生的兴趣爱好,营造独立思考、自由探索、勇于创新的良好环境";"关注学生的不同特点和个性差异,发展每个学生的优势潜能。推进分层教学、走班制、学分制、导师制等教学管理制度改革"。在"改革教育质量评价和人才评价制度"中提到,"建立科学多样的评价标准。开展由政府、学校、家长及社会各方面参于的教育质量评价活动。……探索促进学生发展的多种评价方式,激励学生乐观向上、自主自立、努力成才"。这些新的理念及制度设计为素质教育和个性发展的教育奠定了基础。

30多年教育改革的历史发展告诉我们,应试教育虽然适应了一定时期升学教育的需要,但它极大地阻碍了教育改革的深入进行。教育的主要目的是适应现代社会的需求,为社会培养更多的合格人才和创造性人才。因此,加强素质教育和在素质教育基础上促进学生个性的发展是中国教育发展的方向,是中国教育改革的理性选择和必由之路。当然,如何设计这种新的教育体制,如何破除应试教育对这种教育体制的干扰,是需要进一步研究的问题。

论青年社会学的发展进程

沈 杰*

青年社会学在青年研究①这一专业知识领域中承担着一种独特而重要的角色，一定意义上说，发挥着一种主导性学科的作用。它与青年心理学和青年文化学一起，构成了青年研究的三个支柱学科。

就青年社会学作为一个学科的形成来说，其最基本的动因有几个方面：一是，学术智识资源的长期积累孕育了新的知识萌芽；二是，现实生活提出了认识青年在社会中的角色、地位的客观要求；三是，相关的青年学科发展提供了基础的知识和方法的养分。

具体而论，对于青年社会学的产生和发展，自古代到近代的哲学、社会思想中有关青年的观点成为学术思想渊源或智识动因；作为现代性产物的青年成为研究对象。在学科成长过程中吸收了人文学科和社会科学甚至自然科学的诸多学科（主要包括生理学、心理学、社会学、社会心理学、文化人类学、政治学和历史学等）对青年的研究成果，由此使得青年社会学成为一门综合性特征很强的学科。但是，从学科归属上说，它是社会学的一个分支学科。如果更加深入地说，青年社会学是在社会学这一母体学科中孕育而生的。然而，也应该强调，人文社会科学的其他一些学科对青年社会学的形成与发展进程发挥了不可或缺的促进作用。

---

* 中国青年政治学院青年研究院研究员。
① "青年研究"这一称谓实际上是人文学科和社会科学对青年的研究这一学术领域的总称。

一 青年社会学的前学科孕育:复合性的发生机制

(一) 学术思想渊源与智识储蓄

从古希腊罗马时代到18世纪中叶这一漫长的历史进程中,许多哲学家、社会思想家曾从各自的价值取向、学术立场、理论视角出发,不同范围、不同层面、不同程度地探讨一定的青年现象、青年问题。① 可以说,这些哲学家、社会思想家的有关思想观点,成为青年社会学最早的学术思想渊源和智识储蓄。

由于这一时期社会结构的封闭、僵化、单一性质,社会变迁速率极其缓慢,因此,在这一时期的哲学家、社会思想家的思想观点中具有的共同特征是,认为老年人或成年人的年龄和经验因素决定了对生活智慧的拥有,因而理所应当地被看作比青年人更加优越的人,青年人则被视为社会未充分承认的、不完善的人。社会对青年的培养或合格成员的塑造的核心内容表现为:青年人接受年长者或成年人的智慧及其行为楷模。可以看到,这种思想中带有浓厚的成人优越论或长者统治论的色彩。

可以说,青年现象、青年问题自古以来就一直受到经久不衰的关注,许多思想家都对此做出过分析。然而,在工业革命之前,作为一个特定社会范畴的现代意义上的青年还没有诞生。此外,由于生产力发展水平低下所决定的传统社会结构的高度同质状态,使得社会中世代之间还没有呈现出明显的分化,所以,在那样的时代里,形成比较系统的关于青年的理论尤其是学科知识的历史条件和社会基础都不具备。

(二) 认识青年的需求与动力

作为一个社会群体尤其是一种特定社会范畴的现代意义上的青年,是工业革命的产物,是现代性的产物。此前人类社会虽有成年期之前的人口群体存在,但常常是儿童或少年,即便是被称为青年人,也只是具有一种年龄意义,或者说,纯粹是一种从年龄角度指称的对象。只是到了工业革命开始以后,由于现代化进程不断深入所导致的社会对其成员

---

① 其中包括一个十分重要的方面,即青年一代与年长一代之间的关系或称代际关系。

的素质要求越来越高，使得从事各种职业都需要学习一定的专门化知识和技能，于是，随着各级各类教育体系和机构的产生和扩展，尤其是高等教育体系和机构的普及和发展，具有相同年龄、生理、心理等特征的青年人聚集在一起。这种群体致力于从事共同的社会活动——个人系统化地学习未来进入社会生活所必需的知识和技能，并在共同的生活中形成表达自身需要、思想、意愿的活动和风尚。于是，现代意义上的青年便产生了。换言之，作为一种社会范畴意义上而非只是年龄群体意义上的青年，是在现代社会的发展进程中产生的，尤其与工业化、城市化、专业化进程紧密关联。

在现代化进程中，由于生产工艺与劳动技能变得日趋专业化或复杂化，对于劳动者的知识和技能的要求也不断提高，每一个体必须接受一定程度的正规教育而且是越来越高等的正规教育之后，才能获得基本的就业资格。这一情形已经成为世界范围内一种普遍化的趋势。这一情势必然首先是社会对青年提出的一种基本要求。然而，在工业革命之初，青年期常常被看作个体为其将来全面进入社会生活做准备的一个时期。除了社会的原因甚至经济的原因（例如，有人认为，大量青年人在数年时间内停留于学校中，有助减少就业市场的压力）之外，当时的一些学科如发展心理学等也提出相关依据认为，青年虽然已不再是儿童，但仍还不是成人，青年期是处于儿童期与成年期之间的一个特殊的过渡阶段。处于生命历程这一阶段上的人们，就其社会性发展而言，首要任务就是进行学习和接受训练。社会的这种观念①持续了很长时间，至少在20世纪60年代前依然是许多发达社会中的一种正统性共识。其所造成的后果是，青年在社会结构中被隔离起来或被单独地分类，在社会生活中处于边缘地位，他们与成年人之间不仅不能共享同等的权利，而且也不能承担同等的义务。

然而，青年天生就潜藏着巨大的能动性。他们对自己在现实社会生活中的角色特征和地位状态所做出的反应，以及他们的主体意愿和自我期望的表达方式，主要是通过青年文化和青年运动这些独特形式加以呈现的。不论是更多具有消遣娱乐性质的亚文化，或是带有偏离社会主流

---

① 实际上，可以称之为传统的青年观。

文化性质的反文化，还是表现了青年对社会发展进程中出现的问题最先具有的敏感性和问题意识而发动的青年运动，都从某种角度向成人社会表达了青年对自己边缘地位状况的不满，以及他们要求积极投身社会实践和关心社会事务的强烈愿望。这一情况在20世纪60年代后引起学界和有关政府方面的高度关注，如何在思想观念上承认青年的应有权利，以及如何在制度安排上扩大青年的社会参与机会，成为青年社会学得以产生和发展的重要社会动因，同时也表明了时代和社会向学术研究提出的一个迫切课题。可以说，时代呼唤一种崭新的青年观的产生。

（三）相关学科的知识和方法

18世纪下半叶至20世纪20年代，是青年社会学的学科孕育阶段，其特征表现为，对于青年的研究是从社会理论或社会科学的综合角度进行的。

18世纪下半叶开始的工业革命，不仅为作为一种社会范畴的现代意义上的青年的诞生提供了直接的社会动力，而且也为青年一代在人类历史进程中扮演前所未有的重要角色创造了前提条件。

正是在工业革命所引发的经济、政治、社会、文化等领域变迁的促进下，基于不同学科视野的一些社会科学家或社会理论家对青年现象和青年问题的探讨和研究开始逐渐地得以深入化、细致化。

特别值得提及的是，社会学创始人孔德在《实证哲学教程》[①] 中提出的青年是社会变迁的一种基因的理论假设，成为社会学关于青年的理论或者说对青年社会学的一项最早贡献。他高度评价青年具有"变革的天性"，并且在这种特质与社会进步之间建立起关联。

迪尔凯姆对青年社会化给予了特别的关注和极富贡献的探讨。斯宾塞、凡勃伦等也对青年问题进行了各自的探讨。他们都倾向于把青年看作与其他社会群体、与整个社会结构有着特殊关联的一种社会范畴。

尽管作为现代意义上的青年自工业革命以来便已经诞生，但由于在此后一定历史时期中，青年在社会结构中的角色、地位和作用等一定程

---

① 法国哲学家、社会学家奥古斯特·孔德1838年在其《实证哲学教程》第4卷中首次提出"社会学"一词。一般以此作为社会学诞生的标志。

度上还处于一种潜在状态,换言之,青年的本质规定性的丰富层面尚未在历史进程中充分展现出来。此外,社会学初创时期的社会学家对青年的考察更主要的是从社会发展取向(而不是基于青年发展取向,更进一步地说,是从社会本位角度,而不是青年本位角度)来进行的。因此,对青年的有关认识还未达到清晰、完整的程度。然而,他们从社会学视野对青年所做出的种种开拓性探索,却播下了青年社会学的"种子",并为其在以后进一步发芽长大开垦了"沃土"。

这里需要提到,在促进青年社会学形成的过程中,有两位重要的心理学家起了特殊的作用。一位是青年心理学的奠基者 G. S. 霍尔。他在1904年出版的《青年期:它的心理学及其与生理学、人类学、社会学、性、犯罪、宗教和教育的关系》这部具有划时代意义的著作中,提出了青年期心理危机学说。这一著作既是青年心理学诞生的标志,也是青年研究学科化开始的标志。另一位重要的人物是精神分析学说创始人 S. 弗洛伊德,对个体在青春期所易呈现的代际关系状况及其问题给予了特别的关注。他关于青春期的理论观点深刻地影响了后来 E. 埃里克森、L. 福伊尔和 K. 凯尼斯顿等关于青年期和代际关系的理论。

对青年期本质的认识,文化人类学家做出了独特的重要贡献。M. 米德1928年出版的《萨摩亚人的成年》强调了社会文化条件对人的发育和成熟具有决定性作用。所谓的青春期心理的"危机与突变",实际上只是特定社会文化条件导致的产物,并非人类普遍的生物遗传因素所引起的共同状态。

社会心理学家也提供了丰富的智识成果。相比于社会学家注重探讨宏观社会结构对青年期心理的作用,社会心理学家则偏重于考察微观社会结构对青年期心理的影响,所发展出来的理论较为精细,尤其是那些根据精致的研究设计逐步发展起来的理论。

勒温从他创立的场论出发考察青年期的心理特征。他认为个体的行为是其人格与特定环境相互作用的产物。由于青年期的个体正处在从儿童过渡到成人这样一种角色和地位转变的过程当中,因此,青年人的生活空间和行为也会随之发生相应的变化。社会学习理论的集大成者班杜拉不同意霍尔和弗洛伊德的青年期心理学理论,他认为应该从社会环境施加的影响因素和个体社会学习机制的角度来研究青年期心理。

社会学中的世代理论对青年问题做出了独特的分析。曼海姆对世代的社会学问题进行过专门论述,在1928年出版的经典性著作《论世代问题》中,他把世代理论划分为两种不同取向的观点。一种是实证主义的观点,把世代看作特定的时间段;另一种是历史浪漫主义的观点,认为世代的归属取决于"内化时间"。总之,从18世纪下半叶至20世纪20年代,社会理论或社会科学对青年现象、青年问题探讨积累下的智识资源,孕育了青年社会学作为一个学科的在后一时期的诞生,从中显现出一种粗略的学科框架。

二 青年社会学的学科确立:现代性与青年的一种知识表征

一方面,就社会方面而论,在现代社会,由于劳动内容与生产工艺的复杂程度日趋提高及其所要求的知识与技能的不断专门化,使得人们为了取得基本的就业资格必须接受教育的时限逐渐增长,并由此导致了青年期的延长。另一方面,就青年方面而论,当代青年在生理、心理的成熟时间上,呈现出日益提前的趋势。青年生理属性成熟时间前倾而社会属性成熟时间后延的矛盾态势,在很大程度上成为导致青年问题凸显的一个最基本原因。正是在这种背景下,社会学家对青年这一社会范畴所表现出的各种特征的关注程度也在不断地提高。

进入20世纪30年代,社会学关于青年的研究出现了新的特征,即不再像早期主要是思辨式的探讨,而是呈现出实证式的经验层面上的研究与思辨式的理论层面上的探讨并行甚至相互结合的局面,研究视角不再仅限于社会发展的一般层面,更重要的是,涉及青年发展的特殊层面。

首先,一些最基本的学科研究领域逐渐形成。在这一时期,青年的社会化、社会角色、社会地位等方面受到较多关注,对这些问题的研究逐渐构成青年社会学最基本的学科领域。社会学家一般把青年期视为个体进行社会化、学习扮演社会角色并实际承担社会责任的重要时期。一方面,青年期的到来使个体的社会性呈现出一些独特变化和特征:一是,青少年开始逐渐摆脱传统权威人物的影响而趋向于接近同辈群体,加之受到当代社会和文化迅速变迁的影响,这一切都强烈地促使青年发生角色转换和呈现角色中断；二是，青年内心的急剧变化和动荡既增加了对他人的依赖感，又增强了自我意识和对社会角色的判断与选择能力；三是，随着个体所接触社会环境的扩大，不断建立的人际关系对青年产生了更复杂的角色期待。青年期个体呈现的上述变化与特征，使青年对社会角色的学习、社会规范的接受和社会责任的承担比在生命历程的其他阶段显得更加复杂和更加困难。另一方面，当代社会的迅速变迁使青年的社会化过程充满了矛盾因素：一是，工业社会中受教育时限的延长，使青年人与父母相处的时间相对缩短，接触成年人角色模式的机会随之减少。而在家庭对青年社会化的功能减弱的同时，同辈群体的作用却在不断增大；二是，由于青少年的社会化因素不断增多，如教育机构、同辈群体、大众传媒和政治组织等，这些因素原先给予指导的清晰性、确定性在逐渐减少，与此同时，相互之间的模糊性、不一致性却日益增多，这一情形使青年人在价值观和理想方面埋下了矛盾的种子并面临潜在的冲突；三是，青年人在社会地位方面的特征是边缘性，因此，他们总是处在社会保守势力与激进力量的争夺和影响之中。这些潜在的或外显的矛盾因素使当代青年的社会化进程比以往任何时代都显得障碍重重。

其次，一批具有经典意义的经验研究陆续出现。20世纪30年代大萧条时期，美国拉扎斯菲尔德在大量社会调查的基础上，研究了此时期奥地利青年工人的基本状况。波兰J.查拉辛斯基对农村青年进行了阶级地位取向的世代研究，出版了四卷本著作《年轻一代农民》。美国G.H.埃尔德出版《大萧条时期的孩子们》一书，他基于生命历程的理论视野，对大萧条岁月在当时出生的孩子们成长过程中所留下的影响进行了探讨。

20世纪40年代，美国霍林斯黑德通过实地调查写出《埃尔姆镇青年》一书，分析了美国社会的阶级结构对青年个人生活所造成的影响，较早提出了青年期是一种过渡状态的观点。美国帕森斯基于实地调查的结果，提出了"青年文化"这一对青年社会学以及整个青年研究都产生了巨大影响的概念。他指出，处于青年期这一特定阶段的人们创造出了一种特有的价值取向和行为样式，即"青年文化"。在帕森斯看来，青年文化最突出的特征是呈现无责任感以及注重对娱乐、消遣活动的追求。在以后的青年研究进程中，青年文化成为一个非常重要的研究领域，甚至出现了青年文化研究的一些学派。尽管不同学者对青年文化的解释与帕森斯最初赋予青年文化的含义之间出现了诸多的差异，然而，一定意义上说，这一切探索都丰富了青年文化的内涵和外延。

在20世纪50年代，美国科尔曼对芝加哥地区一些中学进行了实地调查。在《青少年社会》一书中，科尔曼认为，处在教育机构中的青年人，由于形成了自身特殊的价值观、行为规范和生活习惯，从而形成了青年亚文化，因此便建构起了一种小社会即青少年社会。

最后，一些较有影响的理论模式相继产生或不断发展。这些理论大多数都是以青年在当代社会结构中所处的状态作为关注重点，尽管在分析视角上各有所不同。比较成型的理论有：一是，"过渡时期"理论。霍林斯黑德等认为，青年期是人的生命历程中一个过渡时期，处于此中的人们已不再是儿童，但尚未取得成人资格，因而其主要任务是为了适应未来社会生活而进行充分的准备。二是，"角色冲突"理论。在其看来，青年在社会中获得自立并拥有社会行动的权利是一个复杂过程。在这一过程中，青年不可避免地会表现出从儿童状态向成人状态转变时期所特有的角色冲突。默顿将这一情形表述为青年的"两重性"，而帕森斯则把其归因于青年实际存在的依附性与要求尽早承担责任的期望之间的相互矛盾。三是，"边缘人"理论。勒温较早提出了这一思想。他认为青年所面临压力的大部分源自其社会结构中处于边缘地位。这一观点后来被一些社会学家加以进一步发展。四是，世代理论的更加丰富。一些社会学家在将青年与其他年龄群体进行比较研究的过程中都采用了世代分析视角。最有代表性的有以色列艾森斯塔特、德国谢尔斯基等。

可以看到，在青年社会学发展的这一阶段，随着社会学家在研究青年现象、青年问题的过程中逐渐形成了一些独特的基本概念、重要范畴、理论类型和研究方法等，从而使青年社会学作为一个可以独自成立的学科逐渐"显形"，呈现出一个学科的基本面貌。

如果说在此前时期，青年现象、青年问题已经占据社会学家很大一部分兴趣的话，那么，进入20世纪60年代晚期，许多西方国家首先出现的声势浩大的学生运动则吸引了社会学家对这些领域最普遍、最强烈的关注。于是，青年运动与社会变迁的关系、青年世代与成人社会的关系、青年问题与社会整合的关系、青年发展与社会发展的关系等一时成为社会学研究的热门课题。

德国谢尔斯基 1957 年出版的著作《怀疑的一代》，通过对第二次世界大战之后德国青年各种心态的考察，指出青年已经成为具有怀疑态度、不接近任何意识形态和社会政治的善于思考的人——怀疑的一代。E. 埃里克森在 20 世纪 60 年代晚期基于以人格发展为主线的自我心理学来探析青年期心理，提出了青年期的心理社会任务是建立自我同一性和防止同一性混乱这一著名学说。法国布尔迪厄在 20 世纪 60 年代则做出了阶级取向世代研究的范例。M. 米德于 1970 年出版《文化与承诺：一项关于代沟问题的研究》一书，对于战后处于急剧社会变迁中的代际关系尤其是代沟问题做出了具有影响力的分析。

此外，一批著名社会学家如马尔库塞、福伊尔、凯尼斯顿、赖希、罗斯扎克、弗拉克斯、艾森斯塔德等从各自的角度出发，投入了对青年现象、青年问题的研究，他们出版的许多重要著作把青年社会学的学科发展推进到了一个理论纷呈的多样化阶段。

正是鉴于青年现象、青年问题引发社会的高度关注，尤其是对青年在当代社会中的角色、地位和作用进行重新认识与定位的重要性和迫切性的日益凸显，一些倡导正式确立青年社会学学科地位的专论、专著开始问世，如罗森马耶尔的《青年社会学的主要领域》（1969）、《导论：青年社会学的新理论思潮》（1972）、阿达姆斯基的《青年社会学问题》（1971）、克罗伊茨的《青年社会学》（1974）、阿列尔贝克和罗森马耶尔的《青年社会学导论》（1976），等等。这些著述对青年社会学的学科性质、研究对象和学科体系等基本问题进行了探讨，对青年社会学的理论流派、研究方法做出了梳理，对青年社会学的学术价值和社会功能赋予了期望。

这一切表明，20 世纪 60 年代末 70 年代初，青年社会学已经作为一门学科正式诞生。1975 年 5 月国际社会学协会（International Sociological Association）执行委员会正式批准在该协会内成立青年社会学研究委员会（Research Committee on Sociology of Youth）。这一具有重大历史意义的事件标志着青年社会学学科的合法性得到国际社会学界的承认。自此之后，青年社会学在世界范围内得到了更加有效和广泛的发展。

三 青年社会学的困境及其超越：
基于反思性的重建取向

（一）青年社会学的反思性

反思性是人的本质属性之一，现代性则使反思性成为一种文化价值和制度特质。作为社会学思想根基的理性赋予了社会学生而具有反思性。社会学从其问世之日起就是在反思性地参与社会现代性的建构过程中构筑起整个学科大厦。作为一种智识资源形态与潜在社会力量，社会学通过自身所具有的建构功能，把从社会行动中产生的关于这种行动的崭新知识不断地运用于进一步受这种智识影响而形成的行动之中，从而在运行机制或制度安排层面上不断地改变着社会行动的特征，并由此使智识资源尤其是专家系统演化成制度要素，最终塑造了促进社会现代性发展的制度反身性机制。然而，这仅只是或者说仅应是社会学反思性机制的一个维度，即它的工具理性维度。此前常被忽视的社会学反思性机制的另一个维度值得重视，它表现为问题意识以及基于这种意识所形成的社会良性发展的导向机制，其重要功能之一就是保持对社会现代化进程中可能出现的各种病态现象的敏锐批判，这种价值反省性机制就是社会学反思性机制的价值理性维度，换言之，价值反省性与制度反身性是保证社会现代化进程达成目标实现的社会学反思性机制所不可或缺的两翼。

青年社会学的发展进程表明，这一学科的问世体现了一种历史的与逻辑的高度一致性。作为工业革命或现代性产物的青年，在现代社会的发展进程中逐渐显现自身的本质规定性及其作为主体对现代化的反应；则是导致青年社会学产生的现实基础。而促进青年社会学最终诞生的直接动力是，由现实生活提出的如何认识并改善青年在社会结构中的地位与作用的问题。另外，青年社会学的诞生也是青年研究各个学科发展的合乎规律的结果。正是随着青年心理学、发展心理学、社会心理学、文化人类学、社会学和政治学等人文社会科学学科对于青年本质的生理、心理、文化和社会规定性由浅入深地逐层揭示，使青年社会学形成了知识积累和认识阶梯，从一种更高级的层面、更广阔的视界和更具抽象力的起点上对青年做出科学阐释。如果说从哲学对青年的思辨式、整体式的探讨进入各个现代学科对青年的经验性、实证性的研究,标志着青年研究发展进程中的一次重大转折的话,那么,青年社会学所完成的对以往研究成果的新的综合,则可以看作标志着青年研究发展进程中的另一次重大转折。

青年社会学在当今青年研究领域中日益显示出它的独特贡献和不可替代的地位。但仍必须正视的事实是,由于它诞生以来历经的发展时间还不长,青年社会学至今还是一个不成熟的学科。不成熟性首先表现为,在青年社会学的基本学科问题方面还存在许多争论,换言之,一种比较具有普适性[①]特征的学科架构尚未形成。由于各种研究者的知识背景尤其是方法论思想的不同,导致在建构这一学科的角度、努力及其结果上还表现出种种差异。青年社会学的不成熟性还表现于,在社会学对青年的研究与青年社会学的研究这两者之间有时还很难做出明确的区分。尽管青年社会学的形成的确是与将社会学已有的一些比较成熟的概念、理论和方法等运用于青年研究当中分不开的,但是,青年社会学在自身的发展过程中也形成了一定的独特内容,而且这些独特内容不但不应该减少,反而应该强化,否则,一旦可以被社会学取代的话,它势必就成为多余的。就此而言,可以把两者的根本区别作如下看待:社会学主要把青年问题作为它的一个应用研究的领域,更倾向于把青年作为社会群体的一种类型来加以理解,并从社会整体运行机制的角度来提出解决青年问题的方案。青年社会学则把青年作为自身的主要研究对象,不仅注重从社会结构对青年角色、地位和作用的制约性来看待青年问题,而且还力求从青年自身的特性、需要和能动来理解青年的社会性和主体性。尽管这两种研究对全面地认识青年、有效地解决青年问题都是不可缺少的,但就更准确、更有前瞻性地把握青年而言,青年社会学无疑更为优越。

---

① 这里所谓的普适性,并非指这一学科架构必须具有纯粹的超文化、超社会、超历史的特征,而是指应该最大限度地可以在各种文化、社会、地域背景下的一定时间范围内具有通用性。而在这种基础上,处于特定的文化、社会和时代坐标中的研究者可以根据自己的本土特点去发展出相适应的青年社会学学科体系。原因正如知识社会学的研究结果业已表明的,任何一种学科尤其是社会科学学科的发展,必然受到其所处文化传统、社会结构和时代背景的塑造。

（二）后现代所带来的挑战

青年是现代性的产物，现代社会科学都是与现代性同时代生长起来的。一方面，现代性是社会科学的社会形态；另一方面，社会科学是现代性的知识表征。青年社会学则是现代性充分展开之后作为其知识表征的社会科学的一种具体形式。因此，现代性是青年及其概念、理论和学科的根基。

然而，进入20世纪下半叶，西方发达国家的发展进程使社会科学受到了重大冲击，出现了对社会学包括青年社会学知识形态的挑战。具体而言，这一场挑战的出现，有其多重的背景因素：第一，在社会基础层面上，后工业社会已经来临。第二，在文化背景层面上，后现代主义产生并风靡。第三，在知识动力层面上，社会理论中出现了关于后现代问题的论争。

后现代的挑战对社会理论的影响正在或隐或显地呈现出来，主要表现在：一是，后现代理论对现代性的批判，引起了社会理论家对人类社会未来发展进程的一些维度进行重新思考和定向；二是，后现代理论对社会理论传统的批判，引起了社会理论家重新审视和构建一些最基本的理论预设。这一切都可能使得后现代理论的一些概念和范畴被吸收到社会理论主流体系当中。值得注意的是，后现代问题论争似乎促使社会理论的思考重返社会哲学层面。

这一切都对青年社会学的发展进程带来不可规避的影响。在20世纪下半叶，社会科学中关于青年、青年社会学乃至整个青年研究的主要概念、范畴和理论，仍然是深深地根植于民族—国家层面上，或者说，仍然是以现代性为根基的。在西方，现代性的生长过程中，社会的概念就是指民族—国家，青年是社会的构成元素。然而，在后现代语境中，情况已发生了重大变化。全球化潮流席卷世界每个角落，跨国流动在国际范围内普遍存在，互联网迅速发展与广泛普及正在深刻地改变人们的工作方式和生活样态，人们社会认同、民族认同和国家认同的价值依据和达成方式正在发生深刻的变化。在这样一个时代，民族—国家是否仍可作为社会学的基本分析单位？社会学理论最关键的概念即社会系统对理解当今社会尤其是后现代社会是否仍然适用和有效？

经典的青年概念是工业革命或现代性的产物,在后现代社会,这一概念正在变得越来越不适用。然而,即便在现代社会中,也可能存在后现代社会的某些成分,在迈向现代的社会中也可能存在传统成分、现代成分与后现代成分之间的相互交织,因此,在今天,经典的青年概念已经不同程度地不适用于处在复合时空社会中的青年。总的看来,青年概念的重构成为一种不可规避的历史命运。

如果没有建构出符合时代特征和社会特征的青年概念,换言之,如果不对新的时空状况下的青年本质规定性进行重新审视和崭新定位,青年社会学便无法对青年及其状况与问题提供基本的说明与解析。因此,越来越多的来自欧洲、美洲和亚洲或是其他大洲的青年社会学家逐渐达成的一个基本共识是,后现代的挑战成为重新建构和确定青年概念以及青年社会学的基本概念、范畴和理论的一个具有特殊意义的背景动因和参照体系。

参考文献:

[1] [英] 安东尼·吉登斯:《社会理论与现代社会学》,文军、赵勇译,社会科学文献出版社 2003 年版。

[2] [美] 丹尼尔·贝尔:《后工业社会的来临:对社会预测的一项探索》,高铦等译,新华出版社 1998 年版。

[3] [美] 多萝西·罗吉斯:《当代青年心理学》,张进辅等译,湖南人民出版社 1988 年版。

[4] [美] D. P. 约翰逊:《社会学理论》,南开大学社会学系译,国际文化出版公司 1988 年版。

[5] [美] 埃里克·H. 埃里克森:《同一性:青少年与危机》,孙名之译,浙江教育出版社 1998 年版。

[6] [罗] F. 马赫列尔:《青年问题和青年学》,陆象淦译,社会科学文献出版社 1986 年版。

[7] [葡] 何塞·马乔多·佩斯:《过渡与青年文化:形式与表演》,黄觉译,《国际社会科学杂志》2001 年第 2 期。

[8] [加] J. 米切尔:《青春论:青年期的特性》,张进辅译,广西人民出版社 1990 年版。

[9] [美] 乔纳森·特纳:《社会学理论的结构》,吴曲辉译,浙江人民出版社

1987 年版。

［10］［英］J. C. 考尔曼：《青春的本性》，杨高潮、杨新潮译，浙江人民出版社 1987 年版。

［11］［英］卡米洛·苏亚雷斯：《青年、过渡以及确定性的丧失》，黄觉译，《国际社会科学杂志》2001 年第 2 期。

［12］联合国教科文组织出版办公室：《八十年代世界青年问题》，刘朴等译，中国对外翻译出版公司 1985 年版。

［13］［美］玛格丽特·米德：《代沟》，曾胡译，光明日报出版社 1988 年版。

［14］［美］M. 米德：《文化与承诺：一项关于代沟问题的研究》，周晓虹、周怡译，河北人民出版社 1987 年版。

［15］［加］迈克尔·布雷克：《越轨青年文化比较》，岳西宽等译，北京理工大学出版社 1989 年版。

［16］［英］尼格尔·多德：《社会理论与现代性》，陶传进译，社会科学文献出版社 2002 年版。

［17］［美］理查德·弗拉克斯：《青年与社会变迁》，李青、何非鲁译，北京日报出版社 1989 年版。

［18］［法］涂尔干：《道德教育》，陈光金、沈杰、朱谐汉译，上海人民出版社 2001 年版。

［19］［英］乌尔里希·贝克、安东尼·吉登斯、斯科特·拉什：《自反性现代化》，赵文书译，商务印书馆 2001 年版。

［20］［德］W. 舒里安：《青少年心理学》，罗悌伦译，四川人民出版社 1997 年版。

［21］A. Esler, "The Truest Community: Social Generation as Collective Mentalities", *Journal of Political and Military Sociology*, Vol. 12, 1984, pp. 99 – 112.

［22］B. R. Wilson, *The Youth Culture and the Universities*, London: Faber, 1970.

［23］C. Wallace and M. Cross (eds), *Youth in Transition: The Sociology of Youth and Youth Policy*, Basingstoke: Falmer, 1990.

［24］D. I. Kertzer, "Generation as a Sociological Problem", *Annual Review of Sociology*, Vol. 9, 1983, pp. 125 – 149.

［25］G. Jones, "Integrating Process and Structure in the Concept of Youth", *Sociological Review*, Vol. 36, 1988, pp. 706 – 731.

［26］G. Jones and C. Wallace, *Youth, Family and Citizenship*, Buckingham Philadelphia: Open University Press, 1992.

[27] J. S. Coleman, *The Adolescent Society*, New York: Free Press, 1961.

[28] Jr. G. H. Elder, *Children of the Great Depression*, Chicago: University of Chicago Press, 1974.

[29] K. Mannheim, "The Problem of Generation", in P. Kecskemeti (ed./trans.), *Essays on the Sociology of Knowledge*, London: Routledge and Kegan Paul, 1952.

[30] M. Brake, *The Sociology of Youth Culture and Youth Subculture*, London: Routledge and Kegan Paul, 1980.

[31] L. Chisholmetal (eds), *Childhood, Youth and Social Change: A Comparative Perspective*, London: Falmer, 1990..

[32] R. G. Braungart, "Historical and Generational Patterns of Youth Movements: A Global Perspective", in R. F. Tomasson (ed.), *Comparative Social Research*, Vol. 7, 1984, pp. 3 – 62.

[33] R. G. Braungart, "Historical Generation and Generation Units: A Global Perspective", *Journal of Political and Military Sociology*, Vol. 12, 1984, pp. 113 – 135.

[34] R. G. Braungart, "Historical Generation and Youth Movements: A Theoretical Perspective", in R. E. Ratcliff (ed.), *Research in Social Movement, Conflict and Change*, Vol. 6, 1984.

[35] R. Flacks, "The Liberated Generation: An Exploration of the Roots of Student Protest", *Journal of Social Issues*, Vol. 23, 1967, pp. 52 – 75.

[36] S. Frith, *The Sociology of Youth*, Ormskirk: Causeway Press, 1984.

[37] S. M. Lipset and Jr. E. C. Ladd, "College Generation: From the 1930s to the 1960s", *Public Interest*, Vol. 25, 1971, pp. 99 – 113.

[38] S. N. Eisenstadt, "From Generation to Generation", reprinted in H. Silverstein (ed.), *The Sociology of Youth: Evolution and Revolution*, New York: Macmillan, 1973.

强国梦与凝聚制造业青年职工
科技创新力量的策略研究

张 华[*]

中国梦的本质内涵是实现国家富强、民族复兴、人民幸福。而国家富强则是民族复兴和人民幸福的重要前提和保障。因此，中国梦首先是强国梦。在全球经济一体化的当今世界，作为正在崛起的发展中的人口大国，通过科技创新发展先进的制造业，在满足不断扩大的内部需求的同时，拓展更加广阔的全球市场，是实现强国梦的必由之路。凝聚制造业青年职工科技创新力量，是发展先进制造业最宝贵的人力资源。

一 先进制造业：支撑强国梦的重要根基

在漫长的农耕文明时代，中国曾经凭借发达的农业、手工业，先进的科学技术，创造了八方来贡、万国来朝的昨日辉煌。落后的生产方式、故步自封的超稳定的封建制度、夜郎自大的"天朝上国"心态，使中华民族错失了继续领跑世界经济发展的良机，导致了落后挨打的百年屈辱。而18世纪发端于欧洲的科学革命和工业革命，却在短短200年中使人类社会的物质文化发生了超过此前5000年的巨大变化。"18世纪时，人类的生活方式与古代埃及人和美索不达米亚人的生活方式相同。人类仍然在用相同的材料建造房屋，同样的牲畜驮运人和物，同样的帆和桨驱动船只，同样的纺织材料缝制衣服，同样的蜡烛和火炬照明。然而，今天金属和塑料补充了石材和木头；铁路、汽车和飞机取代了牛、马和驴；蒸汽机、柴油机和原子动力代替了风力和人力驱动船只；大量合成纤维

---

[*] 山东省青少年研究所教授。

织物与传统的棉布、毛织品和亚麻织物竞争；电取代了蜡烛，并成为只需按一下开关便可以做许多事情的动力之源。"依靠先进的制造业，英国在18世纪成就了"世界工厂"的强国梦；依靠先进的制造业，德国在19世纪末20世纪初取代了"世界工厂"的地位。第一次世界大战以前，德国的化工产品、电器产品的产量均居世界首位，成为欧洲大工业的中心。美国作为发展大规模生产技术的先驱和20世纪以来领导世界科技革命潮流的国家，不仅形成巨大的生产能力，而且成就了延续至今的超级大国梦。苏联，通过工业优先发展战略，也一度成为可以抗衡美国的强大国家。可见，先进的工业制造业，是近代以来支撑世界各国实现强国梦的重要根基。

分析我国改革开放以来国内生产总值的增长情况，工业制造业始终是名副其实的"龙头老大"。虽然就增长幅度而言，第三产业由于起点低而增长更为迅速，但以工业制造业为主体的第二产业始终是绝对值和贡献率最大的产业。当国内生产总值由1978年的3645.2亿元增长为2011年的472881.6亿元时，第一产业由1027.5亿元增长到47486.2亿元，增长了45.2倍，第二产业由1745.2亿元增长到220412.8亿元，增长了125.3倍，其中工业由1607亿元增长到188470.2亿元，增长了116.3倍。对于经济增长的贡献率，第二产业始终稳居榜首，并超过第一、第三产业的总和。2011年，三次产业对于国内生产总值增长的拉动分别为：第一产业0.4%，第二产业4.8%，第三产业4.1%。如果增加从业人员分布这一变量，第二产业创造的人均GDP在所有产业中更是遥遥领先（见表1）。

表1　　　　　　　　　2011年我国三次产业人均GDP比较

产业类别	GDP总量（万亿元）	从业人口（万人）	人均GDP（元）	相当于平均值的百分比
第一产业	47486.2	26549	17886	50.84
第二产业	220412.8	22544	97770	277.91
第三产业	204982.5	27282	75135	213.57

资料来源：根据国家统计局《中国统计年鉴2012》（中国统计出版社2012年版）第44、125页数据计算。

作为直接创造物质财富的生产部门，第二产业用29.5%的劳动人口，创造了46.6%的国内生产总值，经济效益是第一产业从业人员的5.47倍，是第三产业的1.3倍。虽然近年来越来越多的产业迫不及待地试图挤入"支柱产业"，传媒也动辄给增幅较大的产业奉送一顶支柱产业的桂冠，但制造业作为实体经济部门的地位仍然不可动摇、不可替代。

党的十八大报告明确提出了要牢牢把握发展实体经济这一坚实基础，推动战略性新兴产业、先进制造业健康发展，加快传统产业转型升级的要求。2013年政府工作报告在充分肯定我国"坚持走中国特色新型工业化道路，大力推进产业转型升级，制造业规模跃居全球首位，高技术制造业增加值年均增长13.4%，成为国民经济重要先导性、支柱性产业，清洁能源、节能环保、新一代信息技术、生物医药、高端装备制造等一批战略性新兴产业快速发展"的同时，也明确提出"我国生产力发展水平具有多层次性，回旋余地很大，无论传统产业还是新兴产业、劳动密集型产业还是资金密集型产业，都有发展的空间，重要的是优化资源配置和产业布局，解决产能过剩、核心技术缺乏、产品附加值低的问题，解决低水平重复建设和地区产业结构趋同的问题。必须加快改造提升传统产业，大力发展高新技术产业，提高产品质量和市场竞争力"。显然，制造业不仅对于国计民生须臾不可或缺，更是建设现代化强国的重要支柱。

二 青年职工：发展先进制造业的有生力量

先进制造业的发展，需要青年朝气蓬勃的青春力量。实践已经证明，凡是青年职工大量聚集的产业，通常显示出更加蓬勃的生命力。

1. 青年职工是支撑高新技术产业、新兴产业、出口加工型产业的决定性力量

全国第六次人口普查结果显示，在我国目前12059.24万制造业从业人员中，16—34岁的青年职工为4166.74万人，占34.55%。在制造业30个产业门类中，高新技术产业、新兴产业、出口加工型产业中青年职工的比重均明显高于其他产业（见表2）。

表2　16—34岁青年职工在制造业不同产业门类中的分布及排序

产业类别	青工比重（%）	产业类别	青工比重（%）
通信、计算机电子设备	77.83	造纸及纸制品	46.51
电器机械及器材制造	60.29	食品制造	46.28
皮、毛、羽绒制品	60.21	通用设备	43.66
服装鞋帽	59.19	化学纤维	42.32
文化教育体育用品	59.09	有色金属冶炼加工	41.97
仪器仪表及办公机械	59.05	黑色金属冶炼加工	41.65
专用设备	53.59	饮料制造	41.53
交通运输设备	52.48	化学原料及化学制品	39.47
印刷和记录媒介复制	52.35	石油加工、炼焦、核燃料	38.22
塑料制品	50.60	非金属矿物制品	37.48
橡胶制品	49.23	木竹藤棕加工	33.70
工艺品及其他	49.09	家具制造	32.26
金属制品	48.90	农副食品加工	31.98
医药制造	48.80	烟草制品	30.87
纺织业	47.26	废弃资源和材料加工	30.16

资料来源：根据国务院人口普查办公室、国家统计局人口和就业司编《中国2010年人口普查资料》（中国统计出版社2012年版）第1009—1012页数据计算。

在代表信息技术发展水平的通信设备、计算机及其他电子设备制造业，青年职工的比重接近80%，成为名副其实的由年轻人支撑的"朝阳"产业。在电器机械及器材制造，皮、毛、羽绒制品，服装鞋帽，文化教育体育用品，仪器仪表及办公机械，专用设备，交通运输设备，印刷和记录媒介复制，塑料制品等九大产业，青年职工比重都超过了50%。在橡胶制品、工艺品、金属制品、医药、纺织、造纸及纸制品、食品、通用设备、化学纤维、有色金属冶炼加工、黑色金属冶炼加工、饮料制造等12个产业，青年职工的比重超过了40%。在化学原料及化学制品，石油加工、炼焦、核燃料，非金属矿物制品等3个产业，青年职工的比重也超过了35%，高于制造业青年职工的平均比例。只有在木、竹、藤、棕加工，家具制造，农副食品加工，烟草制品，废弃资源和材料加工5

个最传统的产业中，青年职工比例低于平均水平。可见，青年职工向高新技术产业、新兴产业、出口加工型产业聚集的趋势已经形成，并成为推动产业发展的有生力量。

2. 制造业青年职工科技素养明显高于普通民众

2012年，笔者对山东制造业六大支柱产业26家企业2903名青年职工进行的问卷调查显示，按照国际评价标准，青年职工基本具备科学素养的比例为6.41%，是全省居民平均水平的2.07倍，整体优势非常明显。半数以上的制造业青年职工了解必要的科学知识，39.5%的青年职工全部了解调查问卷涉及的相关科学知识；31.9%的青年职工全部了解相关的基本科学概念。八成左右的制造业青年职工肯定科技价值，崇尚科学精神；对于社会上流行的各种预测人生和命运的带有迷信色彩的活动，出于年轻人的好奇和对未来的不确定感，四成左右的青年职工曾不同程度地参与过，但真正相信的不足两成，绝大多数青年职工相信，命运和健康从来都不掌握在神灵手中，而必须由自己把握和求助于科学手段。青年职工的科技兴趣和参与科技活动的频率高于普通民众，73.1%的青年职工通过互联网了解科技信息，对计算机与网络、天文学和空间探索、历史、文学等人文学科、材料科学、纳米技术、军事与国防的兴趣都明显超过普通公众。93.3%的青年职工肯定"科技素养是青年职工必备的素质"；75.3%的青年职工认为"科技能力强可以找到体面的工作，增加收入"；76.5%的青年职工感到"在我身边，科技素养高的人更受尊敬和重用"；89.9%的青年职工"为了有更好的发展，愿意努力提高自己的科技能力"。90.1%的青年职工赞成"技术工人是支撑制造业发展的中坚力量"。青年职工这种共识的形成，对于支撑制造业转型升级、加速发展具有重要意义。

3. 制造业青年职工科技素养已经成为影响产业发展的重要变量

本次调查显示，在制造业六大支柱产业中，机械行业青年职工基本具备科学素养的比例独占鳌头，高达10.55%，化工行业以9.38%的比例紧随其后，表现出明显的行业优势。其他依次为食品（含饮料）6.36%、材料5.14%、纺织4.78%、电子元件、小家电2.76%。化工和机械产业生产一线青年职工中，中级以上技术工人的比例分别达到71.2%和69.6%，同样远远高于其他行业。青年职工科技素养的比较优势作为支撑产业发展的重要利好因素得到了相关统计数据的印证。2012年，山东机械工业11666家规模以上企业累计实现主营业务收入同比增长15%，利税增长14.5%，利润增长11%。山东成为继江苏之后第二个机械工业主营业务收入超过2万亿元的省份。全省机械工业主营业务收入在全国占比为13.05%，在全省工业占比为20%。据中国机械工业联合会公布的数据，山东农业机械、机械基础件和食品及包装机械三个行业主营业务收入居全国同行业第一位；机床工具、工程机械、汽车、内燃机和其他民用机械五个行业居全国同行业第二位；电工电器和石化通用机械两个行业居全国同行业第三位；重型矿山和仪器仪表两个行业居全国同行业第四位。2011年，中国化工企业百强榜上，山东企业占36席。全省化工行业实现主营业务收入、利税、利润分别比上年增长34%、32.7%和34.9%。其主营业务收入分别占全国化工和全省工业的17.3%和19%，已连续20年居全国化工行业第一位。2012年，在严峻复杂的经济形势下，山东石油和化工行业工业总产值和主营业务收入双双突破2万亿元，在国内率先跨入2万亿元行列，占全国石化工业总产值的19.3%。山东的化肥、橡胶加工、石油化工、氯碱等多个行业都处于国内领先水平。全行业主营业务收入超过100亿元的企业达到30家。这些骄人业绩与职工队伍科技素养的优势相当吻合。

相比较而言，山东的传统制造业中竞争力较强的纺织服装、食品加工产业虽然在全国同样占据举足轻重的地位，但作为劳动密集型企业，纺织服装行业青年职工在科学素养、技术等级两个维度上没有表现出明显优势。食品行业生产一线初级工、学徒工的比例高达69.8%，中级工以上的青年职工比例在六大产业中倒数第一。材料产业中，山东的轻合金、氟硅、先进陶瓷、高性能复合材料4个项目被列入国家《新材料工业"十二五"发展规划》，2011年，山东规模以上新材料产业实现主营业务收入8165.4亿元，增长35.7%，实现利润617.6亿元，增长39.4%，呈现出迅速发展的势头。材料行业青年职工科学素养和技术等级排名都处于中间位置，存在较大的提升空间。20世纪80年代在山东迅速崛起的电子家电产业中，既出现了世界白色家电第一品牌、全球最大的家用电器制造商之一海尔集团，也存在许多缺乏长期发展规划、大量使用农民工的小型加工企业，员工科技素养存在着巨大的业内差异。显然，青年职工科技素养高低，不仅直接影响当下的经济效益，同时也将成为产业发展的最大制约因素。

三 制造业青年职工科技素养的"短板"与凝聚青年职工科技创新力量的策略

山东的调查显示，制造业青年职工科技素养存在着明显的性别差异、教育程度差异、年龄组别差异、岗位差异、科技活动频率差异。在基本具备科学素养的青年职工中，男女比例为：69.4∶30.6，男性是女性的2.27倍。不同文化程度的差别为：初中1.4%，高中3.45%，专科7.09%，本科12.52%，硕士以上22.22%。年龄组差别为：18—24岁组4.68%，25—29岁组13.77%，30—34岁组7.45%，其中处于峰值的25—29岁组，调查对象59.39%具有专科以上学历。岗位差别为：高级职称15.45%，中级职称11.61%，初级职称8.37%，没有职称6.30%。高级工5.76%，中级工4.01%，初级工3.66%，学徒工2.55%。专业技术岗位11.75%，管理岗位9.13%，市场营销等岗位8.06%，生产一线工人3.58%；收入水平差别为：1000元以下2.22%，1001—2000元3.36%，2001—3000元7.49%，3001—4000元12.01%，4001—5000元15.87%，5000元以上28.57%。文化程度低的青工、技术等级低的青工、收入水平垫底的青工，科技素养存在更多的缺陷，并成为制约先进制造业发展的"短板"。

全面提升制造业青年职工科技素养，凝聚青年职工科技创新力量，需要从政策激励、法律保障、平台建设、舆论引导等四个不同准度采取切实有效的措施。

1. 政府层面：制定更积极的激励政策，让"金蓝领"真正成为"体面的就业岗位"

毋庸讳言，改革开放30年来，伴随高等教育普及率不断提高，城市青年就业远离制造业的趋势持续发展。除了效益较好企业的专业技术和管理岗位作为党政机关、事业单位的"备胎"，还可以吸引一部分专业对口的大学生，开展订单式培养的职业技术院校可以为企业输送中、高级技术工人以外，制造业传统产业生产一线巨大的用工缺口基本上是由第二代青年农民工填补的。21世纪伊始,当沿海地区的农民工也开始从生产环境差、工资待遇低、社会保障不平等的制造业中"胜利大逃亡"时,让"金蓝领"成为"体面的就业岗位",已经成为摆在各级政府面前的重大政策选择。鼓励青年到关系国计民生的制造业就业,前提条件是让这些岗位能够满足青年生存和发展的基本需要。

首先,要通过产业转型升级淘汰落后产能,关停所有高耗能、高污染企业,改善制造业生产一线的工作条件,创造"体面的工作环境"。

其次,要下决心改变制造业职工收入长期偏低的状况。2011年,按照19个职业大类统计的城镇单位就业人员年平均工资,排在前五位的分别为金融业81109元,信息传输、计算机服务和软件业70918元,科研、技术服务和地质勘探业64252元,电力、燃气和水生产供应业52723元,采矿业52230元。制造业平均年工资为36665元,排在倒数第六位,仅高于农林牧渔、住宿餐饮、物业、建筑和居民服务业。而且,除了北京、上海、天津、江苏、新疆五个省区市外,其他26个省(区、市)制造业职工收入全部低于全国平均水平。包括经济高度发达的广东、浙江、山东,制造业职工年平均工资分别为35772元、35363元、32069元,分别排在本省的倒数第四、第四、第六。对山东制造业青年职工的调查进一步证明了这一点。接受调查的青年职工46%的月收入在2000元以下,38.9%在2001—3000元,两者合计为84.9%。3000元以上收入的青年职工只有15.1%,且大部分集中在管理岗位和专业技术岗位,生产一线只有7.6%。因此,在经济发展的过程中,稳步提高直接创造物质财富的制造业职工的收入水平,保证他们凭自己辛勤劳动过上"体面的生活"。

最后,在国家政策层面进行制造业青年职工上行性发展的制度性设计。虽然在制造业内部多数企业都制定了重奖科技创新成果、引进高层次科技人才的内部政策,但对于生产一线青年员工,除了对岗位技能培训有一定的投入,对技能竞赛获奖选手有一次性表彰奖励外,关系青年职工上行性发展的制度性设计(如深造机会、破格晋升、"劳务工"转"合同制"、选拔优秀青工进入管理岗位等)相对较少。山东的调查显示,25.9%的青年职工认为"在生产流水线上学不到什么技术",82%的青年职工"希望凭真本事竞争,不喜欢论资排辈",89.9%的青年职工"希望企业进行更多的技术培训""为了有更好的发展,我愿意努力提高自己的科技能力"。因此，政府在鼓励企业建立技术创新基地、国家实验室、加强研发队伍建设的同时，应同样重视群众性科技创新活动。对共青团组织开展的"五小发明竞赛"、青年科技创新行动，给予资金和政策扶持；对于一线青工参加研发团队的科研攻关项目，要给予和科技人员同等的奖励；要逐步完善技术工人晋升制度，打破论资排辈的陈旧观念和做法，让优秀青年职工有机会凭真本事晋升、多劳多得。

2. 法律保障层面：为制造业青年职工提供更完备的法律保护

经过新中国成立以来60多年探索，我国劳动关系终于进入有法可依的阶段。为制造业青年职工提供更完备的法律保护，当前需要特别关注以下几个问题。

首先，依法解决超时工作及其合理报酬问题。第六次人口普查数据显示，在实行每周五天工作制后，超时工作的现象在各个职业类别普遍存在，但以制造业有关人员周平均工作时间最长，平均达到49.54小时，其中化工、机械、橡塑、纺织、建筑材料、玻璃陶瓷等产业甚至出现了周工作50小时以上的纪录。其中包含的劳动者意愿以及是否得到合理报酬问题均属于法律保障范围。

其次，制造业青年职工特别是数量巨大的生产一线青年农民工的"五险保障"问题。从2011年末各项参保人数统计结果看，失业保险为14317.1万人，城镇基本养老保险28391.3万人，城镇基本医疗保险47343.2万人，工伤保险17695.9万人，生育保险13892万人。五项保险与就业人口存在不同程度的缺口表明，落在"空当"中的绝大多数应当是流动性更强的农民工，包括相当一部分制造业青年农民工。

最后，制造业作为2011年舆情最高发行业，全年发生舆情热点事件160起，占全国企业舆情事件的64.5%，其中包含的环境污染问题、产品质量问题、公共安全问题等，在损害社会公众利益的同时，也给制造业从业人员带来了直接伤害。其中，涉及环境污染、产品质量和消费者安全的公共事件，还同时折射出制造业管理者和从业人员科技素养和职业伦理的重大缺陷。因此，在依法保障制造业青年职工权益的同时，加强科技素养和职业伦理教育同样刻不容缓。

3. 社会组织层面：为制造业青年职工搭建提升科技素养的发展平台

在制造业持续发展的过程中，大多数产业对职工技能水平提升给予了较高程度的关注。山东调查涉及的 26 家企业，普遍开展了职工岗位技能培训，先培训后上岗已经制度化。青年职工技能比赛在多数企业成为经常性活动，对于调动青年职工岗位成才的积极性产生了良好影响。事实上，20 世纪 70 年代末至 90 年代中期，制造业青年职工技能大赛曾经是有着广泛影响的群众性科技活动。虽然伴随企业改制行业性省级大赛明显减少，但绝大多数企业仍然将其作为鼓励职工岗位竞争的重要手段。2005 年以来，团中央、劳动与社会保障部联合相关部委，推出了"振兴杯全国青年职业技能大赛"，连续八届大赛动员了 450 万名青年，进行了 15 个工种的技能比赛，推出了 40 名破格晋升的青年技师，420 名高级技工，在相关行业青年职工中产生了广泛的影响。实践证明，技能大赛已经成为提升青年职工科技素养、鼓励青年职工凭借真才实学在职业领域脱颖而出的发展平台，需要扩大规模、全面推广。

作为肩负引领青年承担青春使命的共青团组织，应当从经济社会发展的大局出发，根据制造业支柱产业发展的现实需要，以国家层面的制造业青年职工奥林匹克技能大赛为号召，普遍恢复各行业职业技能大赛，带动制造业职工整体科技素养的提升，形成覆盖各主要行业的青年职工科技活动品牌，为制造业青年职工实现超常规发展开辟道路、树立标杆。

4. 舆论引导层面：努力营造浓厚的科技创新氛围

科学技术是第一生产力的观念已经深入人心。能够把知识、技术和智慧转化为生产力的普通劳动者是知识经济时代真正的英雄。大众传媒应当拿出比炒作明星更大的热情和积极性，宣传普通劳动者用知识创造财富、用科技改变命运、用职业伦理占领道德高地的典型，在全社会倡导劳动者光荣、科技创新光荣的浓厚文化氛围，把广大青年职工的注意力吸引凝聚到科技创新活动中来，引导青年职工把我的梦和强国梦、民族复兴梦、幸福梦融合在一起，为发展先进制造业贡献自己的光和热，成就自己有价值的人生。

参考文献：

[1]［美］斯塔夫里阿诺斯：《全球通史：从史前到 21 世纪》，吴象婴、梁赤民、董书慧、王昶译，北京大学出版社 2008 年版。

[2] 胡才珍：《论 19 世纪末 20 世纪初德国在欧洲历史地位的巨变》，《武汉大学

学报》2001 年第 5 期。

［3］李文峰：《山东化工行业营收连续 20 年居全国第一》，《中国化工报》2012 年 4 月 6 日。

［4］山东省统计局、国家统计局山东调查总队：《2011 年山东省国民经济和社会发展统计公报》，《山东统计年鉴 2012》，中国统计出版社 2012 年版。

［5］国家统计局：《中国统计年鉴 2012》，中国统计出版社 2012 年版。

［6］国务院人口普查办公室、国家统计局人口和就业司编：《中国 2010 年人口普查资料》，中国统计出版社 2012 年版。

网络文化建设与青少年发展

纪秋发[*]

作为一种全新的文化形态，网络文化是中国特色社会主义文化的重要组成部分，对增强我国的文化软实力具有重要的意义。时至今日，互联网与新兴媒体的发展已经为我国青少年至少是城市青少年的学习、娱乐和生活搭建了一个全新的平台，但与此同时，各种不良信息也通过网络平台大肆传播，对青少年的身心健康造成潜在的危害。为了更好地发挥互联网与新兴媒体在青少年发展过程中的积极、促进作用，我们认为，需要从强化网络文化发展战略地位，弘扬社会主义主流文化等层面加强我国网络文化建设，为青少年构筑一个和谐、安全的网络平台，进而促进青少年的健康成长与发展。

一 中国网络文化发展战略的形成

2002年10月15日，党的十六大报告在论述文化建设和文化体制改革时，强调要"牢牢把握先进文化的前进方向"，提出"互联网站要成为传播先进文化的重要阵地"。2007年10月15日，党的十七大报告在论述推动社会主义文化大发展大繁荣时，强调要"加强网络文化建设和管理，营造良好网络环境"。2015年10月29日通过的《中国共产党第十八届中央委员会第五次全体会议公报》提出"实施网络强国战略，实施'互联网+'行动计划，发展分享经济，实施国家大数据战略"。从"互联网站"到"网络文化"再到"网络强国"，极大地丰富了人们对网络的认

---

[*] 北京青少年研究所研究员。

识，也表明国家对互联网络发展的判断水平已经站在了一个新的时代起点上，开始从国家战略的角度思考网络文化建设的问题。

我国网络文化发展战略经历了一个逐步形成的过程。网络文化形成之初，网络技术和网络信息安全是我国互联网发展的战略基点。21世纪初，我国政府提出，网络发展的基本方针是"积极发展，加强管理，趋利避害，为我所用，努力在全球信息网络化的发展中占据主动地位"。2000年十五届五中全会正式提出信息化发展战略，加强互联网技术在社会各个领域的应用。2000年12月28日第九届全国人民代表大会常务委员会第十九次会议通过《全国人民代表大会常务委员会关于维护互联网安全的决定》，主要是针对互联网信息安全，其中第七条指出："各级人民政府及有关部门要采取积极措施，在促进互联网的应用和网络技术的普及过程中，重视和支持对网络安全技术的研究和开发，增强网络的安全防护能力。"

《国民经济和社会发展第十个五年计划纲要》明确地将繁荣发展社会主义文化事业，不断提高全民族的文化素质纳入了"十五"计划建设目标，作为社会主义现代化建设的重要内容。2002年由文化部、财政部开始组织实施的"全国文化信息资源共享工程"即是根据"十五"计划纲要实施的一个文化共享工程。"共享工程"将充分利用现代高新技术手段，将中华民族几千年来积淀的各种类型的文化信息资源精华以及贴近大众生活的现代社会文化信息资源，进行数字化加工处理与整合；建成互联网上的中华文化信息中心和网络中心，并通过覆盖全国所有省、自治区、直辖市和大部分地（市）、县（市）以及部分乡镇、街道（社区）的文化信息资源网络传输系统，实现优秀文化信息在全国范围内的共建共享。随着"十五"计划的发展，我国经济政治实力的不断增强、文化体制改革的不断深入，我国网络文化发展迅速，成为文化建设的重要组成部分。与此同时，网络虚假信息、"三俗现象"、网络新业态尤其是微博等新兴媒体形态不断涌现，我国网络文化呈现既精彩纷呈又乱象丛生的复杂局面。为此，党和政府更加重视网络文化建设和管理。2007年6月3日至4日召开的全国网络文化建设和管理工作会议确立了走中国特色网络文化发展之路："努力把互联网建设成为传播社会主义先进文化的新途径、公共文化服务的新平台、人们健康精神文化生活的新空间。……

要站在世界科技、文化发展的最前沿，以时代的眼光、创新的思维、改革的精神来看待网络文化建设，更新思想观念，转变工作方式，学习和掌握网络的基本知识和技能，把握网络发展的规律和特点，不断提高运用和驾驭网络的能力，牢牢掌握网络发展和网络文化建设的主导权。"2010年6月8日，国务院新闻办公室发布《中国互联网状况》白皮书，明确提出对网络文化发展的基本政策是"积极利用、科学发展、依法管理、确保安全"，"中国政府把发展互联网作为推进国家信息化建设、实现经济社会科学发展、提高科技创新能力和人们生活质量的重要手段；积极营造有利于互联网发展的政策、法规和市场环境；通过完善国家信息网络基础设施、建设国家重点信息网络工程、鼓励相关科技研发、大力培养信息技术人才、培育多元化信息通信服务市场主体等举措，不断推动中国互联网持续健康快速发展，满足人们日益增长的信息消费需求"。

2011年10月15日至18日召开的中共十七届六中全会审议通过《中共中央关于深化文化体制改革 推动社会主义文化大发展大繁荣若干重大问题的决定》（以下简称《决定》）。《决定》在总结网络文化发展经验的基础上，提出发展积极健康的网络文化的战略目标，并从技术创新、内容建设、网站平台建设、管理体制改革、法制建设、人才建设等方面较为全面地阐述了具体战略部署，对于网络文化发展战略的确立具有重要意义，并提出"制作适合互联网和手机等新兴媒体传播的精品佳作，鼓励网民创作格调健康的网络文化作品"，"加强对社交网络和即时通信工具等的引导和管理，规范网上信息传播秩序，培育文明理性的网络环境"，"发展网络新技术新业态，占领网络信息传播制高点"等思路，为"十二五"时期网络文化发展指明了方向。十七届六中全会确立的我国网络文化发展战略主要包括：以技术创新为动力，增强网络文化传播力、影响力和辐射力；以内容建设为核心，实施网络文化精品战略，唱响网络文化主旋律；以网站建设为依托，加强网上思想文化阵地建设，打造具有广泛影响的网络平台；以法治建设为保障，加强形成法律规范、行政监管、行业自律、技术保障、公众监督、社会教育相结合的互联网管理体系；以行政体制改革建设为基础，加强建设各级部门间的协同合作机制，明确权责关系，改变政出多头的管理格局；以人才建设为支撑，为网络文化建设提供智力支持。

十八大报告《坚定不移沿着中国特色社会主义道路前进 为全面建成小康社会而奋斗》进一步提出"建设下一代信息基础设施,发展现代信息技术产业体系,健全信息安全保障体系,推进信息网络技术广泛运用","加强和改进网络内容建设,唱响网上主旋律。加强网络社会管理,推进网络规范有序运行","高度关注海洋、太空、网络空间安全"等思想,丰富了我国网络文化战略的内容。2013 年 11 月召开的十八届三中全会通过的《中共中央关于全面深化改革若干重大问题的决定》对网络舆论工作、传播秩序以及网络和信息安全提出了新的要求,坚持正确舆论导向的体制机制。"健全基础管理、内容管理、行业管理以及网络违法犯罪防范和打击等工作联动机制,健全网络突发事件处置机制,形成正面引导和依法管理相结合的网络舆论工作格局。"2015 年 10 月 29 日通过的《中国共产党第十八届中央委员会第五次全体会议公报》提出"实施网络强国战略,实施'互联网+'行动计划,发展分享经济,实施国家大数据战略"。《中华人民共和国国民经济和社会发展第十三个五年规划纲要》第六篇"拓展网络经济空间"提出要"牢牢把握信息技术变革趋势,实施网络强国战略,加快建设数字中国,推动信息技术与经济社会发展深度融合,加快推动信息经济发展壮大"。具体发展目标包括构建广泛高效的信息网络、发展现代互联网产业体系、实施国家大数据战略和强化信息安全保障。可以说,十八届五中全会和"十三五"规划纲要提出的实施网络强国战略为我国网络文化发展战略明确了目标与发展方向,对促进我国网络文化的繁荣具有重要的意义。

二 加强以中华优秀传统文化为主导内容的网络文化建设

《中共中央关于制定国民经济和社会发展第十三个五年规划的建议》提出,要牢牢把握正确舆论导向,健全社会舆情引导机制,传播正能量。加强网上思想文化阵地建设,实施网络内容建设工程,发展积极向上的网络文化,净化网络环境。"做好网上舆论工作是一项长期任务,要创新改进网上宣传,运用网络传播规律,弘扬主旋律,激发正能量,大力培育和践行社会主义核心价值观,把握好网上舆论引导的时、度、效,使网络空间清朗起来。"

(一)以社会主义核心价值体系引领网络文化建设

社会主义核心价值体系是中国特色网络文化的核心。"发展网络文化,必须始终坚持社会主义先进文化的前进方向,坚持以人民为中心的创作导向,大力弘扬社会主义核心价值观,大力弘扬以爱国主义为核心的民族精神和以改革创新为核心的时代精神,大力弘扬真善美。"加强中国特色网络文化的建设就必须通过社会主义核心价值体系来引领网络中存在的各种文化、各种思潮,使网络文化建设不致迷失方向。社会主义核心价值体系作为社会主义意识形态的本质体现,引领网络文化健康发展的方向:一是为我国的网络文化建设提供正确的思想指南。在建设中国特色社会主义事业,实现中国梦的伟大实践中,必须全面贯彻落实科学发展观,坚持以马克思主义指导经济建设、政治建设、文化建设和社会建设。我国的网络文化建设是社会主义文化建设的重要组成部分,也是中国特色社会主义建设事业的组成部分,决定了其必须用社会主义核心价值体系作为指导。二是为我国的网络文化建设提供理想支持。建设中国特色社会主义、实现中华民族的伟大复兴是全社会的共同理想。网络文化建设的重要目标和任务之一,就是要把网络作为传播中国特色社会主义共同理想的新载体和新平台,这就要求在网络中宣传、贯彻和落实这一共同理想,树立中国特色社会主义作为全社会共同理想的地位。三是为我国的网络文化建设凝聚精神动力。网络文化是与新技术密切联系的一种大众文化。这就要求网络文化的参与者应具备以改革创新为核心的时代精神,这是一个民族赖以生存和发展的精神支柱和精神动力。以爱国主义为核心的民族精神和以改革创新为核心的时代精神是社会主义核心价值体系的重要内容,就是要以此鼓舞国民斗志,树立在全社会范围内广泛认同的精神旗帜,以不断增强中华民族的强大凝聚力、向心力和创造力。四是为我国的网络文化发展奠定道德基础。随着社会主义市场经济的发展和改革开放的不断深入,特别是因对外开放导致的人们的道德观念和行为方式的深刻变化;同时,原有的道德规范在某些方面已不再适应新的发展实际,而新的道德规范又没有形成。基于这种情况,树立良好的社会风尚,加强社会主义道德建设,既是广大人民群众的强烈愿望,也是我国经济、社会顺利发展的必然要求,也是我国网络文化建设的必然要求。

以社会主义核心价值体系引领网络文化建设,价值的硬核固然非常关键,但引领的方式方法也同样重要。"一方面,要引导广大网络受众坚定马克思主义信仰,树立中国特色社会主义共同理想,增强对民族精神、时代精神和社会主义荣辱观的自觉信念;另一方面,还要科学解释现实社会道德问题,有效解决多样社会下的人们的价值冲突,充分发挥其应有的传递时代精神、塑造时代品格、为社会发展提供思想价值导向与精神动力作用。"为此,就必然要以网络使用者能够理解、乐于接受的话语方式来引领网络文化的走向,即要探索并形成以社会主义核心价值体系引领网络文化建设的话语方式。一是价值体系内外的对话方式。通过不断地沟通、对话,社会主义核心价值体系才能在无限丰富的社会生活实践与开放知识信息、多样价值系统中,不断实现自身理论自觉,发挥整合其他文化价值的强大力量。二是阵地文化建构方式。在网络传播环境下,社会主义核心价值体系建设要强化阵地意识,加强自身阵地建设,不断开发和完善适应网络文化环境的技术模式、软件模式、资料模式和教育模式,构建丰富、全面、即时、灵活的社会主义核心价值体系的阵地资料。为此,必须把社会主义核心价值的文本数字化建设与人文精神培育结合起来,既重视引领人的政治信仰与理想信念,又重视人的价值实现与生命意义。社会主义核心价值体系所建构的阵地文化,是多样性文化中的主导性文化,也是网络文化多样价值中的先进文化、科学文化,发挥着引领时代风气之先,凝聚与整合其他文化形态的巨大能量。三是"网语体系"运用方式。网络语言的出现与兴起,很大程度冲击着传统规范化、样板化的思想教育的话语体系,给意识形态建设带来巨大冲击与挑战。在网络文化多样价值环境中的社会主义核心价值体系建构及其对其他价值的引领,将无法回避网络语言兴起带来的挑战。社会主义核心价值体系建设必须直面"话语权"挑战,一方面要把握网络语言的规律与趋势,对个性张扬的网络语言以科学有效的引领与规范;另一方面又要汲取与借鉴网络语言的积极因素,开发并运用自身的"网语体系",通过网络受众喜闻乐见的话语风格与表达形式,找准理论宣传与现实生活的结合点,形成社会主义核心价值自己的"网语体系",使其有效融入网络受众尤其是青年群体的"交往话语"之中。

(二)加强以中华优秀传统文化为主导的网络文化内容的建设

互联网络不仅仅是一种技术与娱乐的方式,更为主要的,还是一种意识形态。从当前发展的趋势看,在互联网上传播的信息中,以英语为文本的信息占了绝对的优势,所谓的"全球信息化"已经或正在被全球美国化所替代。

中华民族具有悠久的历史,中华文明是人类文明的一个独特而重要的部分,为人类文明进步做出了巨大的贡献。在网络时代,如何借助互联网这一新的媒体平台弘扬中华优秀传统文化是国家和政府必须高度重视的一项工程。这些年来,尽管政府在网络技术上进行了大量的投资,使中国互联网在硬件技术上与发达国家的距离在逐步地缩小。然而,与硬件的建设与投入相比,政府在互联网络的内容建设与投入方面明显不足。统计数据显示,截至 2005 年 12 月底,包括国家顶级域名 CN 域名和通用顶级域名(gTLD)在内的全国(不包括香港、澳门、台湾地区)域名数为 2592410 个(不含中文域名),全国网站数约为 69.4 万个,全国网页总数约为 24 亿个,平均每个网站的网页数为 3748 个;全国网页总字节数约为 63932GB,平均每个网页字节数为 25.9KB。截至 2014 年 12 月底,我国 IPv4 地址数量为 3.32 亿个,拥有 IPv6 地址 18797 块/32。我国域名总数为 2060 万个,其中".CN"域名总数年增长为 2.4%,达到 1109 万个,在中国域名总数中占比达 53.8%。网站总数为 335 万个,年增长 4.6%;".CN"下网站数为 158 万个;网页数量为 1899 亿个,年增长 26.6%,其中,静态网页数量为 1127 亿个,占网页总数量的 59.36%;动态网页数量为 772 亿个,占网页总量的 40.64%。虽然域名、网站、网页在数量上与以往相比有明显的增长,但相对于互联网上的英文信息与内容而言,我国的中文网站与网页的建设还是远远不够的,网络文化在我国还处于比较低的发展阶段。因此,实施网络强国战略,加强网络文化建设,占领网络文化阵地,在很大程度上取决于我们能否为广大网络使用者提供更多更好的网络文化产品与服务,提供的网络文化内容能否增强对网络使用者尤其是青少年的吸引力和感染力,满足使用者不断增长的精神文化需求。

　　博大精深的中华优秀传统文化是网络文化建设的重要资源，加强中国特色的网络文化建设必须立足于中华优秀传统文化这片沃土。文化的传承和发展在互联网时代发生了深刻变化，互联网在保护、整合、利用文化资源上正显示出无可比拟的巨大优越性，为中华传统文化实现质的飞跃提供了有效和高效的平台。一方面，要用博大精深的中华传统文化教育人、感染人，创作出更多体现时代精神，品位高雅的网络文化品牌；另一方面，充分运用互联网新技术开拓新业务，不断丰富和创新网络文化内容，将中华优秀传统文化更好地普及并影响广大的网络使用者以达到"随风潜入夜、润物细无声"的境界。互联网"大数据"改变了文化传播的规则与平台，提升了中华优秀传统文化的传播空间与传播效率，而关键是要在内容与形式上不断创新，用创新思维来传播中华优秀传统文化，运用使用者（受众）容易接受的传播方式进行宣传。如2012年端午节前夕推出的公益微电影《我的端午节》，在凤凰网视频、爱奇艺高清、优酷、中青在线等多家主流网站上线后，10个小时内就吸引了超过10万名网友观看。对在异地求学工作的人们来说，这部微电影承载了他们对家的思念，对亲情的眷念，对童年的追忆，也让他们了解传统节日中蕴含的丰富文化内涵。纪录片《舌尖上的中国》通过对中国传统饮食文化的展现，各种温情故事的穿插，让观众在追忆过往的年代与回味童年的记忆过程中，接受了一次深刻的传统文化熏陶，在网络上引起热烈的讨论，并掀起探寻中华美食的热潮。众多关于中国书法、古典诗词、中国画、陶瓷、武术、戏曲、佛道宗教等网站、网页的设计形式直接展示了中国传统文化。"榕树下""起点中文网"等具有浓郁中国古典特色的网站已成为古典文学爱好者的聚集区，搜狐网等知名网站大多辟有文学论坛和读书频道，刊出诗词歌赋、小说戏剧、历史图片、文章典籍。网易多款自主研发的游戏均采用中国历史为背景，结合中医、诗词、礼教等传统文化元素，寓教于乐。各个旅游网站、各地政府网站，不仅提供全面详尽的中国旅游资讯及网上服务，而且把中国人文景观和风土人情展示得淋漓尽致。

三 提高网络素养,促进青少年健康发展

人是社会活动的主体。在互联网与新媒体使用方面,作为信息活动的主体一般要具备两个特征:一是拥有信息需求,即需要获取和利用信息资源解决在学习、工作和生活中的问题;二是具备获取和利用信息的能力。要有效地获取和利用信息资源,不仅需要具有丰富的信息资源和必要的信息技术,还要求信息主体或者说网络与新媒体的使用者具备必需的信息素养。网络素养(Digital Literacy,港台地区多译为数位素养)是运用电脑及网络资源的能力来定位、组织、理解、评估和分析信息。Paul Gilster 将网络素养定义为"是以不同形式来了解并且使用电脑广泛资源的能力",其在 1998 年出版的 *Digital Literacy* 专著中,又将它定义为"取得电脑网络资源,并加以应用的能力"。作为一种基本能力,网络素养是一种适应网络时代的基本能力。作为一种综合能力,网络素养是网络相关能力的综合体现,从通晓基本的互联网工具,如搜索引擎、电子邮箱,到能分类、整理和对比互联网信息,再到参与互联网共建。网络素养不光是一种基本的技能,也包含了具备技能后在一定意识下做出的复杂行为。网络素养框架内容包含了 5 个层级:(1)工具层级,即对基础互联网工具的使用,包括了搜索引擎(了解搜索引擎功能、搜索技巧等)、信息管理工具(管理信息来源、选择合适信息源等)和个人管理工具(信息导图、知识管理等)三个方面。(2)识别层级,即在能够使用基础工具的基础上,对信息有分辨和识别的能力,且具备互联网责任。(3)参与层级,即能够在互联网世界中找到自己位置的同时,学会分享和连接更多人。这一层级分为个人与社会两个方面。个人方面主要是具有互联网分享精神,并且学会在互联网世界中保护自己的信息。社会层面主要是连接他人。(4)协作层级,即在与更多人发生联系与交互之后,产生更进一步的行动和创造,如参与一次互联网社区的共建。(5)智慧网络人,即已经能够熟练使用互联网且能在虚拟和现实的交互中利用互联网来解决一个复杂的现实问题。

中国的网络与新媒体的使用主力群体是 35 岁以下的青年和未成年人。根据 2015 年年底的调查,中国网络用户对各类互联网应用的使用率

按从高到低分别是即时通信（90.7%）、搜索引擎（82.3%）、网络新闻（82.0%）、社交应用（仅包括社交网站、微博以及各垂直社交应用，77.0%）、网络视频（73.2%）、网络音乐（72.8%）、网上支付（60.5%）、网络购物（60.0%）、网络游戏（56.9%）、网上银行（48.9%）、网络文学（43.1%）、旅游预订（37.7%）、电子邮件（37.6%）、团购（26.2%）、互联网医疗（22.1%）、在线教育（16.0%）、互联网理财（13.1%）、网上炒股或炒基金（8.6%）、论坛/BBS（17.3%）。随着各种智能手机的发展，中国网民各类手机互联网应用的使用率也迅猛发展：手机即时通信（89.9%）、手机网络新闻（77.7%）、手机搜索（77.1%）、手机网络音乐（67.2%）、手机网络视频（65.4%）、手机网上支付（57.7%）、手机网络购物（54.8%）、手机网络游戏（45.1%）、手机网上银行（44.6%）、手机网络文学（41.8%）、手机旅游预订（33.9%）、手机邮件（26.9%）、手机团购（25.5%）、手机论坛/BBS（13.9%）、手机在线教育（8.6%）、手机网上炒股或炒基金（6.9%）。这些调查数据反映了使用者对网络与新媒体各种应用功能的基本使用情况，尽管很难对不同应用功能的利弊进行简单的评判，但不少使用者对娱乐性应用功能的依赖是不争的事实。

　　加强网络文化建设，一方面有待国家的投入、行业的发展；另一方面提高网络使用主力群体的信息素养也极为关键。在网络与新媒体的各种应用功能的使用上，除了娱乐性的应用外，应鼓励青少年将更多的精力与时间用于那些有助于提高学习、工作效率等知识性、技能性、智力性的应在功能上去，以提高自己的网络素养。可以说，在网络社会中，信息素养已经成为与"读、写、算"一样重要的综合能力之一。缺乏信息素养就相当于网络社会的新文盲，即所谓的功能性文盲。美国学者哈吉泰在研究使用者对网络功能使用差异时提出"第二层次的数字鸿沟"概念，认为正是由于使用者的信息素养的差异导致了对互联网使用的效果差距。在她看来仅仅为人们提供连接互联网的计算机并不能保证他们能够利用计算机去满足自己的需求，因为人们可能不具有使用计算机和互联网的技能，或者根本就不知道用计算机和互联网能做些什么，或认为计算机等没有多少实用的价值，只好用于玩游戏等。因此，网络与新媒体的青少年使用者需要努力提高网络素养，努力使包括网络道德规范在内的各种外在力量内化为主体的自觉力量,促进自身的健康发展,这也是网络时代每一个人的竞争力所在。

(一)青少年要努力提高自身的信息选择能力

互联网与新媒体的发展为青少年提供了一个信息的海洋,每个使用者都可以根据自身的需要自主地选择。与以往相比,生活在互联网时代的青少年,他们的选择空间相对大得多。在这种情况下,青少年努力提高自身的选择能力就具有重要的意义。

1. 青少年自主选择的意义。在以往的社会里,青少年的自主性往往被忽视,很多青少年成为父母或其他监护人的"附属品",按照父母或其他人的方式生活,很少能够自己做出选择。在互联网时代,青少年面对众多的选择,而且每个选择对他(们)的生活都会产生或大或小的影响。自主选择对青少年的一生意义非凡,既可能通过正确的选择使自己健康成长,也可能由于错误的选择造成终生的遗憾。互联网时代,青少年自主选择的意义体现在这样几个方面:一是广阔的自主选择空间有利于促进青少年独立自主意识的养成。独立自主是健康人格的表现之一,对青少年的生活、学习以及成年后的事业与家庭生活都具有非常重要的影响。互联网的发展为青少年提供了一个自主选择的平台,青少年可以根据自己的意愿自主选择交往的对象,自主选择学习的内容和学习的方式、方法,自主选择所要了解和获取的信息。这种自主选择可以促使他们逐步走向独立自主。二是自主选择让青少年更加自信。在互联网时代,能够自己做出选择的青少年,必须学会去尝试或探索身边的各种事物,增强自身的能力,从而增加自信。青少年正处于自信形成的过程中,如果他们能从自己的选择中体验到成功的乐趣,会使他们的自信心大大增强。三是自主选择让青少年更具创新精神。在互联网时代,一个国家、民族的发展与繁荣越来越依赖于知识进步的程度、知识创新的能力。培养青少年的创新精神是关系到国家富强的重要任务。青少年在选择的过程中可能会遇到各种问题,需要积极思考,用所学的知识及获取的信息去分析问题,推测事物的发展趋势。在这个思考、分析的过程中,青少年可以不断提高创造性思维能力,培养创新意识和创新精神。

2. 青少年自主选择能力的培养。互联网与新媒体的发展为青少年提供了选择的自由与权利，使他们体验到了自主选择的快乐，但也给他们带来了挥之不去的选择烦恼。因此，培养青少年的选择能力就显得特别重要。首先，青少年要培养自己的信息选择能力。互联网为青少年的发展提供了巨大的信息资源，使用互联网与新媒体的过程是一个自主选择的过程，无论是学习、娱乐，还是与人交往，青少年可以完全依赖自己的兴趣决定使用互联网的目的。互联网上既有大量的学习、娱乐的资源，也有很多会对青少年产生不良影响的有害信息。这就要求青少年要培养信息选择的能力，能够辨别对自己有用的信息，剔除对自己有害的信息，学会判断各种信息的意义与价值，取其精华、去其糟粕。其次，青少年要培养自己开发利用信息的能力。信息的开发利用能力是指青少年能够有效地对已获取的信息进行加工处理以及创造新的信息的能力，会使用互联网获取信息，也会从网络中选择有用信息。只有具备了信息的开发利用能力，青少年才有可能发展自己的创新能力，才能更好地去解决自身面临的问题，才能朝着成功的方向发展。最后，青少年要具有良好的心理素质。一些青少年由于自我控制能力不强，心理素质差，沉迷于网络中不能自拔，甚至成为网络成瘾失调症患者，不仅荒废了学业，影响了身心的健康，还给家庭带来了巨大的痛苦。互联网时代，新情况、新问题不断出现，没有统一的标准为青少年提供行为的参照。不断出现的新情况、新问题可能对青少年的生活、学习、娱乐、工作等产生重要的影响，而他们又不得不做出自己的决定，从而对青少年的心理素质提出了更高的要求。总之，在网络时代，青少年面对的是复杂的、多元化的社会，选择是他们必须面对的现实，青少年要不断培养自主选择能力，学会在选择中规划自己的人生，在选择中不断体验成功与失败，进而学会生存与发展。

（二）青少年要努力提高自我管理能力

在网络时代，文化的多元化、生活的信息化使青少年面临双重的适应压力，即不仅要适应成长过程中内心世界的急剧变化、个性的重新整合的压力，而且还要适应在瞬息万变的社会环境中健康成长的压力。在这种情况下，青少年的自我管理能力的培养与提高就显得非常重要。

1. 网络时代对青少年的自我管理能力提出了更高的要求。随着网络技术的继续发展，越来越多的青少年在学习、娱乐、生活与工作上都离不开互联网与新媒体。迅速发展的网络世界已经成为青少年学习、娱乐、生活与工作的"第二课堂"。而且，这个"第二课堂"已对传统的"第一课堂"（学校、家庭教育）构成冲击与威胁，学校、家庭对青少年的影响力有逐步减弱的态势，而互联网与新媒体的影响力在不断地增强。互联网的发展，既对青少年的自我管理能力提出了更高的要求，同时，这种自我管理能力也是青少年适应网络环境并健康成长的内在需求。网络资源的丰富性、趣味性所建构的立体多层面的"进攻"，冲击着父母、教师、社会工作者那种传统的单一的教导或引导。青少年强烈地要求长辈放开管制，松开紧抓的双手。另外，现代网络社会中的父母、教师也不可能完全封堵滚滚而来的信息。在这个信息化的社会中，家庭、学校很难像传统社会那样对各种信息进行分类，并贴上正误、真假、有用无用的标签或强制青少年接受某种带有价值取向的信息。对信息的选择与控制权已不再掌握在父母、教师的手中。为了既不让青少年因噎废食地生活在一个被成人隔离的"信息真空"里，又不能让青少年挣脱必要的防护而接受各种不良的网络信息，培养青少年的自我管理能力就具有非常重要的意义。

2. 青少年的自我管理能力的培养。随着社会的进步，社会价值观倾向于强调人的个性发挥，而身处网络时代的青少年则更注重个性化的发展。一个富有个性的人，必须具备这样一些基本的特征和能力，一是认识自己的能力；二是发展自己的能力，即能不断自我评价、自我修正的能力；三是自主判断的能力；四是个人觉悟的能力。从本质上而言，这些特征和能力是自我管理能力的外在表现。因此，青少年要培养自我管理能力，需要从这样几方面入手：一是提出"学会管理自己"的口号。青少年对网络上的各种信息更多地注意到其新鲜有趣的一面，没有考虑到负面的影响，特别是在他们成长的历程中，家长为他们营建的是过于顺利和过分保护的环境，其结果是造成很多青少年的心理脆弱。针对当今青少年的这种状况，首先要做的就是调动青少年的积极性，采用一种他们较易接受的口号，激发其内心渴望独立的愿望，加深其印象，使青少年逐步地"学会管理自己"。同时，家长、教师也要逐步地放弃"保姆式"的管教，让他们对互联网的自主选择能力得到发展。二是让青少年认识自己，增强对自己的信心。青少年时期正是自我意识迅猛发展的时期，对自身有浓厚的兴趣，对自身的身体、心理的发展变化充满了好奇与困惑，因此，帮助青少年客观认识自己是心理教育的重要任务，使他们在认识自己的过程中，学会对自身的管理与监督，找到自己的特点与特长，从而建立自信，才不至于被互联网上良莠不分的信息造成思想的混乱，不至于人云亦云。三是青少年要学会科学的管理方法。首先是学会确立目标。重视并为自己立下努力目标，是网络时代青少年需要特别加强培养的素质。网络社会是重视绩效的，青少年应摒弃漫无目的的行事方式和习惯，学会给自己设立目标，并为此而努力，尽可能避免由于做事缺乏目的性而受其他无关信息的干扰，从而达到增加生活的充实感的目的。其次是学会监控自查。凡是自我监控做得好的人，更能控制自己的行为并做到情感的迁移，面对各种情况的出现更能采用多种应付方式，克服困难与干扰，提高适应环境能力。青少年要学会通过对行为结果的预测和反馈来实现自我管理，以利于达到目标。青少年要学会随时掌握行为与目标，动机与效果之间的差距，经常对自己的行动做出准确的评价，利用有利的信息，排除干扰，实现自我管理，从而在网络时代得到更好的发展。

(三) 青少年要自觉遵守各种有关互联网使用的管理条例和法规

为了规范我国互联网的发展，促进网络文化的建设，政府先后制定了一系列的管理条例和法规。这些不同的管理条例和法规，既是对互联网从业者的管理规定，也是对互联网使用者在使用网络过程中提出的最基本要求。

《中华人民共和国计算机信息网络国际联网管理暂行规定实施办法》中明确规定用户应当服从接入单位的管理，遵守用户守则；不得擅自进入未经许可的计算机系统窜改他人信息；不得在网络上散发恶意信息，冒用他人名义发出信息，侵犯他人隐私；不得制造、传播计算机病毒及从事其他侵犯网络和他人合法权益的活动。用户应当遵守国家有关法律、行政法规，严格执行国家安全保密制度；不得利用国际联网从事危害国家安全、泄露国家秘密等违法犯罪活动，不得制作、查阅、复制和传播妨碍社会治安和淫秽色情等有害信息；发现有害信息应当及时向有关主管部门报告，并采取有效措施，不得使其扩散。

《计算机信息网络国际联网安全保护管理办法》明确规定，任何单位和个人不得利用国际联网制作、复制、查阅和传播下列信息：煽动抗拒、破坏宪法和法律、行政法规实施的；煽动颠覆国家政权、推翻社会主义制度的；煽动分裂国家、破坏国家统一的；煽动民族仇恨、民族歧视，破坏民族团结的；捏造或者歪曲事实，散布谣言，扰乱社会秩序的；宣扬封建迷信、淫秽、色情、赌博、暴力、凶杀、恐怖，教唆犯罪的；公然侮辱他人或者捏造事实诽谤他人的；损害国家机关信誉的。任何单位和个人不得从事下列危害计算机信息网络安全的活动：未经允许，进入计算机信息网络或者使用计算机信息网络资源的；未经允许，对计算机信息网络功能进行删除、修改或者增加的；未经允许，对计算机信息网络中存储、处理或者传输的数据和应用程序进行删除、修改或者增加的；故意制作、传播计算机病毒等破坏性程序的；其他危害计算机信息网络安全的。

《因特网电子公告服务管理规定》中明确规定，任何人不得在电子公告服务系统中发布含有下列内容之一的信息：反对宪法所确定的基本原则的；危害国家安全，泄露国家秘密，颠覆国家政权，破坏国家统一的；损害国家荣誉和利益的；煽动民族仇恨、民族歧视，破坏民族团结的；破坏国家宗教政策，宣扬邪教和封建迷信的；散布谣言，扰乱社会秩序，破坏社会稳定的；散布淫秽、色情、赌博、暴力、凶杀、恐怖或者教唆犯罪的；侮辱或者诽谤他人，侵害他人合法权益的；含有法律、行政法规禁止的其他内容的。电子公告服务提供者应当记录在电子公告服务系统中发布的信息内容及其发布时间、因特网地址或者域名。记录备份应当保存60日，并在国家有关机关依法查询时予以提供。

信息产业部、公安部、文化部、国家工商行政管理局共同颁布的《互联网上网服务营业场所管理办法》第十一条明确规定，互联网上网服务营业场所经营者和用户不得从事下列危害网络安全和信息安全的行为：制作或者故意传播计算机病毒以及其他破坏性程序；非法侵入计算机信息系统或者破坏计算机信息系统功能、数据和应用程序；法律、行政法规禁止的其他行为。

因此，青少年在使用互联网与新媒体的过程中要自觉地遵守这些管理条例和法规的要求,不断提高自身的道德素养,做网络文明的践行者。按《全国青少年网络文明公约》的规范严格要求自己,做到"五要五不",不断增强网络文明意识和道德规范,提高自身的网络素养和自我控制能力,从而充分发挥互联网对自身成长与发展的促进作用与积极效应。

美国学者唐·泰普斯科特将出生于1977年到1997年的美国青少年称为"网络世代"(Net Generation,简称 N 世代),并乐观地认为,"网络世代通过数字媒体的使用,不仅发展出自有的格局,也对社会的文化产生巨大的冲击。第二次世界大战后,婴儿潮退位了,这些孩子正以与他们父母截然不同的方式,积极地学习、玩乐、沟通、工作及创造社群。因此,我们可以很大胆地说,他们将是未来社会变迁的一股动力"。这股动力在我国24岁以下的青少年互联网使用者中也体现出来了。因此,对于整个社会而言,所需要做的是,改变成年人对青少年使用互联网与新媒体所持有的消极、指责的态度,尽力去了解他们的所思所想,以积极、宽容的心态接纳他们,并营造一个和谐、有序的宏观网络环境,使他们的数字化成长之路更顺利、更平坦。

加强网络文化的建设,要求充分利用好网络平台,占据网络阵地,弘扬中华优秀传统文化,提供更多更好的网络文化产品和服务,弘扬社会正气,形成积极向上的主流舆论,遏制腐朽落后思想文化的扩散。主流网络媒体要自觉担负促进社会主义核心价值体系建设的责任,强化网络文化建设意识。网络行业要大兴网络文明之风,深入开展文明办网,自觉抵制不良信息的传播,为青少年成长创造文明健康的网络环境。网络使用者尤其是青少年要努力提高网络素养,文明、健康使用网络与新媒体。总之,加强网络文化建设,掌握网络发展主导权,既是促进网络时代的青少年健康发展的需要,更是树立国家良好形象、增强国家文化软实力,实现网络强国战略的有力保障。

参考文献:

[1]《全面建设小康社会,开创中国特色社会主义事业新局面——在中国共产党第十六次全国代表大会上的报告》,新华网(http://news.xinhuanet.com/ziliao/2002 - 11/17/content_693542.htm)。

[2]《高举中国特色社会主义伟大旗帜 为夺取全面建设小康社会新胜利而奋

斗——在中国共产党第十七次全国代表大会上的报告》，新华网（http：//news.xinhuanet.com/newscenter/2007 - 10/24/content_6938568.htm）。

[3]《中国共产党第十八届中央委员会第五次全体会议公报》，新华网（http：//news.xinhuanet.com/fortune/2015 - 10/29/c_1116983078.htm）。

[4] 江泽民同志在"运用法律手段保障和促进信息网络健康发展"座谈会上的讲话，转引自江泽民《论中国信息技术产业发展》，上海交通大学出版社 2009 年版。

[5]《全国人民代表大会常务委员会关于维护互联网安全的决定》，中国人大网（http：//www.npc.gov.cn/wxzl/gongbao/2001 - 03/05/content_5131101.htm）。

[6]《刘云山在全国网络文化建设和管理工作会议上发表讲话》，中国文明网（http：//images1.wenming.cn/web_wenming/ziliao/lingdaohuodong/gcdt/liuyunshan/201206/t20120604_689 520.shtml）。

[7]《国务院新闻办发表〈中国互联网状况〉白皮书》，新华网（http：//news.xinhuanet.com/politics/2010 - 06/08/c_12195249.htm）。

[8]《中共中央关于深化文化体制改革、推动社会主义文化大发展大繁荣若干重大问题的决定》，新华网（http：//news.xinhuanet.com/politics/2011 - 10/18/c_111105580.htm）。

[9] 汪玉凯、高新民主编：《互联网发展战略》，学习出版社、海南出版社 2012 年版。

[10]《中共中央关于全面深化改革若干重大问题的决定》，人民网（http：//politics.people.com.cn/n/2013/1112/c1024 - 23519136.html）。

[11]《中华人民共和国国民经济和社会发展第十三个五年规划纲要》，新华网（http：//news.xinhuanet.com/politics/2016lh/2016 - 03/17/c_1118366322.htm）。

[12]《中共中央关于制定国民经济和社会发展第十三个五年规划的建议》，人民网（http：//politics.people.com.cn/n/2015/1103/c1001 - 27772701.html）。

[13] 习近平：《把我国从网络大国建设成为网络强国》，新华网（http：//news.xinhuanet.com/politics/2014 - 02/27/c_119538788.htm）。

[14]《文化部：五方面着力推动中国网络文化繁荣发展》，新华网（http：//news.xinhuanet.com/politics/2016 - 01/08/c_1117719402.htm）。

[15] 金民卿、王佳菲、梁孝：《矛盾与出路：网络时代的文化价值》，经济科学出版社 2013 年版。

[16] 曾盛聪：《论社会主义核心价值体系引领网络文化的方式与机制》，《思想理论教育导刊》2008 年第 12 期。

[17] Paul Gilster, *Digital Literacy*, Wiley Computer Publishing, 1998.

[18] Hargittai E., "Second-Level Digital Divide: Differences in People's Online Skills", (http://www.firstmonday.org/issues/issue7_4/hargittai).

[19] [美] 唐·泰普斯科特:《数字化成长: 网络世代的生活主张》, 陈晓开、袁世佩译, 东北财经大学出版社 2003 年版。

网络舆情视阈下的青年思想政治教育探究

陈 敏[*]

随着科技发展和社会的进步，网络成为人类历史上迄今为止出现的最大的信息载体，也成为"思想文化信息的集散地和社会舆论的放大器"。网络的建立与不断发展，使得越来越多的青年借助网络表达自己的看法、态度、意见和建议，网络舆情已成为影响青年人思想和行为的重要因素。网络舆情在给青年思想政治教育工作带来机遇的同时，也产生了不容忽视的负面影响与冲击。重视网络舆情对青年思想政治教育的影响，加强对网络舆情的监督和引导，积极探究在网络舆情这一新领域开展青年思想政治教育工作是高校思想政治教育所面临的重要课题。

一 网络舆情的概念及其特殊性

舆情作为一种社会现象，一般是指人们在特定的时间和空间内通过一定方式针对特定社会现象所表达的价值判断，是人们关于特定社会现象的信念、态度、意见和情绪等的综合表现。舆情产生于人类个体，但最终汇集为群体（民族、国家、社会组织等）的共同思想或文化认同；舆情一旦形成，会在特定时间和空间内有力塑造或影响社会生活。

古今中外的执政者无不关注社会生活中的舆情动态。中国具有特别关注社会舆情的文化传统，早在《国语·周语上》中便记载了2000多年前的周厉王杀人止谤，结果反被国人驱逐的故事。舆情的形成与发展必须依赖于一定的途径和手段，古代社会主要通过传统的集会、交谈等口

---

[*] 曲阜师范大学马克思主义学部团委书记、副教授。

耳相传方式，而在现代社会，除了传统方式之外，报纸、书刊、广播、电影电视等专业大众媒体则成为舆情传播的主要渠道。随着互联网在全球范围内的飞速发展，网络媒体已被公认为是继报纸、书刊、广播、电影电视等传统媒体之后的影响力最大的"第四媒体"，成为反映社会舆情的最主要形式之一。网络环境下的舆情信息的主要来源有：新闻评论、论坛（BBS）、博客、聚合新闻（RSS）等。网络舆情表达快捷、信息多元、方式互动，具备传统媒体无法比拟的优势。网络的开放性和虚拟性，决定了网络舆情具有以下特点：1. 直接性，通过 BBS、新闻点评和博客网站，网民可以实现意见交互，下情直接上传，民意表达更加畅通。2. 突发性，网络舆论的形成往往非常迅速，一个热点事件的存在加上一种情绪化的意见，就可以成为点燃一片舆论的导火索。3. 偏差性，由于发言者身份隐蔽，并且缺少规则限制和有效监督，网络自然成为一些网民发泄情绪的空间。在现实生活中遇到挫折，对社会问题片面认识等，都会利用网络得以宣泄，因此在网络上更容易出现庸俗、灰色的言论。4. 难以纠错性，网络信息一旦发布，会在很短的时间被广为传播，人们很容易接受信息，但很少能够也很少愿意去查证信息的真实可靠性，这样，虚假负面信息一旦发布就很难纠错。

与国外相比，我国网络舆情还存在以下两个特殊情况：一是由于国际国内历史的原因，我国曾长期处于封闭状态，致使大量鱼目混珠的外来思想文化往往以新事物的形象得到人们的追逐和吹捧，在不能辨别良莠、善恶的情况下，人们的核心价值观念和主流思想必然遭受负面冲击，甚至缺失核心和主流地位。二是既有社会管理机制还很不能适应新时期社会生活新变化，不少社会管理者对社会舆情的出现和发展还习惯于采取传统的回避或堵塞办法，不仅不能解决问题，反而构筑起一个又一个"堰塞湖"，特别是在我国改革开放事业不断深入所带来的分配结构多元化、利益关系复杂化、财富占有形式多样化、生活方式多样化、就业方式多样化、社会联系多样化以及由贫富分化带来的社会阶层的大分化等新问题不断出现的背景下，更凸显了我国加强网络舆情监测、引导和构建积极有效的社会管理机制的重要性。

二 当前青年群体的新特征分析

青年群体是当前社会最活跃的群体,世界观、人生观和价值观都在走向成熟期,人生阅历浅,世界观、人生观和价值观都不成熟,辨别能力不强,极易受到外界影响和塑造。青年时期既是我们进行正面思想政治教育的最佳人生阶段,也是负面思想影响渗透的最佳人生阶段,这是思想政治教育真正的主阵地。在新的历史时期,青年群体受生活方式多样化、就业方式多样化、社会联系多样化等社会大环境的影响,呈现出许多新特征。

(一)中国家庭离婚率的持续走高,家庭"塑造"功能降低

根据民政部提供的数据,2013 年上半年共有 193 余万对夫妻办理离婚手续,增长 10%。平均每天有 6000 多个家庭解体。中国离婚率已连续 10 年递增,"中国式离婚"成为一个令世人关注的现象。专家分析指出,随着社会转型、社会环境变化,我国婚姻家庭面临严峻挑战,我国前 30 年婚姻超稳定阶段已进入后 30 年尤其是近年来的动荡时期。不论离婚的具体原因如何,共同的结果是原有家庭经济与文化氛围基本解体或完全解体,最受冲击的是家庭中的孩童,家庭培养和塑造青年政治思想的功能比以前大为降低。

(二)高等教育成本提高,学校"培养"功能下降

我国高等教育大众化是推动普及高等教育和提高公民整体文化素质的重要探索,但其中"谁接受、谁负担"的教育成本分摊模式提高了学生的经济负担,特别是对广大农民和城市低收入阶层造成较大压力。国家统计局的数据显示,自 2000 年开始,我国的基尼系数已经超过 0.4 的警戒线,并逐年上升。1978 年我国基尼系数为 0.317,2006 年则升至 0.496。这意味着,中国社会的贫富差距已突破了合理的限度。在贫富差距迅速扩大的背景下,国家出台的高等教育的收费政策对不同收入水平的各个阶层来说,所承受的压力和支付的成本是不同的。由于我国的高等教育奖助、贷学金制度不健全以及大多数省份执行在大学毕业后收回

农村土地承包权的政策，造成城乡大批低收入阶层子弟和农家子弟自觉或不自觉地走上弃学谋职的道路，从而在初中或高中毕业甚至未毕业之时就脱离了学校教育，而我们的青年思想政治教育工作大多是在高等教育时期实施，这就使得目前大批弃学青年根本没有机会接受系统的思想政治教育。

（三）青年在社会环境中的"被塑造"，功利化取向提高

市场经济追求效率的本性将一代又一代的青年人塑造成"经济人"或"经济型人格"，青年人在政治思想、价值情感、人际交往和朋辈活动等领域活动的"功利性"取向日益严重。青年人对真善美的价值追求和高雅精神的培育有日益淡漠的趋势，这直接影响到青年对思想政治教育的心理亲和力。思想政治教育目标要求青年追求思想道德修养和共产主义共同理想，但"经济人"或"经济型人格"习惯于追求经济利益及物质欲望的满足。一般来讲，在思想道德修养和共产主义共同理想与经济利益及物质欲望之间不是不能兼顾，但两者之间的也确实存在相互矛盾与冲突的一面，青年人习惯性的"经济人"或"经济型人格"一旦形成，自觉超越物质层面而追求思想道德修养和共产主义共同理想的难度加大，不仅直接影响到青年对思想政治教育的心理亲和力，而且在人生有限的时间内，人们往往在没有实现思想超越的时候就已走到人生尽头，在青年时期思想政治教育的目标当然就不会实现。

（四）青年网络诉求多元化，网络思想政治教育功能增强

网络时代的到来，一系列技术变革与新的沟通方式的出现，迅速打破了传统沟通方式的桎梏，同时也使主流价值体系在青年群体中的地位逐渐弱化，任何单一问题的解答都有明显的多触角延伸。对青年而言更是以"时空伸延"和"时空压缩"的态势，延展年青一代的思维触角，改变着他们对时空的思考，冲击并重塑他们对世界、对他人以及对自我的感知。网络作为一个开放的公共空间，经过不断的完善，成为一个具有基于民主政治的利益表达和实现机制功能的公共领域将有可能实现。现实问题的圆满解决依循这样一个突破口，未尝也不是一剂良方。网络思想政治教育的主要特点表现为网络思想政治教育活动过程的交互性、主体和环境的虚拟性、信息的开放和共享性。它不是思想政治教育内容的网络复制，也不是"人灌"向"网灌"的文字式转换，更不是思想政治教育通过网络就可以增加眼球，焕发吸引力，能够收到良好的教育效果。它意味着教育主体必须根据现代网络的特点对传统思想政治教育进行内容和形式的创新，增强思想政治教育的针对性和实效性。

三 当代青年与网络的特殊关联

网络的出现"在大众传播史上第一次将不必是有大资本的个人就能接触广大的视听群，因特网把所有人都变成了出版发行人，这是革命性的转变"。当前青年群体出现的新特征都突出强化了青年群体与网络媒体的紧密联系。

（一）青年网民数量的逐渐增大

2014年1月16日，中国互联网络信息中心（CNNIC）在京发布第33次《中国互联网络发展状况统计报告》（以下简称《报告》）。《报告》显示，截至2013年12月，中国网民规模达6.18亿人，互联网普及率为45.8%。其中，手机网民规模达5亿人，继续保持稳定增长。手机网民规模的持续增长促进了手机端各类应用的发展，成为2013年中国互联网发展的一大亮点。我国20—29岁年龄段网民的比例为31.2%，在整体网民中占比最大。学生依然是中国网民中最大的群体，占比25.5%，互联网普及率在该群体中已经处于高位。学生既是网民中最大的群体，也是使用网络应用较为活跃的群体。手机已经成为中国青少年第一位的上网工具，2013年有74%的青少年网民使用手机上网，年增长24.3个百分点。中国青少年网民中，非学生群体规模最大，达到8541万人，占43.8%；中学生网民规模达7488万人，占38.4%；大学生和小学生分别占比11.3%和10.9%。

（二）青年网络表达途径增多

随着网络的深入覆盖，青年的各种利益诉求通过多种途径在网络中表达，其网络表达途径主要有以下几种：博客、BBS、微博、手机媒体、新闻跟帖、网络论坛、网络调查、MSN、QQ 等即时通信工具。相对于报纸、电视等传统媒体而言,网络技术的发展不仅增加了青年网络表达的途径,而且使青年的网络表达更加方便和快捷。具体到在校青年学生,他们均不同程度地通过以上途径表达自己的意愿、参与社会实践活动。笔者在山东部分高校的调查结果显示:MSN、QQ、微信等即时通信工具、手机媒体是当前青年学生使用频率较高的网络表达途径,分别占到调查总人数的 51%、32% 和 30%。如此多的网络表达途径,时时激发青年学生的网络表达热情。青年学生网络表达途径的增多也在很大程度上促进了校园网络舆情的产生和发展。

(三)青年网络表达方式便捷

先进而不断进步的信息技术使得先进的信息获取、加工、传播工具成为社会生产与生活中几乎普遍可以获得的产品,比如手机、电脑、录音笔等,年龄在 12—20 岁的青少年中,手机持有率相当高,大量辍学或失学的适龄青年,可能一生中都没有机会接受高等中学和普通高等院校正规、系统的思想政治教育,而这些青年获取思想、知识和各种信息的直接途径就是网络,网络成为他们知识积累、价值观形成和政治态度确立的主要平台。市场经济背景下形成"经济人"或"经济型人格"的青年群体更是每天都离不开网络,工作、购物、娱乐、交友、聊天几乎全部在网上进行,"经济人"同时也是"网络人/虚拟人"。网络表达的自由和隐蔽使得越来越多的青年人选择了这一表达意愿、诉求利益的渠道。

四 占领网络舆情主阵地,探索新时期青年思想政治教育新途径

青年思想政治教育工作归根到底是做青年人的工作。"青年最富有朝气、最富有梦想,青年兴则国家兴,青年强则国家强。"鉴于网络舆情的特点与当前我国社会特殊情况,考虑到当前青年群体出现的新特征及其与网络特殊关联性,新时期青年思想政治教育工作就必须坚持占领网络舆情主阵地,基于网络舆情的特点我们要重点从以下三个方面实现新时期青年思想政治教育目标。

(一) 树立网络阵地意识

网络媒体舆情这把"双刃剑"在提供了下情上传的便捷方式的同时，也对我国意识形态安全和文化安全构成了严重威胁，具体表现在以下三个方面：一是西方国家利用网络对我国进行"西化""分化"，网上思想舆论阵地的争夺战日趋激烈。二是传统的政治斗争手段，在网上将以更高效的方式实现，利用网络串联、造谣、煽动将比在现实中容易得多，也隐蔽得多。三是通过网络，西方的观念、生活方式可以便捷地渗透进来。网络的影响力与日俱增，越来越多的青年不愿意充当被动接受的教育角色，甚至很多青年获取网络资源的能力要远远高于思想政治教育者。因此，我们必须牢固树立阵地意识，牢牢把握网络舆论的主导权和主动权，加大人力、财力、物力投入，建设一个日趋完善的网络建设、宣传、教育环境，尤其在培养优秀的网络思想政治教育人员方面更应该加大力度，因为网络思想政治教育者可以说是一种"复合型"人才，由于传统的束缚以及现代社会发展脚步的加快，大批优秀的网络思想政治教育者的缺失已成为制约青年网络思想政治教育的瓶颈，把握网络舆论的主动权，培养人才是关键，这样我们的"阵地"才能有最坚实的人力保障。

(二) 引导网络舆情走向

与电视、报纸、广播等传统媒体相比较，网络媒体与青年的结合具有特别的优势。互联网的突出特点之一就是具有较强的互动性。受众不仅仅是单方面地接受新闻，而且可以参与其中来进行讨论，提出意见，发表观点。在网络上，大家各抒己见，畅所欲言，由于没有一定的约束力，网络舆情极易受到虚假信息和不良言论影响，从而干扰甚至消极决定青年的思想政治人格。面对纷繁复杂的网络信息，一方面引导青年增强识别和杜绝网络虚假、消极信息；另一方面网络管理者要充分利用可以利用的工具，增强网络识别和控制虚假信息及不良言论的技术与能力，敏锐把握舆情动向，加快新闻报道步伐，及时发现问题，在第一时间做出正确的回应，这就需要完善、采用相应法律和法规深入细致地加强网络思想政治教育，唯有制度保障打好基础，才能更加畅通地进行网络思想政治教育。此外，建设既符合时代特点又能够彰显社会主义核心价值的思想政治教育网站也是一个重要突破口,思想政治教育网站一方面要具有网络的一般特点,比如开放性、自由性、参与性等特点,让网民、青年群体有意愿参与其中,同时还要具有意识形态性、政治性、教育性等特点,使之与一般的娱乐网站区别开来,唯有兼顾两者同时又不失偏颇才能在浩如烟海的网站中有立足之处,目前在建设强有力的思想政治教育网站方面我们还有很广阔的发展空间。

(三) 关注青年网络需求

网络文化具有一系列新功能,如知识传承、思想渗透、舆论导向、道德批判、社会动员等,不仅深刻地改变着当代青年的思维方式、学习方式,而且极大地影响着他们的行为方式和个性发展。这为当代青年塑造人格、拓展视野、提高素质创造了有利条件,注入了新的活力。从总体上看,当代青年思维活跃、富于创造,关心现实、关注社会,具有强烈的爱国意识和进取精神,但也有一部分人鉴别力、自控力不够强,存在着不成熟、非理性的一面。在这种情况下,必须在努力满足当代青年多样化文化需求的同时,及时有效地化解网络文化带来的负面影响。因此,了解、关注并积极引导青年的网络需求,打造有利于当代青年健康成长的文明和谐的网络文化空间是有效进行青年思想政治教育的必经途径。这就需要坚持以青年为本的原则,直面网络对青年的正、负影响,针对不同层次的青年需求,加强人文关怀和心理疏导,采取多样化的教育方法,不断提升当代青年的精神境界和创新能力,就成为新时期做好青年思想政治教育工作的重要着力点。

网络舆情对当代青年的思想政治教育来说既是挑战又是机遇,网络舆情作为当前开展青年思想政治教育的有效载体,承载着一定的思想政治教育的功能,网络舆情的这些功能为青年思想政治教育的有效开展提供了良好的保障。网络舆情的发展与渗透,既拓展了青年思想政治教育的空间,使得青年思想政治教育更具渗透性、影响力和吸引力,但同时网络舆情也对青年思想政治教育提出了挑战:传统的思想政治教育模式和教育方法难以适应时代要求,思想政治教育的教育理念急需转变,思想政治教育工作者要及时调整步伐,创新理念和方法,积极应对、因时顺势,不断提高青年思想政治教育的实效性。

参考文献：

[1] 刘毅：《略论网络舆情的概念、特点、表达与传播》，《理论界》2007年第1期。

[2] 刘娟：《论网络论坛中的舆论形成与舆论引导》，武汉大学出版社2005年版。

[3] David W. Harvey, *Explanation in Geography*, Edward Arnold Publishing House, 1969.

[4] 宛恬伊：《虚拟社会的集群行为：基于四个网络事件的分析》，《青年研究》2010年第4期。

[5] [美] 约翰·布洛克曼：《未来英雄——33位网络时代精英预言未来文明的物质》，汪仲、邱家成、韩世芳译，海南出版社1998年版。

[6] 习近平：《在同各界优秀青年代表座谈时的讲话》，《光明日报》2013年5月4日。

我国青年志愿者组织的发展特点及其治理转型

余逸群[*]

青年志愿者组织是当前我国志愿服务活动开展的主体，正是有了组织化的机构作为保障，志愿服务事业才能顺利和规范地开展起来，才能产生巨大的社会效益和经济效益。在社会治理创新的背景下，我们对青年志愿者组织的研究，一方面应扩展新的理论研究框架；另一方面应从现实出发，关注青年志愿者组织的生存状况、探寻其治理改革的路径。正是循着这一思路，基于学术界已有的研究成果对青年志愿者组织作"自上而下型""自下而上型"和"外部输入型"的类型学划分。通过对这三种青年志愿者组织治理类型特点的阐述，认识和分析我国青年志愿者组织的现行治理状态及其面对的难题，为探求激发青年志愿者组织活力，建构现代社会青年志愿者组织治理体制提供理论与实践的参考。

一 "自上而下型"青年志愿者组织：依附政治权力

依据青年志愿者组织兴起与运行的轨迹，自上而下型的官僚式行政化治理，是指那些由政府机构转变而来，依托政府资源，并运用行政权力实施管理的青年志愿者组织类型。有学者将这一类型的组织归为法团主义理论的权威学者菲利普·史密特提出的国家法团主义类型。在史密特看来，法团主义是以社团形式组织起来的民间社会的利益同国家的决策结构联系起来的决策安排。在转型国家中，国家法团主义通常起一种过渡性的作用。在市场和民主转型的初期，由于继承了极其丰厚的国家

---

[*] 北京青少年研究所所长、研究员。

主义遗产，国家法团主义为自主性社团空间的形成提供了制度框架。在中国，由国家主义集权方式向法团主义方式的过渡可以说是一种新的制度安排。正是由于这一种制度的实施，在 20 世纪末期，自上而下形成的社会团体大量出现，既有各种形式的基金会，还有以行业类别组建的各种协会和商会，其中也包括青年志愿者组织及协会。在国家与社会的新型关系建构中，国家集权始终发挥着主导作用。一方面，给予社会以自主性的空间，允许新兴社团的产生与发展；另一方面，虽然这些社团组织在形式上注册为非政府组织，但在人、财、物等方面仍依附于所从属的政府机构，组织中的领导人大多是由现职所在部门领导担任。对于大多数官方社团来说，由国家和各级政府领导人担任会长，由政府主管机构下拨活动经费、人员编制、办公设施等，使社会组织成为政府领导下的附属机构，或被人们称为"二政府"，呈现官本位和泛行政化倾向。中国青年志愿者协会、中国社会工作协会志愿者工作委员会和中国志愿服务联合会均属自上而下型青年志愿者组织，具有"半官半民"的特点，而不是严格意义上国际"非营利组织"概念的非营利组织，这是由中国的历史传统和现代体制所决定的。

　　考察北京志愿服务实践，其运作模式主要表现为自上而下型。北京青年志愿者组织是由政府围绕特定的工作目标动员发起并推动的。如北京奥运会、国庆庆典等重大活动的志愿服务，正是政府基于特定的政治目的而大力推动开展的。北京市委、市政府领导多次出席志愿服务活动，多次在政府会议上讨论志愿服务问题、发表重要讲话，这都赋予了北京志愿服务很强的"政治任务"性质。指导全市志愿服务的机构——北京志愿者联合会是具有合法身份的社会团体，从性质分类上当属非政府组织，而考察其日常运行、资金和项目运作等都受到政府的强有力支持。志愿者联合会接受共青团北京市委的业务管理和北京市社会团体管理办公室的监督。共青团尽管严格意义上而言属于人民团体，但是在实际运作中与政府关系非常紧密，有很强的官方背景，带有"准政府组织"的性质。所以在这些组织动员和发起下的志愿服务活动，往往是围绕特定的政府工作目标展开、行政性色彩浓厚。政府机关、高校和其他国有企事业单位发起的志愿服务活动，往往是因单位或上级部门的工作需要，借助单位强有力的行政动员能力和相应的资源开展，自上而下型的运作模式表现较为明显。

具体来说，这类带有官方色彩的青年志愿者组织呈现如下特点：一是组织的领导权力来源于政府，强调政府的主导作用，实行自上而下的行政推动和管控式治理。自觉自愿本是志愿服务的出发点，但在不少的中国志愿服务运作中，行政命令和组织动员替代了志愿者的自觉自愿，成为推动其发展的动力。很多体制内青年志愿者组织开展活动时。动员方式往往过于依赖行政命令和组织动员。例如，借助于体制内组织的强大的动员能力，北京志愿服务在开展重大活动时，志愿者资源是相当丰富的，因而可以看到像奥运会、国庆庆典等重大活动中参加的志愿者规模都是史无前例的。这种强力行政推动的方式，确保了志愿服务充分的人力资源，也确保了开展志愿服务时政府坚实的财政支持，对于圆满完成政府的具体工作目标是十分有利的。但是，这种并没有内化为志愿者行为动机的外在推动力，对志愿服务的可持续发展有着消极的影响。这种行政推动的主导运作模式使志愿服务过分依赖于政府和体制内的力量，也使其在追求民间性、独立性的目标上渐行渐远。对于志愿者而言，很多情况下本该出于志愿精神感召而发自内心去参与志愿服务的行为，变成了响应政府号召、接受组织任务而参加的行为，这无疑会在很大程度上影响志愿者的服务热情。二是组织结构仍沿用政府的科层化机制，组织的领导往往具有行政级别。组织的任务也是按照科层体系逐级下达，各级行政机关在践行行政指令和任务时，视任务的完成为最终目标。如北京市志愿联合会的秘书长是北京市团市委的一名副局级干部担任，联合会其他领导也主要由团市委干部担任。对于这些本身就属于干部系统内部序列的青年志愿者组织骨干而言，其参加志愿组织与其说是被其公益宗旨所吸引，不如说是接受了一项组织任务，因而，对他们来说，相较于为发扬志愿组织的公益宗旨而奋斗的目标，为体制内党政机关服务更为切实和有益。而对于青年志愿者组织的主管部门而言，让青年志愿者组织围绕其工作职能展开活动，既有利于稳定社会，又能节约成本、更好达成行政目标。这样，公益宗旨、志愿精神的弘扬使命逐渐被淡化了。三是治理的权力主体仍代表部门利益主体，维护部门的行政利益，而难以代表普通志愿者的利益，少数干部的意愿代替了众多会员的需求。行政化治理集结了科层化的权力体系，依靠行政职权维护在治理过程中的地位和权威，各级官僚组织逐级下达指令。这种以行政化为主导的科层化治理机制，仍然延续着国家行政机关自上而下的管理职能，实质仍代表官方意志行使着行政化管理的权力。

从中国改革开放初期至今，以国家法团主义的框架建构起来的青年志愿者组织机制始终占据主导地位，这些组织在中国社会转型和新时期社会秩序的建构中所发挥的社会凝聚和稳定的作用是不可忽视的。这些组织在扶贫济困、灾害救助、助残助教、环境保护、大型活动等社会公共服务和公益慈善等方面都发挥着十分重要的作用。这些由国家财政进行拨款，采取行政和事业编制，在国家体制内运行的官方青年志愿者组织，由于得到政府和相关部门的各种支持，往往发展和运行较好，并形成一定的规模和影响力。

但伴随中国经济市场化的推进，社会生活多样性需求的增加，以行政化治理为主导的官方社团的局限性逐渐呈现。首先，组织缺乏活力；其次，由于资源依赖，缺乏自主性；最后，社会服务能力弱化。从20世纪80年代以来，自上而下形成的青年志愿者组织是在中国从总体性社会的单位体制向国家、市场、社会多元体制的发展中形成的，既体现了原来体制的痕迹，又内蕴新的社会运行机制的萌芽形态。正是由于历史的惯性和时代的印记，在新兴的社会组织运行中，仍然伴有国家权力的影响，过多地依赖政府的行政化力量，偏离了自身的天然角色，甚至出现了功能的异化。在政府作为主导的社会形态中，青年志愿者组织的"官民二重性"具有一定的应然性。"官民二重性"是由中国社会转型的特点决定的，当前中国不充分的经济改革与进展缓慢的政治体制改革，依然使国家在经济、社会领域中保持着主导地位。此外，由于相当一部分民间志愿组织是从政府部门分离出来或由政府创建，并由政府来主导，是国家行政改革的产物，形成的是一种"体制内生成路径"。政府对公民社会的主导是中国公民社会显著的特征之一，从路径依赖来看中国公民社会必然或多或少地具有一些"官方性"。这已成为当下中国社会治理改革的关键。政府在保障青年志愿者组织规范发展的同时，给予青年志愿者组织"民间性"发挥效能的公共空间，增强青年志愿者组织自治性和主体性，从而使青年志愿者组织更好地发挥国家与民众之间的桥梁或纽带作用。在中国志愿联合会的推动下，各地志愿服务组织建设力度不断加大。目前，全国已有23个省区市成立了省志愿服务协会或联合会，其他8个省区市成立有青年志愿者协会。中国志愿服务联合会是自上而下型的志愿组织。在政府机构改革和简政放权的目标中，如何推进其去行政化措施值得研究和思考。如果只是简单地理解"民间性"，政府采取断奶断粮，只会造成这类青年志愿者组织的混乱和失序。对这类青年志愿者组织的治理转型，国家应在社会改革的顶层设计上给予布局，在政策上给予引导，在制度上明确定位，才能使其健康、有序地发展，成为稳定社会秩序、维护志愿服务事业的有生力量。

自上而下型志愿服务组织主要有赖于政府巨大的社会动员能力和较为丰富的资源，因而能在志愿服务发展中彰显出较大的优势，有效配合政府工作目标，产生较大的社会影响。这种模式具有鲜明的中国特色，能够集中力量办大事，实质上并不同于西方社会严格意义上的志愿服务活动。因此在实际操作中，它会在一定程度上呈现出非自愿性，甚至强制性的活动，从而偏离志愿服务真正的本意，这也是该类型一直被人质疑的关键所在。

二 "自下而上型"青年志愿者组织：人治的治理模式

自下而上型青年志愿者组织是纯粹由民间力量动员基于公益目标发起并推动的。20世纪八九十年代以来，我国涌现出大量的民间非营利组织，国内这类组织比较有代表性的主要有"自然之友""北京地球村""绿色网络联盟——绿网""绿家园志愿者""瀚海沙""三江源生态环境保护协会""北京猛禽救护中心""淮海卫士""绿色江河""香港地球之友""台湾慈济志工会"等。它们是由公民自发联合组成的。尽管按照现有法律要求，正式履行注册登记手续的非营利组织需挂靠主管部门，但实际主管部门对其影响比较有限，其资金等重要活动资源主要来源于自筹，总体来说，官方背景较弱。这些正式注册登记的或未登记的非营利组织基于公益的目标，发起的志愿服务活动，体现了自下而上的运作特点。这类青年志愿者组织与国际社会的青年志愿者组织运作趋同，其优势在于能很好迎合公众需求，公众参与热情高。但从目前我国社会环境来看，相关法律法规并不健全，民间青年志愿者组织也未很成熟，自下而上的志愿服务发展受到了一定的制约。

  自下而上型的青年志愿者组织中的能人即"动员精英"，指能干的或在某方面才能出众的人。自下而上型的能人治理，即是指那些由具有非凡魅力和能力的领袖发起和成立的草根组织，依靠组织精英的超群能力和威望，基于社会的价值和使命而凝聚群体，实行领袖权威治理的组织结构。在民间青年志愿者组织中，其领袖人物往往是组织的灵魂，在组织内部的号召力和个人影响力很大。这类领袖人物多是组织的发起者，其社会声望和影响力往往是组织创立、发展壮大的无形资本，甚至许多志愿者正是受其个人魅力的感召激起对志愿服务的热情，从而投身组织。因而，在民间青年志愿者组织中，组织管理的基础除了共同的志愿服务信念外，就是对出色领袖人物的拥戴和信任。领袖人物在组织决策和内部管理中起到决定性的作用，其观点和看法直接决定着组织的发展方向。深圳市义工联艺术团团长丛飞，就是民间青年志愿组织领袖的杰出代表。他于1997年发起成立了深圳义工联，一次社区义演改变了他的人生。从此，丛飞热心社区志愿服务事业，尽心竭力，不计个人得失，参加公益演出300多场，义工服务时间6000多个小时，无偿捐助失学儿童和残疾人146人，认养孤儿32人，捐助金额超过300万元。由于他志愿服务的突出成就，多年来坚持不懈的奋斗诠释了志愿精神的深刻内涵，丛飞被授予"爱心大使""中国青年志愿服务金奖"，当选"感动中国2005年度人物"。丛飞志愿服务的事迹非常感人，在深圳乃至全国引起了强烈反响，广大深圳市民要求加入义工队伍的络绎不绝，社区注册义工由最初的19人发展到现在的6万人。在他病重期间，为使丛飞长期资助的贫困孩子继续完成学业，深圳团市委、市义工联于2005年实施了"爱心接力——丛飞社区助学计划"，建立长效扶贫助学机制。通过该机制募集的款项将以"丛飞爱心助学基金"的名义，支付原由丛飞资助的贫困孩子的上学费用。丛飞的奉献精神和感人事迹在全社会尤其是广大青少年中引起热烈反响，在全社会进一步弘扬了"奉献、友爱、互助、进步"的时代新风，他用真情传递爱心，用奉献感染社会，用平凡铸造辉煌，为社会公众树立了学习的榜样。他的志愿行为以及崇高的人格魅力，必将对我国社区志愿服务事业的发展产生深远而持久的影响。

对于中国现存的民间志愿组织来说，它们的成立与组织的生存和发展，得益于马克斯·韦伯所指向的卡里斯玛式的能人。按照韦伯的观点，"卡里斯玛"指的是："个人通过对众人福利及事业的创造以获得声望，从而具有一定的支配力量和尊严。它主要表示某些人格特质，某些人因具有这个特质而被认为是超凡的，禀赋着超自然以及超人的，或至少是特殊力量或品质。"因此可以简单地将卡里斯玛理解为一种超凡魅力。它是普通人所不具有的，只有那些具有神圣或至少表率特质的人被视为领袖。在中国社会由国家单一主体的权威结构向社会多元治理结构转型过程中，社会主体的发育往往是由社会各界精英来维系和推动的。这些卡里斯玛式的能人既是组织初创时的重要发起者，也是组织发展中的掌舵人和组织的管理者。

在中国社会转型初期，国家主义和单位制的影响很深很广，民间青年志愿者组织的成长可谓步履维艰，因而其创始人的卡里斯玛品格就显得弥足珍贵。民间组织领袖的卡里斯玛特质，既呈现出凝聚价值认同的个人魅力，包括将公益组织的价值诉求广为传播，还包括挣脱体制束缚，循使命奉献牺牲的勇气。如果其发起者或推动者没有足够的信心和能力，不仅难以带动和领导民间组织有效开展活动，更难以使得组织维持生存下去。因此，民间组织的能人治理结构往往具有以下特点：一是高度集权。组织的创立者即能人主导组织方向和决策组织发展及行动，组织中的理事会等决策机构形同虚设，还没有建立起规范的组织结构。二是议行合一。组织中的领袖既是决策者，也是执行者。对于许多初创的民间组织来说，组织结构简单，人员少，创立者自身兼有多种职能。三是特立独行。草根能人自主意识强，对组织发展有理想，有规划，既能多渠道获取资源和支持，也不依附于任何权威，坚守组织的使命和理想。这些特点表明，自下而上型的民间青年志愿者组织在组织成立与运行过程中主要凸显了领袖的能力和权威，凸显了卡里斯玛式的权威治理特性。

卡里斯玛化的组织治理结构，虽然有其历史的应然性，但在民间组织的不断发展中呈现出明显的局限性。主要表现如下：一是民间组织的可持续发展问题；二是民间组织的能人依赖与制度化缺失问题；三是民间组织的社会能力不足的问题。民间组织的这些问题，限制了组织健康有序地发展，造成组织个人化、初级化和孤立化的困境。尽管卡里斯玛式权威治理是社会转型初期社会组织自下发展的必经路径,符合社会组织初创的一般规律,但随着国家社会治理模式的逐步调整,以及民间组织自身影响力的日益拓展,卡里斯玛治理向现代社会组织治理的转型则成为组织健康有序发展的前提。一定时期里,这种能人色彩浓厚的治理模式开辟了一条有别于"自上而下"的社会组织发育路径,其对于中国社会组织发展的意义非同寻常。然而,随着社会治理理念得到各方认同,这种治理结构的弊端也不容忽视。这种精英管理模式在现代社会看来,并非稳定规范的组织管理模式,带有深深的"人治"烙印,缺乏稳定和民主,即有萨拉蒙所说的家长制作风之嫌。

三 "外部输入型"青年志愿者组织:治理结构的"嫁接"

外部输入型青年志愿者组织,是对境外NGO资源依赖型的简称,指资源结构中境外NGO占主体,资源路径指向境外而非本土。外部输入型的制度化治理,是基于组织的资源结构与治理结构的一种理想型的划分,指组织的资金来源、项目运作、治理方式主要来自境外非营利组织的输入、培训和参照。外部输入型草根组织,大多致力于环保、扶贫、教育、卫生等公益慈善领域,它们依靠国外非营利组织发展的经验和国际资金的支持,在中国境内开展公益慈善活动,以此形成较为开放的治理结构、公开透明的决策机制和运行高效的服务模式。

我国有相当一部分草根青年志愿者组织是在国际组织的资金支持下生长发育起来的,而不少草根组织仍然主要甚至全部依赖国际组织的资金和项目维持其生存和发展。一些在国际上具有影响力的NGO,如世界自然基金会、联合国儿童基金会、国际红十字与红新月联合会、福特基金会、盖茨基金会、乐施会、洪堡基金会等,在我国陆续建立了分会并积极开展公益慈善活动,与我国的本土草根青年志愿者组织形成了互动的社会网络,为草根组织学习境外NGO组织结构与运作模式提供了便利条件。

境外NGO在国内的落户,为国内青年志愿者组织提供了很好的组织示范与资源连接。本土草根青年志愿者组织在向外寻求资源支持的同时,也接受了国际 NGO 的制度化引导，吸纳了它们的制度化治理方式。成立理事会决策机构，发挥理事的决策参与和组织的民主化、规范化运作。开展项目运作中的规范化管理，从而优化了组织治理的结构，提高了草根组织运作的效率。

我们不能否认，在我国青年志愿者组织的形成和发展中，国际 NGO 给予了大量资源上的支持和理念制度上的影响，对我国草根志愿组织的成长及组织的规范化运行提供了良好的示范。但我们注意到，这种单纯地从境外 NGO 获取支持而成长起来的本土草根组织，其成长与发展也存在一系列的问题。一是草根组织对境外资金、管理模式的吸纳，造成了草根组织的制度性依赖；二是境外非营利组织制度化治理与本土情景融合的问题；三是受境外资金支持的草根组织注册难的问题。

四 青年志愿者组织治理转型的思考

青年志愿者组织作为"第三部门"，应是社会中独立于政府与企业的主体、是公民社会的重要组成部分。青年志愿者组织在现代社会日益活跃，发挥着政府和企业没有或难以充分发挥的有效作用，而这些重要作用的发挥就在于其有着不同于政府和企业的优势。但在中国志愿服务中，青年志愿者组织此方面的优势并不明显，反而呈现出较为浓重的"官方色彩"，这使得青年志愿者组织的民间性与独立性大打折扣。这种"特殊"的组织性质极大地抑制了其优势功能的发挥，同时滋生了不少具有"中国特色"的志愿失灵问题。在新一轮的社会改革治理中，如何在政府的简政放权中使青年志愿者组织稳健增长？如何让社会的公共空间得到有效的拓展，让草根组织在制度场域中获得合法性的发展？如何使民间青年志愿者组织走出资源依赖的困境，获得资助创新的空间？对这些关键性问题的思考，是社会治理改革的重要环节。

（一）政府与社会的边界：是"官退民进"，还是"各司所长"

在社会治理的理念中，政府、企业、社会作为公共事务的主体，共同承担着服务社会的职责。但在社会治理的实践中，在明确各自主体的定位和边界的同时，更要确定其职责。政府在向青年志愿者组织赋权的过程中，应该避免"官退民进"，而"民不负重"的现象发生。我们应从当前中国社会发展的现实出发，合理地评估志愿组织的现状和能力，从政策和制度上引导青年志愿组织健康发展。而一味地强调简政放权或职能转移不仅为政府的塞责留有话语空间，被堪以重任的志愿组织也将因"揠苗助长"而难以健康成长。

社会结构的调整和青年志愿者组织建设是一个长期的任务，那种我国快速实行"小政府大社会"治理模式的观点是不符合中国实际的。中国因长期的历史传统与文化影响，整个社会对官的概念根深蒂固，如果政府变成小政府、弱政府，那么社会就会呈现混乱无序的状态。在社会治理改革进程中，一方面我们要学习参照西方发达国家的社会治理经验，加强政府政策上的引导，制度上的协调作用；另一方面应从中国社会实际出发，建立多元协调机制，发挥多元主体各自的功能。总之，各类治理主体充分互动合作是社会治理创新的基础，而其中各方的进退取舍还要依据治理内容来确定。

（二）地方政府的角色定位：是"老板"，还是"伙伴"

地方管理者对社会改革的认识程度决定了其改革的进程和发展。地方政府处于社会治理改革的第一线，既是社会改革政策的制定者，也是社会改革方案的执行者。近年来，东南沿海省份和城市走在了前列，形成了许多特色和经验。诸如上海青年志愿者组织的"文明影响模式"，广东青年志愿者组织的"社会合作模式"，浙江青年志愿者组织的"人性培育模式"。但对于许多内陆省份来说，社会治理的理念和政策还没有形成根本性的转变，对待青年志愿者组织特别是草根青年志愿者组织还停留在"制度限制"阶段。草根青年志愿者组织发展举步维艰，主要表现为难以注册、难以获得政府的信任与资源的配置，致使一些草根青年志愿者组织不得不寻求境外资源的支持，不得不依赖组织中的能人通过私人渠道获得其生存和发展的空间。地方的社会改革与社会建设要依赖于地方政府执政理念的更新和对社会改革发展的正确认识和理解，才能真正落实社会治理的原则和理念。

地方政府一方面要从政策层面对青年志愿者组织给予扶持，赋予青年志愿者组织发展和运行的权利及职责，加大政府购买的广度和宽度，提供相应的立法支持、资金帮扶、财税优惠、技术支持等；另一方面地方政府应结合地方情境，发挥社会治理中的掌舵者、监督者的职能，组织和动员社会各方面力量参与社会改革进程，形成由政府与社会各界共同参与的社会公共服务体系和社会监督网络系统。伴随新时期社会治理改革进程的推进，培育社会力量，激发社会活力，提高社会自治能力依然成为衡量现代政府治理角色转换的关键。

（三）青年志愿者组织治理：是"制度移植"，还是"制度创新"

青年志愿者组织治理创新从以下几点入手：首先，完善管理部门与社会第三方联动的评估机制。近年来，广东省及其他一些省市的民政管理机构，开始尝试发挥地方高校研究机构的专业性特长，引入第三方参与年检与评估，或以政府购买服务的方式招标评估机构。这种政府主导出资，民间青年志愿者组织提供社会服务的模式，既充分地发挥民间专门机制的功能，又有质与有效地完成评估，有利于减少行政化的影响和干扰，达到其评估的客观效果，值得推广和借鉴。

其次，引入市场竞争机制，运用商业手段增强组织的造血功能。对许多民间或草根青年志愿者组织来说，资源的获取和有效配置是其生存的关键。许多青年志愿者组织由于面临资源困境，而不得不形成资源的路径依赖，拓宽组织资源获取的途径和领域，开发并探索促使青年志愿者组织可持续的商业模式和社会企业模式，让青年志愿者组织的发展呈现蓬勃生机和活力。

最后，建立志愿者的社会动员机制。从社会治理需求来看，志愿者的动员和培育，是建立社会公共服务体系，形成社会公众参与社会事务的有效机制。社会公益组织与营利组织的不同，在于其组织人员是以其使命和公益精神参与其中的，是自愿自由的。因此公益慈善组织人员具有不确定性和松散性。具有充足的志愿者储备，公益组织才能有活力和能力开展活动。因此，要从社会和组织两方面来建立和完善志愿机制，形成以社会动员和组织吸纳为主导的社会参与机制。

综上所述，三种发展路径的青年志愿者组织的治理模式构成社会治理体系的子系统，过去受路径依赖以及旧有政社关系的制约，这三种治理模式的局限日益凸显，各自转型变革已成为社会治理创新的重要改革方向。在这一过程中,明晰政社关系边界的内涵、政府在其中的角色定位以及推动制度创新则是青年志愿者组织治理模式转变和变革的关键原则。当然,这些治理在一定程度上彰显了政府在志愿服务事业建设的改革方向和未来发展趋势,无论是青年志愿者组织还是公众对此都持有肯定和积极态度。我们依然期待着这些建议能尽快落实并在实践中发挥一定的作用。同时,我们也期待政府在治理上迈出更大的步伐,实现科学定位,回归有效职能,并最终成为志愿服务事业健康发展的有力推动者。

参考文献:

[1] 窦玉沛:《从社会管理到社会治理:理论和实践的重大创新》,《行政管理改革》2014年第4期。

[2] 虞维华:《非政府组织与政府的关系》,《公共管理学报》2005年第2期。

[3] 谭日辉:《社会组织发展的深层困境及其对策研究》,《湖南师范大学社会科学学报》2014年第1期。

[4] 谭建光:《中国志愿服务组织发展及其社会功能》,《北京青年研究》2014年第4期。

[5] 赵林栋:《青年公益事业的发展与创新》,《当代青年研究》2013年第3期。

[6] 何霞:《困境与超越:民间微公益项目合法性问题研究》,《青年探索》2014年第1期。

[7] 汪彩霞等:《中国青年公益社会组织:裂变与联盟》,《中国青年研究》2015年第1期。

[8] 陈学明:《中国青年志愿者行动与和谐社会的建构》,《中国青年政治学院学报》2006年第2期。

[9] 贾西津:《为什么发达国家NGO也发达》,《炎黄春秋》2016年第2期。

[10] [德] 韦伯:《韦伯作品集1:学术与政治》,钱永祥译,广西师范大学出版社2004年版。

北京青年志愿服务组织的创建及初步发展

谭绍兵[*]

北京市是全国较早建立青年志愿服务组织的城市。早在1993年，就成立了北京团市委志愿服务指导中心、北京志愿者协会，这两个机构后来发展为北京市志愿服务指导中心和北京市志愿者联合会，并新成立北京志愿服务基金会等市级志愿服务机构。同时，北京所属各区县志愿服务组织体系建设也逐步完善。截至2010年12月，北京16个区县均建立了志愿服务指导组织。学校、党政机关和群团组织、企业、事业单位的志愿服务组织，以及非注册民间志愿服务组织也逐步壮大，总数达335家。

一 北京市级青年志愿服务组织

北京市级青年志愿服务组织主要有北京市志愿服务指导中心、北京市志愿者联合会以及北京志愿服务基金会，这几个志愿服务组织都是在北京奥运会举办前后成立的，对于北京奥运会和其他大型活动的成功举办、志愿服务活动的常态化，均有重要的推动作用。

北京市志愿服务指导中心的前身是成立于2003年7月8日的共青团北京市委员会志愿服务指导中心。中心的主要职责是研究拟订全市志愿服务工作计划；负责组织、协调全市志愿服务活动，指导全市志愿者服务工作；具体负责承担北京志愿者协会秘书处职能。至2010年3月，北京市志愿服务指导中心内设规划推广部、研究培训部、项目发展部、会

---

[*] 北京青少年研究所副研究员。

员服务部、综合部等。2005年2月，北京奥运会志愿者工作协调小组成立，北京市志愿服务指导中心承担北京奥运会志愿者工作协调小组办公室相关工作，全面参与2008年北京奥运会志愿服务工作。2009年承担首都国庆60周年群众游行志愿服务工作，被首都精神文明建设委员会授予首都"迎国庆 讲文明 树新风"活动组织奖。2010年承担北京首届世界武搏运动会志愿服务工作，以及中国2010年上海世博会志愿服务工作。

北京市志愿者联合会的前身是成立于1993年12月5日的北京志愿者协会，协会接受共青团北京市委员会的业务管理和北京市社会团体管理办公室的监督。2005年4月28日，北京志愿者协会为"北京志愿者之家"挂牌。同年12月4日，北京志愿者协会第二次会员代表大会召开，会议审议通过了《北京志愿者协会章程》。会议决定团市委正副书记任北京志愿者协会会长、常务副会长。2007年9月14日，北京市第十二届人民代表大会常务委员会第38次会议审议通过《北京市志愿服务促进条例》，并于当年12月5日正式实施。该条例规定由北京志愿者协会负责指导北京市志愿者工作的开展。2009年3月4日，北京市委市政府召开全市志愿者工作大会，决定将北京志愿者协会提升为北京市志愿者联合会，负责规划、指导、组织、协调北京市志愿服务工作。联合会以倡导良好社会风气、健全社会保障体系、推动社会全面进步、促进青年健康成长为宗旨，以服务志愿者、加快志愿服务事业发展、加强社会主义精神文明建设、构建社会主义和谐社会为目标，其基本任务包括：大力宣传志愿服务精神，引导社会各界积极参与志愿服务工作；为大型社会活动、社区建设、公益事业、抢险救灾和经济建设提供广泛的志愿服务；为有特殊困难及需要帮助的社会成员提供志愿服务；规划组织志愿服务行动，指导分会、团体会员、个人会员开展工作；考核、评比相关志愿者组织开展的志愿服务活动；开展与国内外志愿者组织和团体的交流与合作。3月16日，市民政局批准"北京志愿者协会"社团名称变更为"北京市志愿者联合会"。2010年12月，北京市志愿者联合会被北京市社会建设领导小组认定为"枢纽型"社会组织，联络、团结、凝聚全市各部门、各系统、各领域志愿者组织，在社会建设领域中，承担着党政纽带、行业龙头、管理服务的社会动员平台的职能。截至2009年4月17日，北京已有113所学校、42家党政机关及群团组织、98家企业、49家事业单位、33 家非注册民间志愿者组织成为北京志愿者协会团体会员。截至 2010 年 12 月，北京市志愿者联合会已成立 10 支专业志愿服务队伍。

北京志愿服务基金会是 2009 年 12 月成立的地方性公募基金会，接受共青团北京市委员会的业务管理和北京市社会团体管理办公室的监督。北京志愿服务基金会旨在大力普及志愿服务理念，弘扬志愿服务精神，搭建社会筹资平台，支持和推动志愿服务活动的开展，共同推进志愿服务事业的科学发展。北京志愿服务基金会设立志愿服务专项基金，用于北京市志愿者工作组织建设、机制建设、队伍建设、项目建设，用于资助各级各类志愿者组织开展志愿服务活动。北京市财政局对北京志愿服务基金会给予 1000 万元资金支持。基金会的主要任务是：在申请政府财政支持的同时，面向海内外的企业、非营利机构和个人筹集资金，资助示范性、引领性志愿服务项目的建立与开展；表彰奖励对志愿服务做出突出贡献的团体和个人；救助从事志愿服务活动中遇到特殊困难的志愿者；支持志愿服务理论研究、骨干志愿者培训等能力建设工作；组织开展志愿服务国际国内交流工作等。依据北京市委市政府《关于进一步加强和改进志愿者工作的意见》《北京志愿服务基金会章程》的精神，北京志愿服务基金会建立了组织管理、研究培训、项目建设、队伍建设、激励保障等 5 个子基金，旨在对全市志愿服务资助项目进行总体布局，坚持统一管理，分项核算，统筹使用。充分发挥政府投入的引导作用，吸纳更多的社会资金加入，使基金成为良性循环的志愿服务经费保障，发挥可持续发展的蓄水池功能。资助志愿服务项目内容包括民生项目、大型赛会项目、奥运成果转化项目、公共安全与应急项目、国际交流项目等。2010 年 4 月，北京志愿服务基金会第一届理事会召开第一次会议。会议审议并通过了《北京志愿服务基金会章程》；通过了理事长、副理事长、秘书长人选；选举产生 19 名理事，3 名监事，团市委副书记任首届理事长。基金会要求大力开展基金募集工作，着力推动志愿服务事业发展，切实规范基金使用和管理，健全完善内部运行机制。

二　北京市区县青年志愿组织

北京市各区县均在北京奥运会前后成立了青年志愿服务组织，其志愿服务工作，由各区县共青团组织具体负责指导。

东城区青年志愿服务工作由东城团区委负责，具体职能由团区委基层工作部承担。团区委依托"志愿北京"平台设立东城区青年志愿者协会，作为联系、团结、凝聚全区各部门、各系统、各领域青年志愿者的枢纽型社会组织，通过组织和指导全区青年开展志愿服务活动，为社会提供志愿服务，提高青年整体素质，助力区域经济社会建设发展。东城区青年志愿服务形成了一批志愿服务品牌项目，包括"阳光成长·东城共青团关爱农民工子女"志愿服务项目、"青春伴夕阳"东城共青团敬老爱老志愿服务项目、"青年健康使者火炬行动"、东直门交通枢纽蓝立方志愿服务项目等。到2010年6月，东城共青团系统联络活动阵地共120家，培育并长期开展的特色志愿服务项目76个。覆盖青年志愿服务团队71支，实名注册的青年志愿者3112人，其中居住地在东城区的青年志愿者2400人。2010年7月，北京市区划调整，东城区与崇文区合并为新东城区，原东城和原崇文区的青年志愿服务工作由东城团区委负责，具体职能由团区委社会工作部承担。

西城区志愿者联合会是经西城区民政局核准的非营利性社会团体法人，旨在增强全区志愿者工作的整体性、协调性和规范性。西城区志愿者联合会吸纳更多驻区、区属单位志愿者团体会员和志愿者个人会员，打造广阔的志愿服务工作平台。其前身是2005年成立的西城区青年志愿者协会。西城区志愿者联合会在2009年7月17日注册成立，并召开第一次会员大会。会议审议通过了《北京市西城区志愿者联合会章程（草案）》，选举产生了该区志愿者联合会第一届理事会、监事会。西城区委副书记当选为主席，副区长当选为第一副主席。2010年3月16日，西城区志愿者联合会召开第一届理事会第二次会议；审议通过各项决议；正式开通"志愿西城"网站。2010年7月西城区与宣武区合并为新西城区，原西城区和原宣武区志愿服务工作由西城区团委主管，由西城区志愿者联合会统筹协调。

宣武区志愿者联合会成立于2010年1月9日，在当日举行的成立大会暨第一次会员代表大会上，通过了《宣武区志愿者联合会章程》，表决产生区志愿者联合会领导机构。联合会由55家团体会员和10名个人会员组成，是一个涵盖了全区多个领域志愿者组织的大家庭，其中企业系统的志愿者组织占 43%，驻区单位、共建高校的志愿者组织占 20%，体现了广泛的代表性。宣武区的志愿服务工作有着优良的历史传统和扎实的工作基础，1983 年，在大栅栏街道西柳幼儿园签订的第一份"综合包户"志愿服务协议，成为首都青年志愿服务的发端；2008 年奥运会，宣武 23068 名城市志愿者、7200 余人次的社会志愿者及 199 名驾驶员志愿者参与了奥运志愿服务；奥运会后，宣武区建立全区志愿服务协调机制、健全志愿服务工作体系，并进行了志愿服务规范化、常态化、社会化的有益尝试。2010 年 7 月后，原宣武区志愿服务工作由西城区团委主管，由西城区志愿者联合会统筹协调。

朝阳区青年志愿者协会注册成立于 2000 年 12 月 1 日，其前身是 1995 年 4 月 27 日建成的中国青年志愿者朝阳服务站。朝阳区青年志愿者协会是由自愿从事志愿服务事业的社会各界青年组成的全区性社会团体，是在共青团朝阳区委和朝阳区社会团体管理办公室共同指导监督下依法成立的全区和区域内各领域青年志愿者组织以及个人自愿结成的非营利性社会组织。朝阳区青年志愿者协会是全区青年参与面最广、参与程度最高、具有较高社会影响力的"枢纽型"公益组织。截至 2010 年底，朝阳区青年志愿者协会共建立 43 支街乡青年志愿者服务队，团结 20 家"阳光伙伴"公益团体，联系 13 所驻区高校志愿组织，拥有 23548 名注册成员，共开展 126 个志愿服务项目。协会和旗下组织先后荣获北京奥运会、残奥会先进集体、2009 年中国网球公开赛突出贡献奖等荣誉。

海淀区志愿者联合会成立于 2009 年 5 月，是联络、团结、凝聚本行政区域内各部门、各系统、各领域志愿者组织的枢纽型社会组织，由自愿、无偿为社会提供志愿服务的志愿者组织以及社会各界人士组成，经海淀区民政局核准登记，业务主管单位为共青团北京市海淀区委员会，接受海淀区社会团体管理办公室的监督、检查和管理。2009 年 9 月 16 日，海淀区志愿者联合会第一次代表大会举行。2010 年 6 月 2 日，召开一届二次理事会，通过了《北京市海淀区志愿者联合会章程》修正案，聘请了时任区委书记担任名誉会长。联合会成立后，形成了"爱在海淀"系列项目体系，包括"永动的蓝立方""同在蓝天下"重残儿童家庭课堂计划、"快乐共成长"关爱农民工子女、"温情暖夕阳"敬老爱老、"平安在身边"社会秩序维护、"健康伴你行"卫生医疗等志愿服务项目。举办了海淀区志愿服务项目创新大赛、志愿者嘉年华、志愿者梦想行动、社区志愿日等大型宣传活动，为志愿者和志愿团队搭建交流平台，展示志愿服务项目，为群众提供参与体验志愿服务的机会，提高了群众对志愿服务的认同和支持。同时聘请中央电视台《新闻联播》主持人担任形象大使，发布《人生如歌》主题曲，创作卡通形象"小志"，并且以"小志"为主要形象的四格漫画，着力传播"志愿真情，爱在海淀"的志愿服务文化。联合会团体会员包括驻区高校、中小学、部队、企事业单位、社会团体等类型，地区分会覆盖全区街乡，组织体系得到了进一步的完善。

石景山区志愿者联合会成立于2009年9月，负责指导统领全区志愿者组织建设和志愿服务活动的开展。区志愿者联合会成立后，组织开展了社区助残、治安巡逻、新居民互助、全民健身、教育服务、环境保护等志愿服务活动，扶持发展了"红蜡烛"跟踪教育小组、金色亲情服务队、"新居民互助服务协会"等志愿服务组织。区志愿者联合会成立之初，原有的14个志愿者协会相继成立石景山区环保志愿者、体育志愿者协会和新居民志愿者协会。

门头沟区志愿者协会成立于2006年12月30日，拥有会员5000名，协会工作人员10名。协会建立健全基础管理制度，管理工作规范而有序，各项服务工作明确而到位。逐步建立起扶老助残、卫生健康、禁毒防艾、生态建设、助学支教、文化传播、科技兴农、环境保护、秩序维护、法律维权、应急救援等11支志愿服务队。协会推出"欢乐陪伴"社区扶老志愿服务、"拍家乡、爱家乡、颂家乡"摄影作品征集展览志愿服务、文明上网监督员志愿服务、"健康你我 美丽京西"文明使者志愿服务、"节能减排 携手同行"社区志愿服务、"禁毒防艾"大课堂等项目。2009年4月成立全区第一个"志愿服务活动基地"，定期组织志愿者到区残疾人活动中心开展志愿服务，帮助残疾人朋友进行康复训练，开展手工劳动。建立京西志愿驿站，为群众提供指路、语言翻译、义务打气、爱心雨伞等志愿服务，实现志愿服务的日常化。协会借助网络平台，加强与门头沟论坛的合作，通过论坛发布志愿者招募信息、志愿服务活动情况等，使门头沟论坛成为志愿服务的一个交流平台，为广大群众了解志愿精神、参与志愿服务提供了一个全新的途径。编辑出版《微笑京西》

快报，刊载全区志愿服务活动的新思路、新举措和新动态。

房山区委员会志愿者指导中心成立于2007年12月，有全额拨款事业编制人员4名，接受共青团房山区委员会的业务指导。负责研究制订全区志愿服务工作计划，负责组织、协调全区志愿服务活动，指导全区各级志愿者组织开展工作；培养青年的公民意识、奉献精神和服务能力，促进青年健康成长；组织志愿者为大型社会活动、公益事业、抢险救灾、社会建设和经济建设等提供广泛的志愿服务，发挥志愿服务在推动社会管理创新工作中的优势作用，促进社会和谐，服务房山建设。房山区志愿服务工作经历了奥运会、国庆游行等重大活动，在探索中稳步推进。先后组织开展了一系列志愿服务活动，包括全区志愿者环境整治和纠正不文明行为，"青年志愿者服务进社区"，"文化、科技、卫生"三下乡等活动。区志愿者组织开展环境保护、养老助残、法律宣传、社区文化、医疗义诊等活动。全区28个乡镇街道，均建立了百人以上志愿服务队。

顺义区志愿者联合会成立于2010年4月26日，其前身为2006年3月5日成立的北京市顺义区志愿者协会。顺义区志愿者联合会主席由区委常委、组织部长担任，第一副主席由副区长担任，常务副主席由区委社工委书记和团区委书记担任，分别负责统筹协调和日常管理，秘书处设在团区委志愿服务指导中心。顺义区志愿者联合会自成立后，全区形成了以志愿者协会为枢纽、以项目化运作为主体、以大型活动为依托、以各基层志愿服务队为骨干的志愿服务工作格局。经过参与2007年"好运北京"测试赛、2008年北京奥运会、2009年中国第七届花卉博览会、2009年国庆60周年等志愿服务活动，志愿服务工作逐步向规范化、专业化、长效化发展，逐步形成了"每月5日志愿服务推动日""擦亮城市家具""保护母亲河"等区级品牌项目，引导形成志愿服务成为全区青年的一种生活习惯和生活方式。组织优秀志愿者参与"端午龙舟赛""中美滑水明星对抗赛""超级联盟方程式汽车大奖赛"等大型赛会。开展青春暖心行动，帮扶特殊青少年群体，以特殊青少年群体、大学生村官、团干部、团员青年和志愿者等为重点服务对象，涵盖公益行、乡村行、社区行、企业行、学校行五大体系。区志注册志愿者8.4万人。全区6个街道均成立区志愿者联合会分会。

怀柔区志愿者协会成立于2007年3月26日，在共青团怀柔区委的指导下开展工作。2008年8月18日，成立北京市怀柔区志愿服务指导中心，作为怀柔区志愿者协会的秘书处指导全区志愿服务工作。协会成立后，打造志愿服务品牌项目，形成"蓝立方"、关爱农民工及其子女、"清洁公交站亭、美化城市环境"等青年志愿服务项目。并会同区内外职能部门与社会组织，在原有志愿者队伍建设的基础上，加强心理咨询、应急救助、语言翻译、环境整治等专业志愿者队伍建设，有计划、分层次地开展知识培训与宣传工作。

昌平区志愿者联合会成立于2010年3月，其前身是2003年成立的北京市昌平区青年志愿者协会，2006年更名为北京市昌平区志愿者协会。区志愿者联合会广泛开展各类志愿服务活动，由最初的"一助一"志愿服务活动，延伸拓展到禁毒、环保、医疗、节水护水、科普、法律援助、支农惠农、就业指导、心理咨询等多个领域，并逐渐形成了"1+4"体系。"1"是指继承和转化奥运志愿服务项目，"4"是指围绕讲文明树新风、扶危济困、社区服务、应急救援开发志愿服务项目，探索城市志愿服务项目的常态化。围绕四大志愿服务领域着力打造"微笑昌平""爱心昌平""和谐昌平""平安昌平"系列品牌项目。同时，昌平区志愿者联合会在参与抗击雨雪冰冻灾害、抗震救灾，服务2008年北京奥运会、残奥会、庆祝国庆60周年等重大事件和活动中发挥了积极作用。截至2010年10月，全区共有区级专业志愿服务队6支、应急志愿服务队18支、基层志愿服务队205个，公益实践项目100个。

大兴区志愿服务指导中心成立于2006年8月，是大兴团区委所属全额拨款科级事业单位。2012年8月由原有的编制人员4名增加到8名。指导中心主要职责包括：负责联合全区各级各类志愿者组织及志愿者开展志愿组织；引导和鼓励社会公众参与志愿服务；倡导服务理念，传播志愿者文化；长期招募各类志愿者；推进志愿者个人及团体实名注册；定期发布志愿服务项目，组织志愿者培训；建立志愿服务时间储蓄、需求响应、服务返还、志愿者星级评定等表彰激励机制；开展志愿服务调查、研究工作，提出有关工作意见与建议；加强队伍建设和培育，建立覆盖全区的志愿服务网络。

通州区志愿者服务指导中心成立于2003年12月，在共青团北京市通州区委员会的直接领导下开展工作。指导中心注重突出服务大局、服务经济、服务社会、服务青年，团结带领全区青年志愿者积极投身于通州新城和新农村建设的各项事业，弘扬"奉献、友爱、互助、进步"的志愿精神，组建防艾、禁毒青年志愿者服务队，百支青年志愿者交通安全宣讲队，通州区志愿服务总队和10支志愿服务分队等青年志愿者队伍，在各街道办事处、乡镇和驻通大中专院校设立了志愿者服务站，推出了"大学生志愿者""志愿通州共创和谐"主题实践活动，"志愿星期六"等志愿服务品牌项目，在环境整治、绿化美化、社会公益、大型活动等领域逐步形成规模体系。

平谷区志愿者协会成立于2008年11月，接受团平谷区委员会的业务管理和平谷区民政局的业务监督。区志愿者协会打造农民工、空巢老人、青少年三类群体关爱志愿服务项目品牌，志愿服务涵盖应急处理、生态保护、扶老助残、医疗卫生等八大领域。以"全面覆盖、重点保障"为目标，发挥团组织优势资源。截至2010年11月，平谷区志愿者协会共拥有各类志愿服务队伍102个，依托镇乡、村、社区、学校、企业和行政事业单位团组织建立基层志愿服务站，推进全区志愿服务站点建设。

密云志愿者协会成立于2006年8月15日，接受共青团密云县委员会的业务主管和密云县民政局的指导。协会设理事会和监事会，理事会设常务理事39名，其中会长1名、常务副会长1名、副会长5名，由第一届理事会第一次全体会议选举产生。先后开展了"首都大学毕业生基层志愿服务团"、"3·5"学雷锋和"12·5"国际志愿日、"青年志愿者制止非法盗采盗运监护队"、参与北京奥运会和中华人民共和国成立60周年庆典等志愿服务项目活动。

延庆县志愿者协会成立于2008年5月，业务主管单位为北京市延庆县人民政府。协会致力于志愿者工作的长效机制建设，推动延庆志愿服务事业可持续发展。2008年3月5日，延庆县志愿者协会第一次会员代表大会召开，大会通过了《北京市延庆县志愿者协会章程（草案）》，选举产生了监事会、理事会等组织机构。协会利用重大节庆日开展植绿环保、扶贫助学、法规宣传等志愿服务活动，注册志愿者包括机关、企事业单位、学校、农村、社区等领域。

三 其他志愿者组织

北京在市级和区县志愿服务组织之外，还发展了不少其他志愿者组织。截至奥运会结束后的 2008 年底，建立街道乡镇志愿者组织 679 家、志愿者队伍 791 支，孵化培育专业志愿者队伍 10 支、团体会员 335 家，其中科研院所、大中专院校建立志愿者组织 113 家、党政机关及群团组织建立志愿组织 42 家、企业志愿者组织 49 家、事业单位志愿者组织 49 家、非注册民间组织 33 家。

北京各级各类志愿服务组织成立后，借助北京奥运会的成功申报和召开，开展了大量颇具中国特色的志愿服务活动。除服务北京奥运会、残奥会外，还参与了北京举办的所有的大型活动，并逐步深入基层，使志愿服务活动、常态化、大众化。此外，还先后参与汶川大地震救灾、玉树地震救援，上海世界博览会召开等京外大型志愿服务活动，对北京乃至全国的发展做出了自己的贡献。

公共危机事件中应急志愿者
组织与管理研究[*]

高艳蓉[**]

公共危机事件通常是指一种危及全体社会公众的整体生活和共同利益的突发性和灾难性事件，主要是指各种自然灾害、重大疫情、严重事故、恐怖主义行为以及重大群众性骚乱、重大政治、经济事件等。这种危机事件通常不可预知，具有爆发突发性、时间紧迫性、过程持续性、指向破坏性等特点。一旦发生，会对一个社会系统的基本价值、行为准则及人的生命和财产等方面产生严重威胁，造成一个地区社会的恐慌，严重影响正常的社会秩序、生产秩序和生活秩序。本研究中公共危机事件，是指发生规模大、影响地域广，人员伤亡以及财产损失巨大、严重影响人们正常生活，单靠政府解决不了，需要社会各界普遍参与的事件。

在突如其来的灾难面前，包括政府在内的任何一个公共组织的力量总是有限的，它无法单独满足应对灾难的所有需求，而有效地整合社会资源，因此几乎每次大灾大难之后，都会催生出一批志愿者机构和制度。日本1995年的阪神大地震，写就了日本的志愿者元年；美国"9·11"事件发生后，政府对志愿组织非常支持并推动其发展；东南亚"海啸"灾难后，国际志愿者对当地政府有着很大的影响；四川汶川地震灾害、青海玉树地震灾害，北京"7·21"特大暴雨、"4·20"四川芦山地震灾害等带给中国社会的重要影响之一就是民间志愿行动掀起了一个新的高潮。这些历史与现实告诉我们，充分发挥志愿者的能动性，能够有效弥补

---

[*] 本文系笔者主持的北京市社科基金项目"北京志愿服务参与应急管理研究"（16GLB018）阶段成果。

[**] 北京青年政治学院科研处副研究员。

政府的不足，能渗透到公共危机事件中许多政府部门无暇亦无力顾及之处。

但如果公众志愿者参与救灾没有一个有序的组织和协调，在行动中难免盲目，难以发挥应有作用，甚至可能会影响到救灾的展开。因此，对公共危机事件中的志愿者进行有效的管理，建立志愿服务统筹协调体系，对于弘扬志愿精神、普及志愿服务、帮助广大群众、构建和谐社会具有重大的促进作用。

一 公共危机事件中对应急志愿服务的要求

1. 迅速反应，有序参与

危机发生后，志愿组织和社会其他部门及相关组织应该迅速做出反应，第一时间到达救援现场，迅速制订出营救方案并开展严谨的救援工作。做出快速反应后，要采取相应紧急措施，特别是政府部门要做出迅速决策和战略部署，各个部门和机构要迅速动作起来，密切配合，启动各个应急机制和联动系统，迅速开展救援，稳定人民慌乱情绪，保障人民的生命财产安全。

2. 团结协作，合理分工

要想顺利开展救援活动，只有整个救援团队积极配合，互相协作，才能够很好地完成救援任务。如果整个组织松散无纪律，行动起来毫无凝聚力和战斗精神，仅凭个人力量和主观意识鲁莽行事，会影响救援的成功。团队协作能力、团队合作精神、团队分工合理科学，各个环节配合协调，才能保证救援的成功。

3. 整合资源，有效沟通

危机救援需要充分利用社会各种资源。灾难发生后，来自全国各地的军队、志愿者、医生等聚集在一起，形成强大的救援阵容。另外还有来自社会各界甚至全世界的救援物资，如粮食、帐篷等，需要志愿者成员之间、志愿者组织之间、志愿者组织与其他部门和组织之间信息及时有效地沟通，这是保障救援顺利开展的重要条件，这样才可以进行科学、合理的整合利用，更有效地利用各方资源。

二 公共危机事件中应急救援活动中存在的问题

目前，我国应急志愿的发展还处于起步阶段，虽然我国政府和有关部门编制了应急救援预案和应急机制，在一些危机事件的救援与营救中还存在很多棘手的问题和面临的困境。

1. 应急志愿组织本身存在的问题

国内应急志愿组织发展还不是很成熟，处于初级阶段。因而组织本身所包括的组织架构稳定性低，组织机制存在缺陷以及组织内部管理与运作也有不少障碍等。很多志愿者都不是依托某个既有的组织而存在的，而是临时的、自发的甚至是单个的，他们中间没有组织的规章、领导、制约，也没有组织成员之间的默契。很多救援组织体系不完善，组织体系松散，缺乏组织上的严密性和纪律上的约束性。例如救灾志愿者车辆严重抢占了抢险救灾生命通道，志愿者缺乏专业性也使得他们的救灾行动缺乏目的性、秩序性。各种救援机构隶属于不同的部门，多头管理，协调难度较大，各种专业资源未达到整合，难以实现资源共享。救援的指挥体系不完备，各地大都采取临时建立应急指挥部的办法，决策权与指挥权权限不明，职责不分，工作缺乏连续性。快速反应能力和危机现场应急能力不强。应急指挥手段和救援队伍装备落后，应急救援队伍力量薄弱。比如在"5·12"汶川特大地震中，志愿者应急救援多呈现分散式、个体式状态，而且缺乏与社会非营利组织的协同互助与沟通交流，因此出现了大批量的志愿者，救灾效率却很低的情况。如此则导致志愿者对外吸取有效资源的难度提升，志愿者队伍的作用发挥较弱。

2. 应急志愿组织与政府之间还没有建立完善的协作机制

应急志愿组织的有效参与需要志愿者组织与政府和其他组织之间进行良好、有序的沟通和协作，这样才能各司其责，实现资源的共享和整合。然而，由于应急志愿组织与政府之间还没有建立完善的协作机制，因此造成了危机事件救援过程中存在一些障碍。由于统一协调机制的缺失导致救援活动不能高效开展，资源得不到有效配置：很多志愿组织不注意沟通协调，重复发放物资，造成资源浪费；地区之间志愿者组织沟通协调不足，一些地区的志愿者扎堆现象严重，另一些地区却无志愿者涉足；甚至在同一地区不同部门志愿者也没能很好地调配，志愿者基本靠自己的直觉去从事救援活动。

我国政府危机事件前的预防、预警和预控系统的发展还有待完善，救援信息系统不完备，很多地方还没有建立整体联动机制，各类报警系统多而杂乱。危机预防、预警和预控缺失大大增加了志愿者组织危机应急紧急救援的难度，也增加了信息互动的难度，对政府应急协同联动中共享信息缺乏具体操作性，导致政府与应急志愿组织之间存在信息失灵的现象。

《中华人民共和国突发事件应对法》要求建设统一联动的国家应急事件信息平台，相关单位间实现信息互通，能够准确快速地将各自的信息进行搜集整理并提炼出精干信息贴放于网络。可目前的共享体系连政府自身的联动都还不完善，又怎能充分将志愿者信息纳入其内？比如对于某一特定救援所需的人才数目、技能要求和参与方式，志愿者很难从日常的新闻信息播报中获取掌握。导致志愿者只能凭借网络搜索和小道消息进入灾区救援，信息严重缺乏可证实性，也导致无功而返的例子很多。一方面是大家盲从不知往哪里去；另一方面是一些灾害地区急需志愿者力量却又没有有效途径告知。例如，在汶川地震的中后期，一些乡镇的救援力量不足，但却无志愿者的身影，大量志愿行动资源被闲置，无法得到有效配置和使用。

3. 应急志愿组织之间的沟通协作存在障碍

应急志愿组织之间缺少统领机构，有些组织间存在重复和恶性竞争。目前，很多志愿者从属多个志愿者组织，既参与了社区志愿服务，又加入了单位上的红十字会，形成一人多身份的状态，降低了个人效率。同样作为志愿者组织本身也存在彼此交叉从属的情况，造成很多组织结构混乱，人员繁杂的现象。除了志愿者组织本身的管理不善，部分志愿者组织还因为抢功夺名，借助救灾以求出名的心态进行恶性竞争，毫无节制地进行物资的投入，全然忽略灾区实际需求，使得物资配备与需求完全不成比例，有些灾区点接近饱和，有些灾区点却还要紧缩度日。有些志愿者组织仅对自身组织的救灾进程有报道追踪，但始终没能与其他志愿组织取得数据交换。而政府层面的信息平台虽说能较为准确地提供最新灾情，却也没有整合加入志愿者的信息。大家彼此各自为政的情况，把本就破碎的信息分割得更加碎片化。因此建立起政府和志愿组织共同的信息平台十分关键。若能联动不同区域,让不同行业进行协作,一定能节约大量的服务和资源。

另外,随着志愿活动的全球化发展,国与国之间的交流和协作日益密切。国际志愿组织的救援活动也成为公共危机事件中的普遍现象,加强国际交流与协作不仅可以为救援活动提高效率,还可以相互之间取长补短,但由于国家之间的语言、文化等差异,应急志愿组织在实施救援的过程中与国外志愿者组织之间的交流与协作还存在一些障碍;并且由于缺乏统一的指挥和行动,有时候并不能提高救援的效率,反而造成了一些障碍和损失,致使双方都没有能够充分发挥各自的作用。

4. 社会资源匮乏,社会环境制约

应急志愿组织进行救援活动需要很多资源,比如资金、搜索设备、营救设施等。而单靠志愿组织的内部筹集是不够的,需要社会的广泛支援。可是,往往由于社会资源匮乏,或者物资运输不到位,导致救援活动无法高效、及时地开展。另外,志愿者相关保障制度和法律制度也不完善,给志愿者本身带来一定的风险和压力。我国社会紧急救援制度建设滞后,许多方面管理制度不配套,法律规范不健全,尤其是在基层,制度冲突、法律打架的现象并不少见,同发达国家先进、科学的紧急救援体系相比还有明显的差距。由于志愿服务缺乏良好的法律制度环境,使得政府在管理上有很大的主观性和随意性;也使得志愿者参与突发公共事件应对时,不被政府危机决策机构所重视,遭遇合法性危机;也使得志愿者一旦自身权益受到侵害时难以获得法律的保护。

三 公共危机事件中应急救援 活动中问题的解决建议

1. 加强应急志愿组织的组织建设和管理

做好志愿管理过程中的立项、招募、培训、项目运行、评估、奖励、筹资以及宣传动员等内部机制;建立和完善职业性与非职业性、专业性与非专业性的应急救援组织。完善组织机构,对救援人员进行培训,根据不同预案对各级救援指挥人员、管理人员、现场救援人员进行系统的专业培训，使应急救援能力提高。设立统一的志愿者管理机构，建立应急志愿服务工作部门，用以专业指导志愿者队伍建立、管理、参与救援等工作。应急志愿组织各机构部门要各司其责，强调和明确各自的职能，分工协作。加强紧急救援体系工作建设，组织起草有关紧急救援方案的规范、技术、标准、实施办法等规章制度，组织实施各种突发危机事件的紧急救援预案及紧急救援演练和培训。

2. 政府和社会积极配合，适度管制

建立各种层次的应急救援指挥机构，形成集中统一管理、分层级分部门负责的应急救援体系。每一个应急救援指挥机构都建立一个信息联动系统，便于各层级之间的沟通和信息传递。完善紧急救援预案体系，注意综合性总体预案与各项子预案的相互配套和相互协调，更重要的是把应急预案付诸实施。社会和政府对应急志愿组织也要进行适度的管理与监督，促进组织更好地发展。

3. 加大社会资源的供给

拓宽应急志愿服务的经费来源渠道，建立一个"财政拨款、基金资助和社会赞助"相结合的资金筹措机制。加大财政支持力度，以政府投入为主、社会投入作为补充，如：设立专项基金或资金；与企业建立战略合作关系；建立志愿项目赞助体系等。

一是建立国家应急志愿支持基金。在各级政府设立应急志愿服务发展公募基金，并成立专门的应急志愿服务基金会；二是建立完善的资金管理体制，定期对其进行审计。此外，还要优化应急志愿资源的调度与配置机制。不同志愿组织间的资源的协调与平衡，需要依靠政府相关部门和全国性基金会通过项目划拨和救援补助等多种方式实现，向在应急管理中做出积极贡献以及资源筹措能力弱的志愿组织倾斜。不同区域间的资源的协调与平衡，应着眼于通过应急资源联动网络方式进行解决，在对应急资源的需求进行预测或评估的基础上，对应急管理的每一个环节"供给、运输、资源储备、调用、资源需求"，都配置相应的纵向与横向资源保障，形成基于动态循环机制的应急资源调度，实现对分散资源的有效整合。

4. 建立多样化的社会激励机制

当危机来临时，需要应急救援人员付出极大的努力，各级人民政府要对表现突出的志愿服务组织、志愿者及对志愿服务有突出贡献的组织和个人,给予表彰和奖励;鼓励国家机关、社会团体、企事业单位和其他组织在招考或者招聘人员时,在同等条件下优先录用、聘用志愿服务表现突出的志愿者;要求志愿者所在单位把其参与志愿服务的活动情况作为其提拔、考核、评优的条件之一等。通过政府的大力宣传和提倡,让志愿服务获得公众的广泛认同。志愿服务组织也要探索多种激励形式,例如优秀志愿者的交流沟通机会、优秀志愿者的学习培训机会、优秀志愿者的休闲活动机会等。通过实施一系列实际、有效的激励措施,更好地调动志愿组织及其成员的积极性,促进志愿服务的深入开展,保障志愿行动能持续发展和不断扩大。

5. 推进应急志愿者服务相关立法工作,完善相关法律法规

志愿管理机构应当借鉴他国先进的管理经验,在对本国实践经验进行科学梳理之后,以最快速度制定出关于志愿者服务应急事件处理的法律法规和相关政策条例,从而从法律角度规范我国的应急志愿者相关管理工作,推进应急志愿者服务相关立法工作,完善相关法律法规。在相关立法工作之中,应当就志愿者服务人员的权利与义务做出相关明确的规定,一方面考虑现行其他法规;另一方面需要体现出一定的前瞻性。例如,就志愿服务组织机构体系和国家管理部门关于应急救助的体系之间的关系进行研究讨论,且做出最后的立法说明。

参考文献:

[1] 童星、张海波:《中国应急管理:理论、实训、政策》,社会科学文献出版社2012年版。

[2] 彭华民:《服务学习——社工督导志愿服务新模式》,中国人民大学出版社2012年版。

[3] 罗军飞、李好:《灾难与救助——灾难管理中民间志愿者组织研究》,湘潭大学出版社2010年版。

[4] 张网成:《国家应急志愿服务体系的模式选择与机制建设研究》,知识产权出版社2011年版。

[5] 高艳蓉:《我国应急志愿服务管理机制研究》,《人民论坛》2015年第7期。

[6] 谭建光:《中国志愿服务发展的十大趋势——兼论"十三五"规划与志愿服务新常态》,《青年探索》2016年第2期。

志愿服务是践行社会主义核心价值观的有效载体

王文影[*]

志愿服务是一项崇高的事业，是社会文明程度的重要标志，是促进社会和谐发展的重要抓手。要以社会主义核心价值观为引领，弘扬志愿精神，培育志愿文化，不断丰富和发展志愿服务的思想内涵。

志愿服务与培育和践行社会主义核心价值观是连体同构、相互促进的内在关系。培育和弘扬社会主义核心价值观是凝魂聚气、强基固本的基础工程，志愿服务与社会主义核心价值观在价值取向和评价标准上是一致的。从国家层面上讲，核心价值观强调"富强、民主、文明、和谐"的国家价值目标，志愿服务是奉献爱心、服务社会，能集聚和放大社会正能量，维护社会和谐稳定，有助于提升国家软实力。从社会层面来讲，核心价值观倡导"自由、平等、公正、法治"的社会价值取向，志愿服务是为困难群众和需要关爱的人提供帮助，使社会更平等、公正。从个人层面来讲，核心价值观确立"爱国、敬业、诚信、友爱"的个人价值准则，志愿服务弘扬"奉献、友爱、互助、进步"的志愿精神，崇尚"行善立德"的志愿理念，有助于提高个人素养、实现自我价值。志愿服务是践行核心价值观的有效载体，志愿者在为他人送温暖、为社会做奉献的过程中提高精神境界，培育文明风尚，树立起社会主义核心价值观。以上简要阐述的是志愿服务与社会主义核心价值观的共鸣点和吻合之处。当然，科学对待志愿服务与核心价值观，绝非如此机械，任何一种机械性解读，都属于割裂，都没有真正把握社会主义核心价值观的神和魂，而没有了神和魂的社会主义核心价值观，也便失去了其存在的意义。所

---

[*] 北京青少年研究所助理研究员。

以这里的解读，更主要还是从实现中华民族伟大复兴的中国梦对精神与价值观的呼唤，同时着眼于当今社会存在的较为严重的精神缺失与价值观紊乱的现实，尤其是面对问题和矛盾施以对策出发来进行建构。只有这样，核心价值观的意义和作用才能更大地发挥，志愿服务在其间的作用才能得到体现。

实现中华民族伟大复兴的中国梦，物质财富要极大地丰富，精神财富也要极大地丰富。这一点非常重要，而任何一种精神的张扬或理论灌输，都需要优良的路径和载体，以保证最佳效果的产生。在一定意义上说，弘扬志愿精神，就是培育和践行社会主义核心价值观的有效载体和最佳路径。

一 协调推进"四个全面"战略布局，充分认识志愿服务在社会主义核心价值观建设中的重要作用

以习近平为总书记的党中央，从坚持和发展中国特色社会主义全局出发，提出并形成了全面建成小康社会、全面深化改革、全面依法治国、全面从严治党的"四个全面"战略布局，深化了对共产党执政规律、社会主义建设规律、人类社会发展规律三大规律的认识，是我们党治国理政方略与时俱进的新创新、新飞跃。服务"四个全面"的战略布局，实现"四个全面"的战略任务，要求我们从更高站位、更广视野培育和践行社会主义核心价值观，广泛深入地开展接地气、得民心、促和谐的志愿服务活动，树立价值坐标，引领社会风尚，弘扬中国精神，凝聚中国力量。

（一）"四个全面"战略布局为社会主义核心价值观建设和志愿服务工作提供新的遵循。"四个全面"战略布局开始了治国理政的新征程，托举了国家富强、民族振兴、人民幸福的中国梦。人民对美好生活的向往，不仅是人人"仓廪实衣食足"的物质生活，还向往个个"知礼节知荣辱"的社会风气。近些年来，党中央始终把精神文明建设放在推动"四个全面"战略布局的重要位置，做出了一系列重大决策部署，有效地发挥了统一思想、凝聚力量的强大作用。全面建成小康社会不断实现人民群众

最直接最现实的要求,使人民生活更幸福,离不开精神文化生活的小康;全面深化改革,坚定改革的信心,以更大的勇气和智慧,更有力的措施和办法推进改革,需要坚定的理想信念与政治定力做支撑;全面推进依法治国,坚持依法治国与以德治国相结合,离不开崇德向善的正能量;全面从严治党,加强党的领导是中国特色社会主义最本质的特征,需要共产党人始终保持先进性走在时代前列。"四个全面"包含的战略思想、战略目标、战略举措,为社会主义核心价值观建设和志愿服务工作提供了新的指导遵循,提供了新的奋斗目标,指出了新的发展空间。

(二)社会主义核心价值观建设为"四个全面"战略布局提供强大道德支撑和精神动力。习近平总书记强调要把培育和践行社会主义核心价值观打造成凝魂聚气、强基固本的基础工程,让核心价值观的影响像空气一样无所不在、无时不有。在中央政治局集体学习、考察北京大学、海淀民族小学、召开文艺工作座谈会等多个场合,他对广大党员干部、青少年、文艺工作者等不同群体,提出了做践行社会主义核心价值观的"领头雁"、人生的扣子从一开始就要扣好、要从娃娃抓起从学校抓起的殷切期望。各地区各部门深刻领会和贯彻习总书记重要讲话精神和中央精神,把核心价值观融入国民教育,融入精神文明创建活动,融入社会生活,通过抓主题实践活动、抓榜样引领、抓舆论气氛,汇集社会广泛共识,促进社区邻里和谐,催生形成了巨大向上向善的力量,正在为也必将继续为"四个全面"战略任务实现,提供强大而持续的道德支撑和精神动力。

(三)志愿服务是培育和践行社会主义核心价值观、树立价值观自信的大规模道德实践平台和有力抓手。志愿服务是倡导社会主义核心价值观、弘扬中华民族传统美德的有效载体和有力抓手,是集聚和放大社会正能量的重要平台,是社会治理创新的重要途径。普及志愿服务精神、倡导志愿服务理念、开展志愿服务活动,都是培育和践行核心价值观的具体体现。近年来,各地广泛开展的学雷锋志愿活动中,大量涌现的凡人善举,"好人现象"的群体效应,最美志愿者的评选表彰,建设志愿之城,志愿服务逐渐成为人们的一种生活习惯和价值自觉,温暖着你我他,感动着全社会。志愿者的微笑成为最美的"中国名片",越来越多的志愿者成为践行社会主义核心价值观的传播者、参与者,赋予传统文化和传统美德新的时代符号，丰富着雷锋精神的时代内涵，积小流而成江海，这些正能量、这些新风尚，逐步构建和夯实精神文明自信的基础，鼓舞和激励着人们为实现个人的中国梦、为实现全体中国人的中国梦奋斗前行。

二 把握社会主义核心价值观与志愿服务内在联系，大力倡导行善立德的志愿服务理念

社会主义核心价值观与志愿服务拥有相同的基因和共同的源流。两者都是以激励精神力量、引导大众价值取向、促进社会和谐为根本目的的，互为动因和推动力。科学客观地把握两者在德、善、行、立上的内在联系，对于推进志愿服务事业的发展具有重要的作用。

（一）贯穿了以德为先导的根本遵循。德是民族之魂，信仰是民族之钙。古人云"小胜靠智、大胜靠德"。习总书记接见全国文明城市、文明村镇、文明单位和未成年人思想道德建设先进单位、先进工作者时，强调指出人民有信仰，民族有希望，国家有力量。他在山东曲阜考察时指出，国无德不兴，人无德不立。必须加强全社会的思想道德建设，激励人们形成善良的道德意愿、道德情感，培育正确的道德判断、道德责任，提高自觉践行道德能力，引导人们讲道德、尊道德、守道德的生活习惯。

社会主义核心价值观与志愿服务是精神文明建设和意识领域内的两个关键要素，都强调以德为核心，都体现一种道德追求和道德修养，都倡导一种道德实践和价值自觉。德靠培养靠养成，"吾日三省吾身"。我为人人，就是德的体现和养成；"小善渐而大德生"就是德的集聚和放大。我们倡导社会主义核心价值观内化于心，外化于行，就是每个人心中植根社会主义核心价值观，培育正确的道德观念，就是鼓励更多的人自觉自愿投身志愿服务，在服务他人，服务社会过程中提升自己道德行为，进而提高全社会的道德水平。

（二）体现了以善为核心的价值追求。善是中国传统文化的核心，体现的是人与国家、人与社会、人与他人之间的关系。"己所不欲，勿施于人"，"勿以善小而不为，勿以恶小而为之"，"仁之爱人"讲的都是做人要善。志愿服务就是"行善"，提高道德水平就是"立德"。在坚持"奉

献、友爱、互助、进步"的志愿精神的同时，应该有个核心理念。行善立德的理念把服务社会、服务他人和实现个人价值有机地结合起来，陶冶情操，立德修身，向上向善，与扶危济困、见义勇为、助人为乐的中国传统美德一脉相承，反映社会发展进步的时代要求，也体现了社会主义核心价值的要义。

社会应该是温暖如春、充满阳光的，文明建设和社会治理就是要减少冷漠，增添友善。社会主义核心价值观大力提倡友善，学雷锋志愿服务作为"善"的具体行动和实施手段，积小善成大爱，推动人们在为他人送温暖、为社会做贡献的过程中传递关爱。志愿服务工作开展得越深入越广泛，辐射影响面就越大，就会产生群体效应，就会引导形成向上向善、明德惟馨的社会文明风尚，社会主义核心价值观也就更容易为广大群众所理解和践行。

（三）彰显了以行为关键的实践路径。天下大事必作于细，必践于行。培育价值观和开展志愿服务，是理论与实践、思与行的互动关系，贵在知行合一、行胜于言、行为心声。24个字要在心中成为自觉的意识，就要特别注重落实。应该说，志愿服务的人文教育功能，为培育社会主义核心价值观提供了载体工具；志愿服务的整合功能，为践行社会主义核心价值观提供了深厚的群众基础；志愿服务的示范辐射功能，为弘扬社会主义核心价值观提供了丰富的现身说法。人们的日常行为和志愿服务就是价值观所指导的行动，不能只喊口号、只背词条而不行动。要着民之所思、民之所望、民之所向，深入基层社区和乡镇，发挥党团员的模范作用，在志愿服务的广阔平台上付诸行动，联系群众、关心群众、服务群众，以优良的党风政风带动全社会风气的根本好转。这样，社会主义核心价值观才能更好地落实、落细、落小，才能落地生根、开花结果。

行既扬善，更要抑恶。在培育和践行社会主义核心价值观的同时，要捍卫我们的价值观。当前国际国内社会交往日益密切、互联网飞速发展、各种思想观念充斥其中。西方各国以产品输出和文化交流为平台，不断进行西方价值观的输出。实现中华民族的崛起，传承中华优秀文化，我们的价值观必然与西方价值观不同。我们要坚守社会主义核心价值观。可以说捍卫价值观是时代赋予的要求和任务，在多种价值观较量碰撞中，在现实社会中和网络世界上,都要敢于亮剑,批评扭曲的错误的价值观,主动守护和捍卫社会主义核心价值观。首先要高扬爱国主义旗帜,坚守爱国光荣、爱国高尚的信念,敢于扶正压邪,使符合核心价值观的行为得到鼓励,违背核心价值观的行为受到抵制。

(四)突出了以立为根本的重要方法。立,就是要建立、创立、树立新的富有生命力、顺应形势发展和时代要求的新观念、新事物。我们讲立德修身,立体现的是过程,也是结果。和谐社会靠以利人利他为荣的精神价值体系的确立和社会治理体系的建立完善,从这个意义上说,核心价值观与志愿服务体现的是自觉和治理的内在联系。习总书记在指导兰考县委常委班子民主生活会时指出,作风建设是立破并举、扶正祛邪的过程,立什么、破什么需要好好把握。不破不立、不立不破,这一重要方法同样适用于推进核心价值观建设和志愿服务工作。立必须转变观念,开拓空间、创造条件,提供平台,在固本培元、管用有效和长远实效上下功夫,让弘扬真善美、传播正能量的德真正立起来。

坚持以德治国和依法治国的结合,是建设和谐社会的重要战略,是提高国家治理体系和治理能力现代化水平的重要保障。法立于上,教弘于下。推进核心价值观建设和志愿服务,立德和立法是"两轮"和"两翼",软硬两手结合好,需要宣传倡导和文化滋养,更需要法律政策的刚性约束和有力支撑。要坚持以道德滋养法治精神,以法制体现道德理念,更多地制定和应用良法善策保障核心价值观建设和志愿服务工作,这既包括司法改革,也包括志愿服务立法,体现在市民公约、乡规民约和青少年学生守则等行为规范之中。

学雷锋志愿服务作为一项大规模的道德实践活动,与社会主义核心价值观息息相关。志愿服务是培育践行核心价值观有效的工作抓手,核心价值观是开展志愿服务的方向和统领,两者通过行、善、立、德连接,相辅相成,相得益彰。

参考文献:

[1] 韩震:《社会主义核心价值观五讲》,人民出版社 2012 年版。

[2] 谢晓娟:《社会主义核心价值观研究》,中国社会科学出版社 2013 年版。

[3] 徐海荣:《积极培育和践行社会主义核心价值观的路径》,《红旗文稿》2013

年第4期。

[4] 陈雪枫：《把核心价值观融入文明创建全过程》，《党建》2014年第12期。

[5] 靳玉军：《论社会主义核心价值观教育的实践要求》，《教育研究》2014年第11期。

[6] 共青团中央书记处：《用社会主义核心价值观培育当代新青年》，《求是》2015年第3期。

[7] 周文彰：《深刻理解切实践行社会主义核心价值观》，《前线》2013年第2期。

以志愿服务为载体增强大学生党建和思想政治教育的育人实效

伍廉松[*]

志愿服务是现代社会文明进步的重要标志，其倡导的"助人自助"精神是社会主义精神文明建设的重要组成部分。党的十八大报告明确提出，要"深化群众性精神文明创建活动，广泛开展志愿服务，推动学雷锋活动、学习宣传道德模范常态化"。习近平总书记在第二十三次全国高等学校党的建设工作会议中强调，要"坚持立德树人思想引领，加强改进高校党建工作"。实践证明，青年志愿者活动是最受大学生欢迎的活动之一，志愿服务是新形势下高校党建和思想政治教育重要活动载体和有效实践路径，是培育和践行社会主义核心价值观的有效渠道，在促进大学生健康成长中发挥了积极作用。

长江大学阳光号列车青年志愿者协会成立22年来，累计有5600多名师生志愿者接力开展了"情系弱势群体，抚孤助残敬老""情系留守儿童，开展山区支教""情系灾区人民，热心公益活动"等大型志愿服务活动。阳光号列车播撒大爱二十载的事迹先后被《人民日报》《中国青年报》《中国教育报》、中央电视台、光明网、新华网、中国志愿者网等媒体争相报道。该组织及项目曾获"湖北省十佳青年志愿公益组织""湖北省大学生暑期'三下乡'社会实践优秀团队""湖北省志愿服务优秀项目"等荣誉。纵观阳光号列车20多年志愿服务历史，不难发现，阳光号列车实现了以爱心塑造品牌、以实践培育文化、以文化促进人的全面发展的理念，通过20余年的积极探索和实践，其志愿活动在传承中不断创新，在创新中得到发展，已经成为大学生党建和思想政治教育工作的重

---

[*] 长江大学外国语学院讲师，华中师范大学马克思主义学院博士研究生。

要载体，是新时代彰显大学生党员先锋模范作用的优秀党建品牌活动，在大学生党建和思想政治教育工作中发挥了重要作用。

一 大学生党建和思想政治教育工作重要性

党建和思想政治教育工作是高校人才培养工作的两个重要方面。要实现中华民族的伟大复兴，要建设有中国特色的社会主义，必须要有高素质人才做支撑。大学生是一支有朝气、有活力、有激情、有文化的特殊队伍，政治可靠、素质优良的大学生党员作为其中的优秀分子，是基层党建组织迫切需要充实的力量。作为青年人才培养的摇篮，高校肩负着培养中国特色社会主义事业合格建设者和可靠接班人的根本任务，做好学生党建工作历来是高校党建工作的重中之重。充分发挥学生党员的先锋模范性和学生党支部基层战斗堡垒作用是党建设新的伟大工程的重要组成部分，能为培养高质量大学生的社会主义大学提供坚强的思想、政治和组织保障。因此，进一步加强和改进高校学生党建工作，对于增强高校党组织活力和创造力，提高党组织的凝聚力和战斗力，建设和发展社会主义事业具有重大的战略意义。

华中师范大学马克思主义学院博士生导师刘宏达教授指出："思想引领和行为引导是大学生思想政治教育的重要内容。"青年大学生正处于人生发展的重要阶段，一方面，他们思想活跃，思维灵活，乐于接受新鲜事物，也有较强的社会责任感和历史使命感。另一方面，由于生活经验和阅历有限，大学生的思想很容易受到社会不良风气影响和西方资产阶级价值观的侵袭，存在不成熟的一面。思想道德素质是个人素质的灵魂，在人才培养中加强思想政治教育工作，关系国家前途和民族命运，是培养社会主义事业合格建设者和可靠接班人的必然要求。因此，加强大学生思想政治教育，不仅能帮助大学生在纷繁复杂的社会生活中培养和树立正确的世界观、人生观、价值观，促进大学生各项素质的全面发展，而且对于实现"两个一百年"奋斗目标和实现中华民族伟大复兴具有重要理论和现实意义。

二 大学生党建及思想政治教育内在一致性探讨

大学生党建和思想政治教育工作是当前高校学生工作的重点，两者相互影响，相互促进，其本质、目标和内容具有高度一致性。

1. 两者本质一致。大学生党建指的是大学生党员建设社会主义需要做的工作，包括思想建设、组织建设、作风建设等方面。加强高校学生党建工作，是高校人才培养的现实需要和素质教育的迫切要求。思想政治素质是人的素质的核心，决定人才发展的方向，大学生思想政治教育的本质是政治信仰教育。学生党建工作是高校党的建设和思想政治教育工作的重要环节之一，把一名普通大学生培养成一名共产党员的过程，其本质就是对大学生进行深刻思想政治教育的过程。

2. 两者目标一致。大学生党建就是要通过全面系统的教育和培养，帮助大学生中优秀和先进分子树立正确的世界观、人生观和价值观，坚定共产主义理想和中国特色社会主义信念。大学生思想政治教育以理想信念教育为核心，以爱国主义教育为重点，以思想道德建设为基础，以大学生全面发展为目标，因此，就其目标而言，两者都以理想信念教育为根本出发点，都是通过"立德"来"树人"，最终目标都是为中国特色社会主义培养德智体美全面发展的合格建设者和可靠接班人。

3. 两者内容一致。大学生党建的主要内容是党的基本知识和基本理论的教育，通过对入党积极分子和党员跟踪培养教育，使他们能科学认识党的光荣历史，牢记党的根本宗旨和纲领，以马克思主义最新理论成果指导自己的实际行动，在各方面时刻与党中央保持高度一致。党建工作具有鲜明的党性和实践性。思想政治教育内容包含政治教育、思想教育、道德教育、心理健康教育等四个方面，具有鲜明的意识形态性。因此，大学生党建和思想政治教育都聚焦于大学生信仰问题，都以实现中华民族伟大复兴为重要内容，两者内容高度一致。

三 大学生党建与思想政治教育工作面临的现实挑战和问题

社会信息化和经济全球化发展的背景下,大学生价值观呈现多元化特点,大学生党建和思想政治教育工作也面临诸多问题和挑战,主要表现在以下几方面。

1. 网络和新媒体的挑战。随着大数据时代的到来和微博、微信等网络新媒体的快速发展,大学生党建与思想政治教育工作发生新的变化:环境开放化、载体多样化、交流便捷化等。传统说教式的思想政治教育模式和思想政治的权威性不断受到挑战,学生获取各类信息的方式迅速发生改变,高校大学生党建和思想政治教育工作面临现实的挑战和新的问题。

2. 社会价值观多元化的挑战。随着经济全球化的快速推进,中西方文化交流日趋频繁,但以美国为首的西方发达国家始终没有放弃颠覆社会主义政权的阴谋,它们通过各种方式向青年大学生灌输反对马克思主义、否定社会主义、丑化中国共产党的信息,并极力鼓吹资本主义意识形态和价值观。国内改革开放进入深水区的现状也加剧了社会矛盾,各种社会负面现象如腐败等问题层出不穷。大学生真假难辨,入党动机不纯、理想信念教育淡化、信仰模糊等问题让人担忧,给大学生党建和思想政治教育工作带来很大困难。

3. 教育方法和模式的挑战。思想政治教育方法是实现思想政治教育目标的必要条件,是决定思想政治教育成效大小的关键因素。实践证明,传统思想政治教育以灌输法为主要手段,形式单一,内容缺乏形象性和生动性,忽视了受教育者的主体地位,对学生诉求了解和回应不足,缺乏吸引力和感染力,很难产生有效的交流和沟通,思想政治教育效果大打折扣。

四 志愿服务在高校党建和思想政治教育中的价值和作用

志愿服务以弘扬"奉献、友爱、互助、进步"志愿精神为主要目标,是广大青年大学生参与社会实践的重要途径，也是大学生党建和思想政治教育工作的重要载体。以笔者所在的长江大学为例，志愿服务在党建和思想政治教育中的价值可以从以下几个方面体现出来。

1. 丰富党建和思想政治教育的培训内容，提高理论培训实效性。传统积极分子、党员及学生干部培训更多地局限于课堂教学，学生体验机会较少，通过志愿服务活动，可以让学生在实践中增强对党的各项基本理论和基础知识的理解，提高入党前培养教育和入党后继续教育的实效性。阳光号列车以积极分子和党员干部为主要力量，在 20 多年的志愿服务实践中，坚持奉献爱心，服务社会的原则，将全心全意为人民服务的宗旨融入帮助孤儿、孤寡老人、特殊儿童的志愿服务实践中，不仅丰富了党建和思想政治教育的培训教育内容，还坚定了为人民服务的信念，提高了党建和思想政治教育工作的实效。

2. 发挥积极分子和党员的先锋模范作用，强化大学生社会责任感。在经济全球化和意识形态多元化的社会背景下，部分大学生把入党当作以后就业的筹码，入党动机模糊化，入党前后表现出现极大反差，党员先锋模范作用难以得到体现，一定程度也影响和损害了中国共产党的形象。阳光号列车尤其注重发挥青年大学生中先进分子的带头和示范作用，在 2014 年和 2016 年连续两次组织山区支教活动，以优秀党员、学生干部为主体的志愿者秉承"扶贫扶智更扶志"的原则，用专业知识回报社会，为山区教育发展做出了应有贡献，活动不仅增进了学生承担社会使命的自觉性，还极大地培养了大学生对自己、对家庭和对社会勇于承担责任的人格品质，培养了大学生的社会责任感。

3. 促进大学生正确"三观"的形成，提升大学生综合能力和素质。正如前文所提，受西方资产阶级文化渗透和国内社会价值多元化影响，大学生集体意识不断弱化，享乐主义、拜金主义抬头，严重危害大学生世界观、人生观和价值观的形成。阳光号列车志愿服务活动提供了一个有效的实践平台，促使大学生将书本上的思想修养理论课程更深切、更真实地结合并运用到社会实践过程中来，对其思想价值观念产生巨大的导向作用。此外，志愿服务的培训以及服务过程中的实践教育，促使学生的团队意识、责任意识、实践能力和解决问题能力等各方面素质都得到了长足的提升，为大学生今后的就业积累了经验，促进了学生的自我教育、自我发展和自我提高。

五 志愿服务在高校党建和思想政治教育中的育人实效路径构建

目前高校学生党建和思想政治教育工作新情况和新问题层出不穷，进一步改进和加强大学生中先进分子，尤其是入党积极分子和学生党员的培养、教育和管理机制，积极推进高校学生基层党建工作的创新，探索高校学生党建和思想政治教育工作新途径，不断增强思想政治教育的时代感、吸引力和感召力，已经成为高校思想政治教育工作的紧迫任务。志愿服务是高校实践育人的重要载体，是大学生实现社会化的重要途径，凸显了思想政治教育的核心内容。"奉献、友爱、互助、进步"的志愿服务精神是中华民族的传统优良美德，是"爱国、敬业、诚信、友善"的社会主义核心价值观的重要载体和现实体现。营造大爱氛围，创新志愿服务内容和形式，探索构建社会治理视域下大学生志愿服务机制，对于增强志愿服务在学生党建和思想政治教育中的育人实效具有重要现实意义。

（一）弘扬志愿精神新常态，加强志愿组织管理，发挥志愿服务在党建和思想政治教育工作中文化育人和实践育人功能

随着社会经济不断发展和文明进步程度逐渐提升，社会各级各类志愿服务组织规模不断壮大，参与人数日益增多。作为大学生党建和思想政治教育工作的重要阵地，志愿服务和谐健康发展能为大学生党建和思想政治教育提供有效载体。

1. 弘扬志愿精神新常态，培养大学生志愿服务文化自觉，发挥志愿服务文化育人功能。志愿服务是社会主义道德的生动实践，志愿精神是培育和践行社会主义核心价值观的精神感召。志愿服务文化是志愿服务活动的内核和精髓，是推动志愿服务事业持续健康发展的力量源泉。大学引领先进文化的发展，高校更有适合志愿服务文化生存和发展的沃土，要借助各类新闻媒体，尤其是微博、博客、微信等新媒体手段，介绍推广志愿服务组织的先进经验，广泛宣传志愿服务先进集体和个人的感人故事，树立志愿服务榜样。要借鉴以徐本禹等青年志愿者为原型的校园原创话剧《牵挂》，精心打造志愿服务文化大戏，以艺术手段生动展现志愿服务的精神实质，增进大学生对志愿服务的认知认同，传播青春正能量，潜移默化地影响广大青年大学生，增强他们的志愿服务意识，营造向上向善的校园新风尚，使志愿服务成为大学生的自觉行动和生活方式，实现志愿服务文化育人作用。

2. 加强志愿组织管理，促进志愿服务特色化和品牌化，发挥志愿服务实践育人功能。大学生志愿服务西部计划、"本禹志愿服务队""阳光号列车"等志愿服务组织以其独有的魅力吸引了一批又一批志愿者加入，不仅提升了大学生对志愿服务活动的认识，使志愿服务成为学生党建和思想政治教育活动的重要途径，也促进了志愿服务组织的特色化和品牌化。但是，知行难统一，功利色彩浓，组织化、项目化和专业化的管理模式尚未实现等因素导致志愿服务组织管理难以实现长效化。要以中央文明委印发《关于推进志愿服务制度化的意见》为契机，进一步规范志愿者招募和培训制度，完善志愿服务激励机制，增强志愿服务的针对性，鼓励大学生充分发挥专业特点和优势，利用技能服务社会。通过规范和优化志愿服务组织管理和运行制度，打造一批特色鲜明、品牌突出的优势志愿服务组织，为培养政治过硬、道德优良、综合能力突出的青年大学生提供实践平台，运用志愿服务精神引导凝聚青春正能量，发挥志愿服务实践育人功能，推进志愿服务融入实现中国梦的伟大实践中来。

（二）坚持与时俱进，不断创新大学生志愿服务内容和形式，提升志愿服务在大学生党建和思想政治教育中的育人实效

1. 与时俱进，丰富志愿精神的内涵和外延，凸显志愿服务立德树人的特点。志愿服务起源于19世纪初西方国家宗教性的慈善服务，是西方文明进步的成果。志愿服务与中华优秀传统文化一脉相承，"扶危济困""积德行善""仁者爱人"等中国志愿服务精神产生并贯穿于中华文明发展历程的始终。雷锋同志曾说过"人的生命是有限的，可是，为人民服务是无限的，我要把有限的生命，投入到无限的为人民服务之中去"。这种"大爱无疆"的雷锋精神是对志愿服务的最好诠释。

社会主义市场经济的发展为志愿服务精神创造了良好社会环境和必

要的社会氛围，也赋予了志愿服务新的要义，那就是要以核心价值观引领志愿服务活动。马克思主义灌输论分为三个阶段：灌输、内化和外化。灌输是构建社会主义核心价值体系的依托路径，志愿服务促使大学生将所学知识与实践结合，更好地内化社会主义核心价值观的基本内涵，并自觉化为外在行动，实现社会主义核心价值观教育的预期目标的同时，也完成了德育的内化过程。因此，志愿服务时代精神的丰富凸显了其"立德树人"的特点。

2. 探索网络新媒体背景下党员志愿服务平台模式，推进网络思想教育创新发展。受当前信息传播途径和方式日趋多元化影响，以网站、贴吧、论坛、博客、微博、微信和移动客户端等为代表的新媒体已经发展成为思想交锋和舆论争夺的重要阵地。借助这些新媒介，一些具有鲜明政治意识形态属性的网络热点事件不断地映入大学生视野，为高校党建、思想政治教育等意识形态教育工作开辟了新阵地的同时，也带来了巨大的挑战，产生了广泛而深刻的影响。

胡锦涛曾指出："要积极主动地运用现代科技手段，使大学生能够通过现代信息传播渠道接受积极健康的思想文化。"紧跟时代步伐，实现党建工作信息化和志愿服务网络化是当前形势下以志愿服务为载体，推进网络思想政治教育工作的重要举措。要以"互联网+"为驱动，借助QQ群、微信公众号、积极分子和党员学习培训网络平台等大学生喜闻乐见的形式，增强思想政治教育内容的服务性和针对性，推进党建和思想政治教育信息化。以积极整合志愿服务信息需求，建设志愿服务线上线下有效网络对接平台为目标，实现志愿服务项目与社会需求的有效对接，深化大学生党员志愿者服务，激发大学生奉献自我、服务社会的积极性、主动性和创造性，推进网络思想教育创新发展。

（三）推进志愿服务客体主体化工作模式，构建社会治理视域下大学生志愿服务机制，发挥志愿服务在党建和思想政治教育中的长效作用

1. 推进志愿服务客体主体化模式，提升高校党建和思想政治教育工作者积极性和创造性。马克思主义实践观认为，主体是指实践活动与认识活动的承担者，客体是主体以外的客观事物，是主体认识和实践的对象。所谓客体主体化，是指客体从客观对象的存在形式转化为失去对象

化的形式，对实践主体所产生的一种反向性的作用和影响，是对主体的完善和发展。在大学生参与志愿服务的实践过程中，传统观念认为，客体志愿服务仅仅只对大学生主体有积极促进作用：为大学生直接提供社会实践平台，丰富大学生主体的精神文化生活，提升他们道德水平和综合素质等。其实，以志愿服务为载体的党建和思想政治教育活动还有另外一个主体，即高校党建和思想政治教育工作者自身。只有教育者本身品德高尚，有仁爱之心，才能真正认识到志愿服务的文化育人和实践育人功能，他们在设计、组织和参与志愿服务的过程，基层意识、服务意识、责任意识才能不断增强。因此，教育者参与志愿服务的过程，也是他们自我教育、自我提高和自我完善的过程。只有实现客体主体化，提升教育者自身的积极性和创造性，才能促进志愿服务组织化、项目化和专业化，真正增强志愿服务在党建和思想政治教育中的价值和功能。

2. 构建社会治理视域下大学生志愿服务可持续发展机制，发挥志愿服务在党建和思想政治教育中的长效作用。社会治理视为基于一定社会基础之上的、政治国家与公民社会之间特定秩序的合作关系，这种合作关系的最佳状态即是善治。党的十八届三中全会强调了社会治理问题提出要"创新社会治理体制，激发社会组织活力，支持和发展志愿服务组织"。这表明党和政府对志愿服务发展的高度重视，必将对志愿者组织未来的发展产生重要影响。马克思曾指出："每个人的自由发展是一切人的自由发展的条件。"作为社会治理中的重要主体之一，志愿组织鼓励社会治理主体力量之一的志愿者在价值引领、扶贫开发、公益服务、社区建设等方面发挥自我价值，实现"助人自助"。社会治理视野下的志愿者不仅能表达意见，还能在参与社会实践活动中将社会主义核心价值观落小、落细、落实，促进志愿者道德内外和外化的转换，"可增强大学生对社会主义核心价值观的认可和坚守"。

此外，志愿服务组织以其独有的灵活性和中立性，能有效调节政府和民众之间的矛盾，缓解不同社会阶层之间的冲突，增强民众与民众、民众与政府间的交流和信任，在维护社会发展、促进和谐社会治理中发挥着独特的调节功能。加快构建社会治理视域下大学生志愿服务可持续发展机制，将志愿服务发展提高到推进社会治理领域的高度，是对志愿服务工作机制的创新，对于志愿服务在党建和思想政治教育中的长效作用具有重要意义。

总之，作为青年大学生最受欢迎的社会实践形式之一和社会治理的重要主体，志愿服务有利于促进高校党建和思想政治教育的有机结合，在高校文化育人和实践育人中发挥着重要作用。培养大学生志愿服务文化自觉，创新志愿服务内容和形式，推进志愿服务客体主体化，坚持社会治理视角下构建志愿服务长效机制，能更好增强志愿服务在党建与思想政治教育工作中的针对性、吸引力和实效性，培养更多社会主义合格建设者和可靠接班人。

参考文献：

[1] 胡锦涛：《坚定不移沿着中国特色社会主义道路前进，为全面建成小康社会而奋斗——在中国共产党第十八次全国代表大会上的报告》，《求是》2012 年第 12 期。

[2]《湖北最优团队：长江大学阳光号列车青年志愿者协会》，新浪网（http：//hb.sina.com.cn/city/csgz/2013 - 11 - 22/1035123103.html）。

[3] 刘宏达：《当前大学生思想政治教育的几个前沿问题》，《江汉论坛》2015 年第 12 期。

[4] 王孝如、王立仁：《思想政治教育的本质是政治信仰教育》，《思想教育研究》2015 年第 10 期。

[5]《大力培养全社会志愿服务文化自觉——中央文明办负责同志就志愿服务工作答记者问》，《人民日报》2011 年 12 月 5 日。

[6] 殷昭举：《创新社会治理机制》，广东人民出版社 2011 年版，第 17 页。

[7]《中共中央关于全面深化改革若干重大问题的决定》，《求是》2013 年第 22 期。

[8] 刘海春、姚岱虹：《社会治理视域下大学生志愿服务长效机制构建》，《思想教育研究》2014 年第 6 期。

法治与民主教育是培育大学生社会主义核心价值观的主要路径

祁志钢[*]

高校是社会主义核心价值观教育的主要阵地，当代大学生核心价值观教育的重要性和紧迫性要求我们积极培育和塑造大学生的核心价值观。但是，当代大学生核心价值观教育的突出问题在于，我们对培育核心价值观的知识载体扩展不足，对实践教学环节重视不够，教育方式还相对单一等，这都是阻碍核心价值观教育发展的因素。在培育社会主义核心价值观的诸多路径和知识载体中，作为国之重器的法律和体现人类天然政治热情的民主，应具有独特地位的主要渠道和关键落脚点。

一 法治教育应是培育核心价值观的主要渠道

法治之实现不仅是国家社会的宏大叙述，更应是和风细雨。在大学教育中，"法治教育"而非"法制教育"对实现法治应具有更为基础性的作用，是培育社会主义核心价值观的主要渠道和主要载体。

大学法治教育应从法治知识教育和法治实践教育两方面开展。

（一）法治知识教育

在当下大学课程体系中，法治知识教育的开展主要包括三种形式：法律专业教育、法律基础教育和普法宣传教育。在这三种形式中，面向非法律专业学生的法律基础教育和普法宣传教育，无疑具有更为广阔的受众面和更加实际的效果。其中，法律专业教育和法律基础知识教育因

---

[*] 北京青年政治学院社科部主任、副教授。

为具有相应课程保障而具备长期性和一贯性的优势，二者在实现思想政治教育整体观方面，在培育社会主义核心价值观方面具有当然的便利条件和不可推卸的责任。

任何法律都是一定阶级、阶层、集团利益和价值的集中反映，法律认同的前提是政治认同，因此，法律教学的政治色彩其实极其浓厚。只要在具体知识教学中因势利导地展开相关内容，具体法律知识均可成为意识形态和思想道德教育的鲜活素材。尽管并非所有的伦理道德和价值观都有法律或制度依据，但是所有的法律和制度却都有伦理道德和价值观的依据。因此：

1. 法治知识教育是思想政治教育的制度保障性教育

法治知识教育是对学生进行法律规范、法律基本原则、法律概念的教育，培养学生的法律意识，使他们自觉遵守法律规范，成为遵纪守法的公民或是职业法律人。从大学德育的总体目标和要求角度考虑，法治知识教育是思政教育的制度保障性教育。

法律是由国家制定或者认可的、反映统治阶级意志的、由国家强制力保障实施的规范体系。政治、法律、道德都是上层建筑的重要组成部分，它们之间既相互联系，又相互促进。首先，政治主导法律。任何统治阶级夺取政权之后，都会把自己的意志上升为国家的意志，从而形成法律。法律为政治提供制度保障。政治方针、政治原则和相关政策要想具有国家意志的性质，必须上升为国家的法律，以法律的形式加以确认，并保障其实施。正如列宁所说的"法律是一种政治措施，是一种政策"。其次，法治的客观目标包含了道德价值的实现，道德与法律始终交织在一起。人们总是以道德上的正义、公正来界定法律。法是道德的外在化。道德则是法的精神所在，即道德成就了法律，道德使法律成为可能。法律无法回避道德价值内容，在法律规范中无不凝结着善与恶、正义与非正义的基本价值判断。在法治社会中，法律需要思想道德的支持，道德是法律的价值体现，是法律正当性的基础，决定着法律的精神，塑造着法律的本质，限制着法律的发展方向。对大学生进行培育社会主义核心价值观的思想道德教育，必须把对道德和价值观的宏观概括更加贴近于他们已经和正在形成的生活经验。无处不在的法律规则正是可以将政治、道德、价值观具体化、现实化、实用化的生动例证，是思想政治教育的制度保证性教育。

2. 法治知识教育的目的决定了与核心价值观相结合的教学整体观

"法学是关于正义和非正义的科学。"法律与道德绝非泾渭分明，低层次的法律学习是规则学习，高层次的是价值精神学习。自由、平等、公正等看似抽象的核心价值观，都可以在对具体规则的解说中变得形象、具体和亲近。法律专业教育自不必说，对于非法律专业学生而言，建立对法律规则的内心认同和信仰，远比简单了解具体法律知识更加具有实际意义。因此，法治知识教育必须树立德育整体观念，必须更多地与思想政治教育相结合，必须与对核心价值观的培育和解说相结合。

（二）法治实践教育

法治的实践是指人们对法治知识和法治理念的生活检验和体验，更确切地说，是人们在生活中对自由、平等、公正和正义的切身体会。在现实生活中，实质意义和结果意义上的公平公正往往标准不一，评价各异。但是程序意义上的公平与正义却是标准明确，可见可触。

在大学生接受各种专业知识，包括法治知识的同时，作为大学自治重要组成部分的教授和学生自治，就应该成为大学青年们最直接、最有效的法治实践。能够在关涉自身利益的校园事务管理（治理）中，实现平等参与并发挥作用，是比任何对公平正义的说教更具价值实践检验。

在大学治理的法治化进程中，绝不仅仅是大学要依法依规治校，更重要的是应提升规则制定过程中的民主性，提高日常事务决策中的民主性，提高资源掌握与分配的民主性，提高各种纠纷解决的民主性。法治的实践从某种意义上说就是民主参与的实践。

二 民主教育是培育核心价值观的关键落脚点

民主是社会主义的核心价值理念，既是一种行为训练，也是一种道德训练，更是一种法治训练。对高校青年学生进行民主教育，使其懂得民主的真正意义，使其体会到民主形式与社会历史文化相适应的深切内涵，使其具备在生活中行使民主权利的基本习惯和技能。具备这些内容的民主教育，对社会主义核心价值观深入人心，对凝聚改革共识都具有现实的必要性与迫切性。

(一) 顺应潮流趋势，减缓社会压力

在高校层面开展民主知识教育和基层民主实践，是对公民政治参与广泛化和大学生权利意识觉醒趋势的顺应。

公民政治和社会治理参与的广泛程度是政治现代化的重要标志之一，政治现代化的历程就是公民政治参与不断扩大和深入的历程，这种扩大和深入表现为政治参与的主体和规模、范围和层次不断拓展和参与质量渐次提高的动态进程。作为活跃群体代表的大学生们，其权利意识已经觉醒。他们有明确的权利主体意识，这是基于人格独立而对自己身份和角色的认知；他们有明确的权利认知意识，知道自己应该享有或实际享有的权利；他们有强烈的权利实现意识，具备将应有权利予以实现的强烈愿望和实际行动；他们具备权利救济意识，敢于运用多种可能方式补救自己受损的权利。

在政治参与广泛化和青年学生权利意识觉醒的社会背景下，寻求社会尊严，寻求在自身事务决策中的实际参与作用，成为青年学生们对社会民主的基本诉求。因此，加强对高校学生的民主知识教育，特别是在民主技术上对青年学生予以引导，不仅能够纠正知识青年对社会民主不切实际的诉求，减缓对社会的压力，更能在长远上培养出合格的民主参与者。

(二) 凝聚法治共识，树立核心价值

民主包括民主选举、民主决策和民主监督。从国家层面讲，民主提供了政府权力产生的合法途径和手段，使政府权力真正来源于全体人民的授予，为人民提供表达认可政府的机会，体现了民众的支持和全社会的认同和信任。从集体成员层面讲，集体领导者的合法性同样来源于本集体的成员至少是多数成员的认同。而选举就是选民根据自由意志进行集体投票的行为，其结果所要表达的就是大多数人对权力和权威的共识。因此，真实且成功的选举本身就凝聚了广大投票者的共识与认同，是"固结人心、纠合群力"的开始。

(三) 引导爱国热情，提升民主文明

青年人的政治热情是与生俱来的人类需求的自然体现。但是面对复杂的社会现实，青年人的政治和爱国热情既有修成正果的正向发展，也有激烈冒进的另类表达，还有引发社会剧变的反向作用。青年人的政治和爱国热情需要保护和引导，以维持未来社会的政治活力和方向。在中国，发展公民社会、充分训练公民的民主素质是中国最终走向民主和文明的必要一步。

中国青年具有世界上最庞大的公务员参考群体，他们不缺乏意愿成为"组织者"和"领导者"的政治热情，但是却缺少成为基层公共事务组织者和参与者的能力与热情。在众多高校对在校学生就业意愿调查中，毕业后愿意直接前往基层就业的学生寥寥无几。通过百度指数对"公务员""大学生村官""社区工作者"进行搜索热度对比，在以20—29岁青年人为主的使用者中，前者与后两者差距巨大，而后两者基本相同。

民主不仅需要民主热情，更需要民主技术。对青年学生进行民主知识的教育，不仅是对政治热情的引导，引导其朝向社会生活多维度发展，更是对民主技术的普及，使其掌握民主生活的技术细节，具备首先在社会生活的微观层面实现民主活动的科学化和有效化，进而为实现中国的富强、民主、文明、和谐打下坚实的民众基础。

三　积极发挥法治教育的主要形式和内容

(一) 宪法和宪法性法律培育公民个人层面的价值准则

关于宪法，学生在初、高中阶段已经有过多次不同程度的学习。对于非法律专业学生而言，宪法需要掌握的内容在初、高中和大学阶段并没有太大差别。因此，大学阶段如果为了顾及体系完整而仍然重复性地讲述宪法，势必缺乏对学生的吸引力，学生对课程也自然缺乏积极的回应。应以更加贴近生活、更加具体的宪法性法律来替代对单一宪法的讲述，并以对宪法性法律的学习提升对宪法知识的理解和掌握。

所谓"宪法性法律"，是指有宪法规范的法律，是通过将宪法内容具体化、程序化来保障宪法，是宪法的具体化和法律化。在我国现行法律

体系下,《选举法》《国旗法》《集会游行示威法》《民族区域自治法》《香港特别行政区基本法》《国务院组织法》《地方各级人民代表大会和地方各级人民政府组织法》等都是宪法性法律。这些法律是对宪法相关内容具体化,更具有可操作性和实用性,与生活的关联性更加紧密。但是,教师并非需对上述内容全部覆盖,而是应结合课程进行时的社会热点或重大事件选择性讲授,这样一来,既可以使学生在时效性的教学中体会到课程的实用性,更可以通过鲜活的实例进行法治教育和爱国主义教育。以此使核心价值观中的爱国更加具体,更加有依据。

例如,面对重大自然灾害,国务院宣布降半旗为难者志哀的重大事件,授课教师即可就此展开对《国旗法》的讲述。从五星红旗的诞生与意义到《宪法》中的相关规定,从五星红旗所代表的骄傲与自豪到为普罗大众致送的哀思再到博爱与责任的情怀,从国务院的决定到《国旗法》的法定,从对国旗爱护、尊重及合法使用再到爱国主义的培养和体现等,都可以成为教师进行时事和宪法教育的内容,也可以成为以法制教育带动思想政治教育的出发点。

针对涉外游行请愿,授课教师可以《宪法》中公民基本权利和义务入手,以《集会游行示威法》做重点讲解,并在对法条的梳理中引申出理性爱国合理表达的思想政治教育内容。面对香港"占中"事件,可以借此讲述《香港特别行政区基本法》,使对事件的分析更加有理有利。针对民族宗教分裂势力和暴力恐怖袭击,教师可以讲解《宪法》中的民族区域自治制度进而引出《民族区域自治法》,通过对《民族区域自治法》第二章"民族自治地方的建立和自治机关的组成"以及第三章"自治机关的自治权"的详细讲解,并辅之以自治区政府网站公开的相关信息,结合维护国家民族团结等内容实施课堂教学,实现相关思想道德内容与法律和制度的有机统一。

(二)婚姻家庭民事法律与培育公民个人层面的价值准则

民事法律(简称民法)是平等民事主体之间人身关系和财产关系的法律规范的总称,是与个人生活联系最为紧密的部门法律之一,是与日常生活的风俗习惯联系最为紧密的法律之一。在庞杂的民法内容中,几乎所有制度均可引申出其中所蕴含的道德要求和伦理因素,在有限的课时和对时事的有效结合中，教师可以选择性地展开某些制度进行讲解并与培育核心价值观和思想道德教育充分结合。

例如，在民事主体制度特别是自然人相关制度的讲授中，教师可以从民事主体范围发展的历史中引导学生认识社会发展对人格解放的重要性和人权的历史局限性。在讲到"人之所以为人"的自然人权利能力时，可以通过对"出生"法理含义的阐述和对现行"周岁"和传统"虚岁"计算年龄方式的对比，展示生命诞生的伟大意义和传统文化关于生命与人生的理念。另外，在讲解我国自然人行为能力的划分时，更可以通过对具体法律制度的学习使学生树立自立、自强的责任观念，使大学生更加明确个体责任的真实存在与法律基础。

在对民事权利制度的介绍中，对人身权特别是人格权的学习，不仅可以使学生了解到"法律上独立人格所必需的基本权利"，更可以通过对具体内容的学习引导学生获得对独立、自由、平等和尊严的体会，对他人及对自己生命、健康、姓名、肖像和隐私权的珍视与尊重。

总之，由于民法与人身及日常生活的紧密联系，在民事行为制度、民事责任制度、合同、侵权等内容学习中，授课教师均可最大限度地将相关法律内容与生活习俗、传统文化、道德取向等相结合，使学生在获得具体法律知识的同时获得深层次的道德和价值观念的体验。

四 民主教育的主要形式和内容

民主教育应包括民主知识教育和民主实践教育两部分。在我国的教育过程中，一直存在着重视政治教育而忽视道德教育的现象。在中小学甚至大学政治类课程中，民主教育一直是主要内容之一。但是，教育系统的民主教育一向存在着以知识灌输为主，缺乏行为实践，且知识传授亦止于单维度解说的状况。

（一）高校应对大学生进行民主知识的教育并积极引导实践

"每一个公民的知识结构和信息结构，都影响到参与政治过程的品质。"高校对学生进行民主教育，不能只满足于曾经擅长的民主意识形态和价值观教育上，不能仅停留在对"民主集中制"的简单文本解说上，人类文明所共有的关于民主和选举的理论与实践都应为我们所知、所用。民主知识的教育,关键是讲通四点:第一,民主是具有多种表现形式的,绝非一种模式,不存在一种普世通用的民主模式;第二,民主的形式是与其所处社会的历史文化和社会现实相适应的;第三,任何形式的民主制度,都有其必然的不可避免的弊端,民主的成本与代价是民主价值发挥的必然内容;第四,民主绝不仅仅是国家和政府治理层面的宏大叙述,社会生活的点滴均有民主形式存在的空间。

民主不仅是一种国家制度,也是一种价值,也代表着一种精神状态;它既是一种自治制度,也是一种运行机制。人们对民主的关注和实现越来越从单一的价值层面转向与技术层面相结合。通过学生自治实践和理论引导,要让学生们逐渐认识到"民主是个技术活儿",是一种生活方式。通过自治实践,学会合理使用"通用议事规则"、学会"可操作的民主选举"。通过自治实践和对民主知识的学习,明白民主的局限性,明白"选举为什么是不公平的",明白激进行为无法解决当下和未来的问题。在建设和实现我国民主法治社会的过程中,首先实现基层民主自治,成为具有科学民主素养的合格公民才是大学和青年学生应选择的合理路径。

(二) 高校应逐步扩大学生参与学校治理的范围和深度

高校学生在国家政治生活中处于重要且特殊的地位。知识青年的民主意识、民主知识和技能,不仅影响当下国家民主政治生活,更会通过其在社会阶层构成、社会流动性、精英群体意识等方面的巨大作用而影响未来社会民主生活的走向。民主意识需要理论民主教育的引导和培养,更需要现实民主实践的体验和磨炼,知识青年的民主实践问题理应得到更多的重视。

民主实践越是浸润日常生活则效果越佳,世界上众多国家无不是在基础教育上开展实施民主习惯养成教育,在高等教育中实现民主实践和民主理论教育。但是,在当下中国,基础教育应试导向的现状难与此相容。而教学计划相对灵活的高等教育则应该当仁不让地担负起对青年学生的民主实践引导和民主理论的教育责任。高校具备实施民主实践的法律条件和主体条件,也具备开展民主理论教育的学术氛围和人才条件。高校应逐步扩大学生参与学校治理的范围和深度,使学生能够在关切自身利益的学校治理过程中发挥自身的作用。例如：设立在涉及对学生重大利益做出处理时的公开听证程序；推进完善学生班级自治权利行使的内容和形式；扶助学生社团的民主化建设；等等。

　　法治社会奉行规则下的自由、平等、诚信和公正的价值观；民主社会奉行容忍、合作和妥协的价值观念。通过法治教育和民主教育，通过拓展其知识内容和实践领域，社会主义核心价值观完全可以得到最大限度的体现和展示，完全可以在贴近实际、贴近生活、贴近群众的体验过程中深入人心，牢固树立。

参考文献：

[1]［德］康德：《法的形而上学原理》，沈叔平译，商务印书馆1991年版。

[2] 李元书：《政治发展导论》，商务印书馆2001年版。

[3] 萧功秦：《超越左右激进主义——走出中国转型的困境》，浙江大学出版社2012年版。

[4] 李梓新：《民主是个技术活儿》，南方日报出版社2011年版。

[5] 洋龙：《论广义的民主》，《学习与探索》1997年第1期。

[6]［美］亨利·罗伯特：《罗伯特议事规则》，袁天鹏、孙涤译，格致出版社2008年版。

[7] 寇延丁、袁天鹏：《可操作的民主》，浙江大学出版社2012年版。

[8]［美］威廉·庞德斯通：《选举中的谋略与博弈——选举为什么是不公平的》，刘国伟译，中央编译出版社2011年版。

论经济全球化背景下大学生开放式爱国主义教育

黄婉珺[*]

爱国主义作为一种精神信仰体现了人民群众对自己祖国的深厚感情，反映了个人对祖国的依存关系，是人们对自己故土家园、民族和文化的归属感、认同感、尊严感与荣誉感的统一。爱国主义是中华民族的优良传统，是中华民族继往开来、屹立于世界民族之林的强大精神支柱，是动员和鼓舞中国人民团结奋斗的一面旗帜。在新的历史条件下，高校爱国主义教育就是要培养大学生对祖国的深厚感情，"以热爱祖国为荣，以危害祖国为耻"，并将这种深厚感情转化为建设祖国的动力，致力于中华民族的伟大复兴。在全球化日益推进的今天，我们开展的爱国主义教育也要与时俱进，培养大学生的国际意识，处理好爱国主义与对外开放的关系。

一 开放式爱国主义教育的内涵

（一）爱国主义的开放性特征是新时期建设实践的时代印记

爱国主义是一个历史范畴，不同的历史时期具体内容也是不同的。十一届三中全会，将改革开放作为一项面向世界、寻求复兴的基本国策确定下来。30多年来，我国所面临的国际国内环境都发生了巨大变化。

一是面对复杂多变的国际环境。马克思和恩格斯早就说过：资产阶级，由于开拓了世界市场，使一切国家的生产和消费都成为世界性的了。……旧的、靠本国产品来满足的需要，被新的、要靠极其遥远的国

---

[*] 河南农业大学园艺学院助教。

家和地带的产品来满足的需要所代替了。过去那种地方的自给自足和闭关自守状态，被各民族的各方面的互相往来和各方面的互相依赖所代替了。这就决定我们再也不能安然置身于自给自足的一国经济体系中。尤其是当前经济全球化迅猛发展，资本、人口在各国自由流动，各种文化在世界范围内碰撞、交流。在这种情况下，有些人就认为现在不需要谈爱国主义了，因为我们都是"地球村"的人民。但是，爱国主义是个历史范畴，今天，国家仍然是民族存在的最高形式，是国际社会活动中的独立主体。所以说经济全球化形势下，我们依然要坚持爱国主义，维护本国利益。但同时也要看到，经济全球化是世界发展的潮流所向，我们只有抓住全球化带来的机遇，勇于和善于参与国际竞争，才能加快我国经济发展步伐，增强综合国力。爱国主义教育在新的国际环境中，也必须开阔视野，关注世界，而不是盲目排外。中国的发展离不开世界，世界的发展更离不开中国，关起门来搞建设，关起门来搞爱国，只能使我们的道路越走越窄。

二是面临新世纪新阶段我国的发展任务。当前，我国正处于进一步发展的重要战略期，经济建设、政治建设、文化建设、社会建设、生态文明建设全面推进。2011年11月8日，肩负中华民族伟大复兴崇高使命、走过90多年光辉历程的中国共产党，在引领中国探索科学发展之路的关键时刻，又一次站在新的历史起点。党的十八大提出全面建成小康社会，这一目标的提出就基于对祖国深厚的爱、对历史强烈的责任感。新的时期，我们有新的目标——全面建成小康社会，要实现这一目标在经济上我们要统筹国内、国际两大市场；在建设力量上要最大限度地团结全国各族人民、港澳台同胞以及海外侨胞，海纳百川地包容具有不同价值观念、不同生活方式、不同社会制度背景的符合时代发展的爱国精神。"人心齐，泰山移"，只有中华儿女团结一心，才能克服艰难险阻，推动我国工业化、信息化、市场化等深入发展。2012年11月29日，习近平总书记开启了放飞梦想的新时代。中国梦——中华民族复兴之路，也是一个开放的体系，不仅指中国的发展需要汲取世界精华，还指中国的发展更要与世界分享。在风云变幻的国际形势下，实现中国梦需要国际视野、通晓世界大势、了解世情国情。所以说，而今崛起中的中国，更需要坦然的、开放的爱国主义，从而增强爱国主义的凝聚力和感召力。

(二) 开放式爱国主义教育的含义

邓小平在改革开放初期就提出"教育要面向现代化、面向世界、面向未来"。特别指出：我们要面向人民特别是青年，介绍资本主义国家中进步的有益的东西，批判资本主义国家中反动和腐败的东西。爱国主义教育作为教育体系中的一个重要内容"必须坚持对外开放的原则。爱国主义绝不是狭隘的民族主义，我们既要继承和发扬中华民族的优秀成果，也要学习和吸收世界各国包括资本主义发达国家所创造的一切文明成果。只有这样，中国人民才能和各国人民一道，为促进世界和平和人类进步做出贡献"。当今时代，随着中国逐步崛起，我国狭隘民族主义情绪有所滋长，尤其在抵制日货等事件中出现了明显的过激行为；随着全球化的不断深入，国际上出现了"爱国主义过时论"以及极端民族主义意识形态。这些对当代大学生爱国主义教育产生了不利影响。开放式爱国主义教育就一定要克服这些不良因素，将大学生对祖国的深厚感情与时代相结合，开阔他们的视野，使大学生了解国际形势，熟悉各国文化，从而能透过现象更为清楚地认识到某些国际国内事件的本质，避免大学生遇到事情盲目冲动，做出有损国家利益的事情。

二 开放式爱国主义教育要力戒狭隘民族主义

(一) 民族主义的含义

由于民族主义研究的角度纷繁多样，侧重点也各有不同，造成了学术上对民族主义定义的多样性。如《简明不列颠百科全书》中提出："民族主义可以表明个人对民族国家怀有高度忠诚的心理状态。"安东尼·D.史密斯认为民族主义是一种"为了一定人群的利益获得并保持资质、统一与认同的意识形态运动"。应该说，民族主义是客观存在的，每个人都一定隶属于某一民族，也一定曾经或一直有民族情绪。这里主要从我国历史、现实、文化角度来考察民族主义。

中国的民族主义"自大古原人之世，其根性固已潜在，远至今日，乃始发达，此生民之良知本能也"。虽然中国古代并没有"民族""民族主义"这样的词汇，但是也存在着"内华夏，外夷狄"的意识。从我国历史上看，民族主义勃兴的原因多是由于受到外族的压迫，例如南宋时期。在中国近代，随着西方列强的不断侵扰，中国资产阶级革命派开始推行"五族共和、共御外侮"的思想，提出"以天下为一家、以中国为一人"，使整个中华民族投入救亡图存的运动中。在革命时期，中国共产党对孙中山的民族思想进行了继承和发展，提出了"新民主主义"理论，领导中国人民取得民族独立。在现代化建设的今天，民族主义又表现出它自身存在的缺陷——狭隘民族主义，这种缺陷也影响着中华民族自身的繁荣发展。

综上所述，笔者认为，民族主义必然建立在一定的"民族认同"的基础上，它不仅是一种心理情感、社会思潮，也是一种社会运动。它是一柄双刃剑，其作用主要受主体性质、主体目标、主体行为方式的限制。

（二）民族主义与爱国主义的相通之处

1. 二者同根同源

民族主义和爱国主义情感是各个国家不可忽略的重要的政治文化，它们都源于对基于历史传统、文化习俗认可基础上产生的民族、国家的浓厚的热爱之情。在单一民族国家，民族与国家相重合，民族主义与爱国主义基本一致。在多民族国家中，无论是民族主义还是爱国主义，其具体表现虽然不同，但都是基于以国家为单位的民族意识或是基于构成国家的民族单位的民族意识。就目前国际现状来说，大多数国家都是由多民族构成的，但无论是整合的民族形态还是单个的民族形态，如果没有强烈的共同的民族意志，也不会形成民族主义或者爱国主义。

2. 二者互为情感表达

民族主义与爱国主义不仅在根源上统一于民族意识，在其情感表达上也有相通之处。尤其是在我国近代历史上，外国民族的入侵使长期以来处于稳定、安逸局面的中华民族遭受了严重的外来压迫，这个时期，在反对帝国主义、殖民主义，求得民族独立、主权完整、国家统一时二者是一致的。当代中国，国际国内形势变迁急剧加速，民族主义和爱国主义在关心国家前途，争取国际社会中的平等地位，反对霸权主义和强权政治等情感、心态上也是一样的,为凝聚中华民族的意志和力量,提供了某种社会黏合剂,推进中华民族的伟大复兴。所以在中国,"爱国主义与民族主义对于中国的政治现实来说,在很多时候、很大程度上,是同义的。……在一定意义上可以说中华民族主义与当代中国的爱国主义是互为表里的"。

(三) 民族主义与爱国主义的相互区别

1. 对象不同

民族主义虽然与爱国主义有很多相同之处,但也绝不能笼统地将二者等同看待。从字面上,就很容易知道,民族主义所忠诚的对象是"民族"(nation),爱国主义所忠诚的对象是"国家"(country、state)。斯大林曾说:民族是人们在历史上形成的一个有着共同语言、共同地域、共同经济生活以及表现于共同文化上的共同心理素质的稳定的共同体。由此可以看出,民族是根据相对稳定的血缘、文化组成的,而不是根据现实政治需要捏合的,它一定要包括共同语言、共同地域、共同经济生活、共同心理素质这4个基本特征。它可以是文化的,也可以是政治的。但国家的基本构成是人口、领土、主权、政府。这就说明国家的建立无须有共同的语言,一个民族可以成为一个国家,多个民族也可以组成一个国家,它是一个文化与政治同一的共同体。从社会政治角度看,民族更强调本民族语言、文化、地域、经济等,文化色彩更浓;国家则更侧重其政治性。从稳定性上看,民族的稳定性更强,它不容易因政治动荡而改变;国家的阶级性决定了其易受内部政治变动、国际局势变化而改变。从地域来看,随着民族迁徙的扩大,某个民族的地域是可以与别的民族共同分享的(如我国形成了"大杂居、小聚居"的地域形式);但国家的领土是确定的,是不可以与别的国家共享的。从经济上看,由于民族长期聚居,容易造成思想上一定程度的隔绝,其经济形式比较单一;国家的经济生活会因不同民族、不同地理环境、不同自然特征而多姿多彩。从民族与国家的不同可以看出,民族主义由于其对象是"民族",眼光容易仅限于本民族利益,这就决定了它有可能成为一个相对狭窄的意识形态。而爱国主义的对象是"国家",就决定了爱国主义必须要有包容性,必须达到道德素质与政治素质的统一。

2. 情感取向不同

从对待自身的态度来看，民族主义由于更侧重于对本民族文化、历史、传统的认可，因此，其对自身态度趋于情绪化。单凭自己对本民族炽热、虔诚的感情行事，不论什么样的历史遗产都一并继承、传播。并且，民族主义的感情虽然热情、豪爽，却并不容易持久，当本民族的利益受到损害时，这种情感会被激起，当把本民族从危机中解救出来后，这种情感往往会归于平静。爱国主义是个历史范畴，是道德素质和政治素质的统一。这就决定了爱国主义必须是现实的，对自己的历史遗产应以现实需要为基础，理性分析、有所取舍。并且爱国主义更注重要求个人应当理解国家的普遍繁荣对个人幸福生活的影响，应当知道法律对个人行为的要求。因此，爱国主义对自身态度更趋理性化。

从对他人的态度来看，民族主义更容易选择利己排他的情感表达方式。当他人对其生活习俗、宗教信仰、社会秩序产生怀疑时，很少做出深度推理就轻率地激起强烈的排他意识。这种对外态度极易使民族主义陷入狭隘、自私的境地。爱国主义更容易选择利己利他的情感表达方式。这是由于世界是以国家为单位组成的，虽然每个国家情况不同，但都通过自己的活动参与到世界活动之中，谋求共同发展。从共同发展中汲取全世界人类文明成果，更好地壮大自己，在有外国侵扰、国际动荡时，更好地维护本国利益。

3. 狭隘民族主义在中国的表现及危害

通过上述分析可以看出，民族主义这柄"双刃剑""只是在非常有限的特定的历史事件中和特定的意义上才能起积极的作用"，超出了特定历史和特定意义之外，若不加以正面的、理性的影响极易出现狭隘民族主义，如大民族主义等。而且狭隘民族主义容易演变为极端的民族分裂主义。狭隘民族主义会对世界和平、国家发展产生消极影响，这是与爱国主义背道而驰的。

大民族主义。大民族主义在清朝统治末期表现尤其显著。由于清王朝没落、腐朽的统治，加之西方文化的传播，大民族主义迅速兴盛起来，掀起了一股"排满"热浪。当时社会普遍认为中国之所以受到外国侵略，是因为国家由满族人这种"蛮夷"统治而不是汉族人统治，"以为中国的'国'只能是汉族的'国'"。辛亥革命之前，孙中山的民族主义也主要集中在"反清"上，提出"驱除鞑虏，恢复中华"。后来，孙中山将民族主义的重心转向了反对帝国主义的轨道上来，提出了"五族共和、共御外侮"，才使得大民族主义有所消退。在新中国成立时，大民族主义也依然存在。尤其在建设民族聚居地区的初期，曾出现过照搬汉族地区工作经验，不尊重少数民族人民风俗习惯、宗教信仰等现象。在社会主义建设初期，"大跃进"运动的开展虽然源于高度集权的政治体制，源于对自然科学规律的不了解，但从思想层面来看，也源于一种近乎狂热的极端民族自信，由于人民对过去革命成功经验过分地依赖，使成千上万的中国人民认为中华民族是一个伟大的民族，我们离开国际社会的帮助也可以创造人间奇迹，这种心理使得举国上下都陷入盲目的热情当中。这种思想容易引起整个中华民族盲目自大、故步自封，不利于吸取世界先进成果，从而影响我国的快速发展。

民族分裂主义。马克思主义对民族主义的批判不仅因为其阶级、时代特征，也在于民族主义容易出现极端化现象。在中国的民族分裂主义主要源于民族意识的极度膨胀，例如"藏独""疆独"等势力。从历史上看，民族分裂主义建立在民族文化差异、利益分配不均基础上。但同时，民族分裂主义在当今中国更加凸显，与国际敌对势力有密切关系，民族分裂主义同国外反华势力、国际恐怖主义结合，企图将某些地区从中国分离出去，破坏祖国统一；千方百计挑拨民族关系，破坏民族团结。民族分裂主义看似是为了维护本民族"地位"，但其实质就是打着民族旗号，为了谋求个别人的政治地位，而反对党领导的社会主义事业，不顾本民族人民的生死。如果任由民族分裂主义存在下去，无论在国内还是国际都将引起严重危害。所以说狭隘民族主义还极易走向极端，变为民族分裂主义。如果说大民族主义是需要我们避免的，那么民族分裂主义已经是敌我矛盾，要坚决予以打击。我们应当警惕和反对国际上某些政治势力支持逃亡国外的分裂主义分子，利用"泛伊斯兰主义""泛突厥主义"或者打着其他旗号，在我国某些地区煽动分裂的图谋。

三 开放式爱国主义教育的实施途径

(一) 将情感培育与理性教育相结合

爱国主义既是道德素质也是政治素质,这就要求爱国主义教育要将情感培育与理性教育相结合,抵制狭隘民族主义、警惕民族虚无主义和历史虚无主义。

就目前大学生现状来看,大学生基本上都怀有爱国情感,但由于其自身思想单纯、缺乏独立思考容易人云亦云,受错误社会舆论的误导,在爱国思想上出现模糊不清的认识,从而走向狭隘民族主义,导致在行动上出现盲目排外等过激言行。因此,在爱国主义教育中,尤其要注意培养大学生透过现象看本质的能力,提高大学生的理性思维能力,使大学生深刻理解党和国家的路线、方针、政策,引导大学生将爱国、兴国、强国的情感与党和国家的社会主义建设事业相结合,做到情感、思想、行动的统一,避免大学生遇到某些事件头脑过热,出现"零"思维和"道德暴力"。

同时,由于当今世界全球化不断推进,国家之间距离缩小,一些西方国家开始兜售"爱国主义过时论",其本质就是建立在唯心主义基础之上的文化殖民主义、民族虚无主义、历史虚无主义。为的是抹杀民族特性,歪曲革命历史,消解主流意识形态,从而使"国人在很多方面以洋为尚,乃至崇洋媚外,自我贬抑民族文化"。因此,高校在进行爱国主义教育时要注意增强大学生的理论自觉和理论自信,使大学生在对待外国文化时坚持以我为主,批判取舍;在对待本国历史传统上,用马克思主义的立场、观点、方法看待历史问题。

(二) 将国情教育与世情教育相结合

1918年11月,列宁在《皮季利姆·索罗金的宝贵自供》一文中指出:爱国主义是由千百年来各自的祖国彼此隔离而形成的一种极其深厚的感情。所以,爱国主义教育是热爱自己国土、热爱祖国历史、热爱祖国文化传统、关心祖国前途命运的教育。这就要求高校开展国情教育,所谓"知之深"才能"爱之切",只有使学生了解我国灿烂悠久的古代史、艰苦卓绝的革命史才能增强学生的民族责任感和历史使命感。同时也要将"国情教育放在整个世界环境的大背景下进行"。通过与世界其他国家的对比，客观认清我国的人口资源、自然资源、生产力水平等现状。并使学生了解当今中国在国际竞争中所处的位置，培养学生的国际眼光，更科学深刻地理解国内国际经济政治发展趋势、本质特征。

（三）将传统教育手段与现代新兴理念相结合

新时代对我们高校开展爱国者主义教育提出了新要求，也提供了新契机。由于大学生多为"80后""90后"，他们思维活跃，接受速度快，传统的理论灌输已无法满足他们的需求。为了提高爱国主义教育的有效性，要将传统教育手段与现代新兴理念相结合，丰富教育内容与教育形式。首先，抓住课堂主阵地，将爱国主义教育全面贯穿于"思修"课、"纲要"课、"原理"课、"概论"课、"形势政策"课、"当代世经"课等中。在课堂教学中要坚持"以学生为主体、以教师为主导"，教师的"导"要立足于学生的"学"，充分发挥学生的主体功能，灵活地开展课堂教学。其次，充分利用新兴教学媒体，发挥网络、影视、短信、游戏、动漫在爱国主义教育中的积极作用。使爱国主义教育融入学生的生活之中，潜移默化地培养学生爱国主义情感、影响学生的爱国者主义行动。最后，开发利用多种教育资源，使爱国主义教育不再仅仅局限于文化传统、革命历史、我国国情教育。充分利用中外典型，积极吸收借鉴外来优秀文化，丰富爱国主义教育内容。还可以利用红色旅游资源，使学生更真切地体会幸福生活来之不易，激发学生的爱国情、报国心。

（四）将爱国主义教育与国际主义教育相结合

1938年10月4日，毛泽东在《中国共产党在民族战争中的地位》中指出：中国共产党人必须将爱国主义和国际主义结合起来。我们是国际主义者，我们又是爱国主义者。这就决定了高校开展爱国主义教育也要与国际主义教育相结合。

首先，教育大学生认识到我们取得革命战争的胜利，取得社会主义建设阶段性的成就主要依靠自己的力量，同时离不开世界爱好和平者的帮助。在建设社会主义事业时期，我们也离不开外国的协助。使大学生明白越是热爱自己的祖国，越是要坚持爱国主义与国际主义相统一，与世界为友，尤其是与广大发展中国家为友，而不是与世界为敌，从而与世界各国家和人民互利合作，在发展好自身的同时尊重并理解其他民族的利益诉求，避免"零和"游戏，在双赢、多赢中汲取全人类智慧为我所用。其次，教育大学生认识到我国要承担国际义务，前提是努力把中国自己的事情办好。列宁指出：真正的国际主义只有一种，就是进行忘我的工作来发展本国的革命运动和革命斗争。在社会主义建设时期，真正的国际主义也是建立在本国经济社会发展基础之上的。这就需要学生全面认识我国当前国情以及当前任务，树立独立自主、自力更生、艰苦奋斗的意识，促使大学生将爱国之心转化为爱国行动。最后，教育大学生认识到当前世界虽然和平与发展是时代潮流，但世界还存在帝国主义、霸权主义、强权政治，这些不稳定因素影响着世界局势。我们只有增强国防意识，团结一切可以团结的力量，反对帝国主义、霸权主义、强权政治，努力维护世界和平，才能为我国快速发展提供良好的国际环境。

进入新时期，面对进一步深化改革、扩大开放的新形势；面对全面建成小康社会的新任务；面对全球化的迅猛发展；面对世界不同思想文化的相互交流与碰撞，以开放的姿态进行爱国主义教育，对于拓展大学生的国际视野、培养大学生的理性爱国、凝聚大学生的报国力量更为重要。

参考文献：

[1]《邓小平文选》，第3卷，人民出版社1993年版。

[2] 中央宣传部：《爱国主义教育实施纲要（1994年8月23日）》，《中华人民共和国国务院公报》1994年9月20日。

[3] 本书编写组：《中国大百科全书》，第6册，中国大百科全书出版社1986年版。

[4]［英］安东尼·D. 史密斯：《全球化时代的民族与民族主义》，韩红译，中央编译出版社2002年版。

[5]《孙中山选集》，人民出版社1981年版。

[6] 房宁、王炳权：《民族主义思潮》，高等教育出版社2004年版。

[7]《斯大林全集》，第2卷，人民出版社1953年版。

[8] 刘再复:《思想者十八题》,中信出版社 2010 年版。

[9] 宋新伟:《民族主义在中国的嬗变》,社会科学文献出版社 2010 年版。

[10]《江泽民文选》,第 1 卷,人民出版社 2006 年版。

[11] 红旗文稿编辑部:《红旗文稿文选·2012》,红旗出版社 2013 年版。

[12]《列宁选集》,第 3 卷,人民出版社 1995 年版。

[13]《毛泽东选集》,第 2 卷,人民出版社 1991 年版。

"美丽中国"视阈下的大学生生态价值观教育

朱文武[*]

一 "美丽中国"的提出及其时代蕴意

十八大报告深刻指出，"建设生态文明，是关系人民福祉、关乎民族未来的长远大计。面对资源约束趋紧、环境污染严重、生态系统退化的严峻形势，必须树立尊重自然、顺应自然、保护自然的生态文明理念，把生态文明建设放在突出地位，融入经济建设、政治建设、文化建设、社会建设各方面和全过程，努力建设美丽中国，实现中华民族永续发展"。据此，我们不难发现，"美丽中国"的提出是具有一定的时代与社会背景的，是与我国社会主义建设本质相适应的。首先，我国作为具有中国特色的社会主义国家，其发展与建设的根本宗旨是为了广大人民，人民大众的现实需求是我们社会发展与建设的重要动力和成果归属。随着物质与精神文明的不断丰富与提高，广大人民群众开始关注生态文明，并对生态文明提出了一定的需求，"美丽中国"的提出是对广大人民群众的生态需求的有效回应与满足。其次，从社会现实的角度上来考量，在很长的一段时期内为了实现经济的迅速发展，我们更多的是采取了一种粗放型的发展模式，其所带来的直接后果是资源能源消耗巨大、有限资源日益枯竭、环境污染严重、生态系统出现退化的趋势等。因此，从这个层面而论，"美丽中国"的提出，是对当前日趋严重的生态问题甚至是生态危机的一种有效的回应，是对科学发展观的一种坚持与具体执行。

---

[*] 西南科技大学政治学院硕士研究生。

"美丽中国"具有丰富的时代蕴意。首先,"美丽中国"是对传统社会主义社会发展方式也即苏联模式的一种扬弃。众所周知,苏联在社会主义建设上的确取得了一定可观的成就,尤其是在工业建设方面达到了同期世界领先水平,一度成为世界上唯一一个能够与美国相抗衡的社会主义国家,但是,"苏联模式不但在政治经济文化方面存在着过度集权的弊病,而且在生态文明建设方面乏善可陈"。这主要表现在:在行政计划的指导下,为了盲目追求社会经济的飞跃式发展,不惜以牺牲生态环境为代价,在经济发展上采取了一种以高耗能、高污染、低收益的粗放型的模式。其所导致的直接后果是资源、能源综合利用率的降低,资源储量锐减、有限能源日趋紧张,生态环境日益恶化,各种与之相关的生态自然灾害频发。

其次,"美丽中国"也是对西方社会发展模式的一种超越。当前,绝大多数西方国家已先后步入了后工业社会,已经基本实现了由大工业经济向服务型、高科技型新兴经济的转变,所有这些直接促进了它们国内生态环境的改善,于是越来越多的西方学者及政要极力鼓吹"可以使重建环境与赚钱成为现实"的绿色资本主义。但是,这依然掩盖不了其在生态文明建设上的虚伪嘴脸。不难发现,目前诸多西方发达国家其国内生态环境的确是得到了有效的"重建",但是,这种"重建"是以牺牲广大发展中国家的生态利益为基础的,在消费观上其虽倡导"绿色消费",而实质上是一种对内与对外截然不同的双重标准。

综上所述,"美丽中国"的提出,是党和国家新一代领导集体站在社会发展新的历史起点上,对当前生态文明建设的不断反思,精心绘就的一幅生态文明建设的宏伟蓝图。历史与现实已经证明,要实现"美丽中国"建设这一夙愿,我们既不能走传统社会主义的老路,更无法复制西方社会那种"掠夺式"及"双重标准"的发展模式。我们必须在坚持道路自信、理论自信、制度自信的基础上,不断加强生态价值观教育,让生态文明理念及其实践深入人心。大学生是祖国的未来,是民族的希望,是建设中国特色社会主义的直接后备力量,是"美丽中国"的建设者。因此,在"美丽中国"视阈下加强对大学生生态价值观的引导与教育是一项十分重要的时代课题。

二 "美丽中国"与大学生生态价值观教育

"美丽中国"与大学生生态价值观教育联系密切,在逻辑层面是一种理论与实践的关系、目标与内容的关系。"美丽中国"的提出,其实质是运用一种更为纯美而又朴实、清新而又自然的语言将中国特色社会主义生态文明观高度精简与浓缩,因而其包含着的生态文明理论是深厚的;大学生生态价值观的教育作为一种客观实践活动,是紧密结合"美丽中国"及其相关理论要求来实施的。同时,"美丽中国"也为我们生态文明教育指明了具体的方向,是我们生态文明价值观教育的一个重要目标;在"美丽中国"视阈下加强大学生生态价值观教育也可谓是"美丽中国"建设的一个重要内容。总之,在"美丽中国"与大学生生态价值观教育的关系及其互动上,其中以下几点是值得我们尤为关注的。

(一)"美丽中国"对大学生生态价值观教育提出了更高的要求

值得注意的是,在以往很长的一段时期内,对于生态价值观的教育是我们在教育领域容易忽视的一个问题,这主要表现在:在专门的课堂教育教学中,几乎没有一门专门谈论生态价值观教育的学科,而在其他学科上则更是很少讲专业课教学与生态文明价值观如何进行有机的连接,抑或是进行渗透式的教育。这与国外某些发达国家相比较而言,的确存在一定的不足。据了解,"20世纪60年代末,生态教育(ecological education)应运而生。美国率先将其引入学校教育,随后,原苏联、日本、原联邦德国等也相继开展了学校生态教育"。美国对于学生的生态价值观教育十分重视,开设有相关课程并选用专业的教材,例如生态史等。当然,近年来随着客观上自然生态环境的恶化加剧,我国生态事件频发,例如雾霾、沙尘暴,以及资源、能源日趋紧张等,逐步促使人们主观上生态文明意识的增强,生态文明价值观教育可谓是方兴未艾。"美丽中国"的提出,更是直接推动了生态文明价值观的教育的纵深发展,"美丽中国"对当前我国大学生生态价值观教育提出了更为殷切的要求与期待:首先,"美丽中国"的实现需要广大大学生在生态价值观上进一步提升生态文明的构建理念,传统意义上的生态价值观教育更多的是侧重于对自然生态环境的关注,而"美丽中国"视阈下的生态价值观教育则是在将生态文明摆在更为突出的位置的基础上,寻求经济、政治、文化、社会以及生态等"五位一体"式的和谐发展。其次,"美丽中国"视阈下的大学生生态价值观教育十分强调实践性,也即要求作为受教育者的广大大学生客体,深入实践,深入生态文明建设中去,以自己的实际行动来助推"美丽中国"建设。最后,"美丽中国"视阈下的大学生生态价值观教育,将生态价值观教育与国家发展的前途与命运有机结合起来,将生态文明建设提升到国家建设的高度,是一种生动的、具体的生态价值观教育。

(二)"美丽中国"提升了大学生思想政治教育领域内生态价值观教育的底蕴

"美丽中国"的建设,自然需要一定的教育,需要通过一定卓有成效的生态价值观教育去提升人们的观念。"因此,加强生态文明观教育,也就成为思想政治教育的题中之义。但长期以来,人们总是把思想政治教育价值局限在对社会关系领域的规范,忽视了思想政治教育对于调整人与自然关系的重大作用。"基于此,提升大学生思想政治教育领域内生态价值观的教育对于促进"美丽中国"的建设具有十分重要的意义。生态价值观教育是基于马克思主义生态观,结合当前社会"生态价值"与"生态现状",运用一定的教育方式与方法,借助一定的媒介,通过实质性的教育与传播方式在人们的思想理念及社会实践活动中所大力开展的一种教育活动。"美丽中国"的提出提升了大学生生态价值观教育的底蕴主要是体现在:首先,"美丽中国"使大学生生态价值观教育的潜在与现实价值得以彰显,同时也使得大学生生态价值观教育的内涵与价值得到进一步的深化与拓展。其次,"美丽中国"为大学生生态价值观教育指明了方向,提供了一种良好的实践路径,也即大学生生态价值观教育只有与"美丽中国"建设相适应,以"美丽中国"为目标导向,才能发挥其教育价值,在某种程度上而言,当前乃至未来很长一段时期内的"美丽中国"建设,需要生态价值观教育提供智力支持,大学生生态价值观教育也应随之在长效化机制建设、创新化教育等诸多方面做出长久的努力,长此以往,其底蕴势必会得到较大的提升。

（三）大学生生态价值观教育是"美丽中国"建设的强大助推器

"建设美丽中国，首要的是在全社会普遍树立起尊重自然、顺应自然、保护自然的生态文明理念，将生态伦理内化为人们普遍的道德规范和行为准则，通过生态文明宣传和教育，使人们充分认清人与自然的交互关系，树立人与自然和谐共生的基本价值观念。"正如前文所述，大学生是民族的希望，是民族的未来，是中国特色社会主义事业的直接后备力量，因此，注重与强化对大学生群体的生态价值观教育具有举足轻重的意义。再者，作为一个广大群体的大学生，自然会拥有其群体自身的一些独有的特征。通过仔细考量，我们不难发现，从整体上而言，大学生群体一般具有思维活跃、创新意识强、探索欲与求知欲旺等特点，同时不管是从历史上还是从当代社会来看，大学生群体的意识及其相关活动往往能够对社会产生一些助推或是引领性的作用，如著名的五四运动等。所以，从这个角度而言，注重与强化对大学生群体的生态价值观教育，不仅仅能够提升大学生群体的生态文明意识，让广大大学生在主观意识与实践行动层面，积极投身于"美丽中国"的建设中，自然地也能够对其他广大社会成员起到一种很好的引领与示范作用。最后，从一般意义上而论，生态价值观就其本质来说是一种价值理念抑或是一种生态与社会发展理论，"美丽中国"也是基于一种理论指导下的建设实践活动。马克思在《〈黑格尔法哲学批判〉导言》中曾提到，理论一经掌握群众，也会变成物质力量。因此，加强对大学生群体的生态价值观教育，将生态文明价值理念深深地植入广大大学生心中，并将其内化为强大的物质力量，对"美丽中国"建设具有强大的助推作用。

三 "美丽中国"视阈下大学生生态价值观教育的实施路径

在"美丽中国"建设的实践中有效地开展大学生生态价值观教育，需要我们在总结既有的成功经验基础上，努力探索面向实际的、具有可操作性的实施路径。

(一) 发挥课堂"主渠道"的作用,加强生态伦理教育

高校作为教书育人的场所,教学始终是其中心工作,而教学工作的开展则更多的是依赖高校课堂教育。一般地,在思想政治教育中,我们基本上能够达成一个共识:开展思想政治教育,提高思想政治教育实效性,必须发挥课堂"主渠道"的作用。需要指出的是,思想政治教育是一门基于一定政治意识形态基础上的学科教育活动,其内涵较为丰富,主要包括了政治观教育、道德观教育、世界观教育、人生观教育、法制观教育。众所周知,思想政治教育又是具有鲜明的时代性的,随着时代的发展,党和政府对生态文明的高度重视,生态价值观教育也成为当前思想政治教育的一个新内容。因此,在"美丽中国"视阈下开展大学生生态价值观教育,同样可以借鉴思想政治教育学科已有的相关方式方法,发挥高校课堂的"主渠道"作用,加强大学生生态伦理观教育。具体而言,一是在教育理念上要高度重视大学生生态伦理教育,尤其是学校领导需要与时俱进,积极提升生态文明教育的思想理念。二是在教学内容及教学方案制定上,要注意突出生态伦理教育,切实根据不同专业、不同层次的学生开设与之相适应的生态教育公共必修课,例如对理工科学生而言可以相应地开设生态学、环境工程技术等公共必修课,对文史类学生而言可以开设生态伦理学、生态文化学等方面的课程。三是在生态伦理的教育方法上,要注重策略与方法的选择。在生态伦理教育中,强硬、直接式的"灌输"固然能够起到一定的效果,但是也容易导致学生产生抵触、逆反心理。作为教育者,如果能够采取"隐性"的教育方法,将生态伦理观念渗透进日常的专业课教育或者是专门的思想政治课教育上,往往能够更好地促进生态伦理观念在大学生群体中的"内化"与推崇。

(二) 构建良好的校园文化,发挥文化的熏陶作用

文化作为一种"软实力",在大学生生态价值观教育中能够发挥一种独特而有效的作用。对广大大学生而言,不论如何,大学校园始终是其接受高等教育的主要场地,因而,大学校园文化氛围会对其学习及思想理念等诸多方面产生重要而深远的影响。通过构建良好的校园文化,将

科学、健康的生态价值观念融入其中，通过校园文化的传播与扩散，在潜移默化中以一种"润物细无声"的方式对大学生进行生态价值观的教育，从而促使生态文明的理念及生态建设实践意识在大学生群体中得以有效地吸收与"内化"，更好地推动大学生生态文明意识由自律逐步走向自觉。校园优良文化的构建涉及方方面面，优良文化所包含的内容也是十分丰富的，就生态价值观教育、校园生态价值观文化建设方面而论，当前急需做好以下几个方面的工作。一是要充分挖掘中国传统文化中所隐含着的深刻的生态价值观，中国传统文化中不管是儒家还是道家文化均包含着一些优秀的生态伦理文化，作为高校教育者与管理者，需要通过一定的渠道与方式，比如通过开展大学生社团文化节、大学生传统文化知识竞赛等将其与高校校园文化建设有机结合起来。二是要注重对现有的校园文化资源进行有机的整合与凝练，使校园文化与生态价值观教育各个要素协调、统一及和谐发展。三是校园优良文化建设，要注重对外交流与互动，而不应使其成为一个孤立、封闭的独立系统，要积极主动吸收社会文化中对其有益、能为其所用的积极文化因子，尤其是要注重与辖区政府、社区等进行积极互动，不断吸收其在生态文明宣传与普及生态文明建设中的积极理念与先进方法、策略等，并将其创造性地运用于大学校园优良文化建设中。

（三）开展社会实践活动，促进大学生生态价值观的养成教育

生态价值观教育的过程及其结果离不开一定的社会实践活动，积极有效的实践活动是人们生态伦理道德形成和发展的基础，也是生态价值观教育的一个重要维度。另外，单纯从教育学的原理来看，基于一种理论知识上的客观实践活动，往往能够使得受教育者在多种感官上对所学知识进一步地巩固与加深印象，只有通过在实践中对所学理论知识加以使用，才能真正提高对此知识的理解与掌握程度。因此，有必要在广大大学生群体中深入开展形式多样、内容丰富的生态伦理道德实践活动，借此进一步提升与巩固大学生的生态伦理意识，同时更是鼓励与引导大学生从事更为直接的生态文明建设，在具体的实践中使得已有的生态伦理价值观得以升华，让生态价值观的践行成为一种高度自觉的行为。通过开展相关社会实践活动，促进大学生生态价值观的养成教育，具体而

论，一是要充分利用大学生社团的优势，例如可以通过成立大学生环保社团、环保协会等，开展一系列丰富多样的生态环保活动，提高广大学生的生态文明意识及生态文明建设的自觉性。二是与校外相关单位进行合作，拓宽生态价值观教育资源，例如可以利用森林公园、自然保护区、自然博物馆、科技馆等为重要的实践载体，组织大学生开展生态文化体验及生态文明建设活动。三是要"充分利用科研优势，组织教师和学生积极开展生态环保调研和课题申报，研究生态文化的有关问题。要结合学生专业学习，建立野外实习基地，在实践教学中强化学生热爱自然、尊重自然的意识和能力"。

参考文献：

[1] 胡锦涛：《坚定不移沿着中国特色社会主义道路前进 为全面建成小康社会而奋斗》，《人民日报》2012年11月18日。

[2] 林怀艺：《中国梦视野下的美丽中国建设》，《东南学术》2013年第5期。

[3] 陈烈荣：《"美丽中国"视阈下的大学生思想政治教育》，《思想教育研究》2013年第1期。

[4] 王晓广：《生态文明视阈下的美丽中国建设》，《北京师范大学学报》2013年第2期。

[5] 《马克思恩格斯选集》，第1卷，人民出版社1995年版。

[6] 郝翔：《让生态文明价值观扎根大学生思想》，《光明日报》2011年12月11日。

共青团在青年政治参与中的绩效考察

刘东海[*] 汪 慧[**]

一 共青团与青年政治参与的史实考察

青年政治参与由自发到自觉，是一个历史的实现过程。青年具有政治参与的天然本能，这与青年的社会心理需求有着密切联系，但青年选择哪一种思想、投靠哪一种主义、站队哪一股力量绝不是一次成型的。五四以来，在马克思主义理论武装和中国共产党的直接领导下，中国共青团组织引领中国青年无论是在争取国家独立、民族解放、救亡图存的民主革命斗争中，还是在社会重构、民主启蒙、国家建设的社会主义时期，都发挥着生力军和先锋者的作用。共青团与青年政治参与在长期的"互选""互构"中，深刻而激烈地影响着中国近现代史进程。

（一）历史考察

青年是各种政治势力竞相追捧的对象，古今中外概莫能外。中共早期领导人也充分认识到这一点，"我们很重视青年，不仅需要其中少数急进人物参加，而且需要各种形式来组织广泛的青年，使他们参加各方面的工作"。中国共青团创建于 20 世纪 20 年代，最初的名称是"中国社会主义青年团"，它是由中国共产党亲手缔造的群众组织。在建党初期，由于团的活动能够公开或半公开，党的活动是秘密进行，这一时期许多党

---

[*] 浙江省团校讲师。
[**] 浙江省团校教授。

的工作不得不以团的名义进行,虽然客观上存在党团不分的情况,但这有力地扩大了党在青年中的基础与影响力。正如党的早期领导人陈独秀所指出的"组织一个社会主义青年团,作为中共的后备军,或可以说是共产主义预备学校,加入的条件不可太严,以期能吸收较多的青年"。在党的领导和帮助下,1922年5月5日,中国社会主义青年团第一次全国代表大会在广州召开,标志着一个"信仰马克思主义的真正革命团体"诞生。

社会主义青年团时期(1920—1925):青年团在青年工人和学生政治参与中的作用。建团初期,青年团的很多成员是学生和青年知识分子,团章提出"每个团员,至少要担任唤醒三四个工人或农人,来参加本团;并且不当拉近就算,必须使那人于入团之后,若干时之内,能够彻底觉悟"。青年团在深入农工、发动群众的工作中有力地配合党的工人运动工作,在掀起第一次工人运动高潮的工作中发挥了很大的作用。"党、团组织通过发动学生开展反帝、反封建、反军阀的斗争中,使全国各地的学生重新组织起来,并经过积极有效的工作,使学生接受了打倒帝国主义、封建军阀,建设自由独立民主国家,为青年学生利益和被压迫的民众利益而奋斗的正确的政治目标,把中国学生运动推上一个新水平。"青年团还发动反帝学生运动和参加国民会议运动,协助共产党掀起大革命的高潮。

共产主义青年团时期(1925—1936):1925年团的三大决定将团的名称改为"中国共产主义青年团"。这一时期,团主要以协助党开展反帝反封建革命群众运动为主,在五卅运动、"三一八"抗争中高举旗帜,不畏牺牲,为党输送了大批团员青年,中国共青团协助党开展思想领域的斗争,宣传了马列主义和中国共产党反帝反封建的纲领,维护了反帝反封建的革命统一战线,团结了最大多数中国青年,在民族革命的旗帜下,维护了中国青年运动的健康发展。团组织积极协助党建立和发展各种工农群众组织,如建立工会、农会、工人纠察队、农民自卫军和劳动童子团等,为北伐军战胜在数量上占优势的军阀部队,迅速向北挺进提供了有力的保证。大革命虽然以失败告终,但这锤炼了共青团和共产党之间的革命精神,通过严峻考验,使得团成为党的忠实可靠助手。

抗日青年救国会时期(1936—1946):在抗日战争前夕,根据中共中央的决定，中国青年团组织被改造成为群众性的青年抗日救亡组织——抗日青年救国会。1931年9月21日，共青团中央发表《告全国青年书》，号召全国青年起来罢工、罢课、罢市，抗议日本帝国主义的侵略暴行，要求国民党政府出兵抗日，同时共青团积极组织力量，少年连、少年铁血队、少年先锋队在各抗日队伍中相继产生。这一时期，各地青救会主要开展了动员青年参加人民抗日武装和建立青年武装，走上抗日战场，培训抗日青年干部，开展抗日宣传动员，参加根据地经济发展工作和组织支前、拥军优抗活动，协助当地政府开展思想文化教育活动，组织青年参加政权建设和减租减息斗争等运动。

新民主主义青年团时期（1946—1957）：随着革命形势和任务的变化，党领导下的在抗日战争中发挥了重要作用的青年群众组织已经不能适应新的形势和任务的要求，在经过试点后，党中央决定重建青年团组织。这一时期的青年团经常工作，"主要是教育，是进行新民主主义教育。要教育出新民主主义的人。对青年的教育，除了学校以外，就是行动教育"。青年团组织"识字组""俱乐部"，帮助青年开展生产互助活动。这一时期的团组织在反击国民党军队重点进攻的自卫战争和解放区土地革命运动、生产建设事业中，发挥了重要作用，成为新民主主义革命的生力军。

中国共产主义青年团时期（1957—1989）：这一阶段的青年的政治参与是以"政治激进"为主。主要表现为群众性政治运动或青年政治运动。诚然这种政治参与方式，在极短的时间内激发了青年所富有的无限革命激情，极大地推动了新中国的建设与发展，但因其带有盲从性和狂热性，青年的热情被激发的同时，独立思考的能力及青年个性的展示不足，政治参与激情有余而理性不足。甚至出现违背社会发展的规律，破坏价值确立和扭曲信仰构建，揠苗助长、矫枉过正的苗头，长期来看既不利于社会，也不利于青年发展，政治狂热通过"文化大革命"充分暴露出来。改革开放初至1989年，这一阶段的青年政治参与是以"盲目西化"为主。由于资产阶级自由化思潮的影响，加之中共高层对青年政治态度的过度容忍，青年经历了十年"文化大革命"的压抑之后，情绪得到前所未有的大迸发，青年政治参与从迸发热情到理性再到非程序化只经历了极短的时间，青年以言必称西方为时尚，这一阶段青年政治参与的层次高、规模大、非理性强,但忽视国情,片面追求政治改革速度、不现实性,甚至缺乏责任感和理智感。

(二)现实考察

20世纪80年代后期社会中出现了所谓青年一代的"信仰危机",信念性政治参与动机逐步减弱,分配性政治参与动机逐渐增强。但总体上看,青年政治心态较为成熟、理智,这一时期青年政治参与向着有效、合法、注重实际效能的制度性参与方式发展,但是青年政治参与内在协调性不高,层次性不高。21世纪初至今,这一阶段的青年政治参与是"非传统"为主。由于互联网的广泛运用,互联网为青年政治参与提供了新的参与渠道。这一阶段,执政党不断创新政治动员方式,注重运用新媒体,给青年更多的自主选择权,实现了青年政治参与的线上与线下结合。当前青年的政治参与方式,既显示出当代青年政治参与更加成熟,更加理性,将国家命运与个人发展有机结合起来,又匹配了社会发展方向,符合党情、国情、社情,一方面较好地疏导了青年的政治激情,坚定了青年的政治方向;另一方面促进了社会稳定,为我国政治体制改革创造了稳定的政治环境。但这一阶段也要时刻关注社会转型与互联网给政治参与带来的负面影响。

共青团是当前青年政治参与的主渠道。我国青年人口基数庞大,据我国第六次人口普查结果显示,仅16岁至26岁的年轻人口占全国总人口的17%,达2.25亿人,如果将年龄放宽到35岁,那我国青年人数至少有3亿人。如此庞大的规模,如果没有一个全国性的团体来统一领导,青年极易变成一群乌合之众。按组织类型划分,共青团属于以实现"特定目标"为宗旨的社团组织,同时它更是一个带有强烈"政治色彩"的人民群众团体。因此,共青团成为2000多个全国性社团中代表青年利益的最大组织。共青团有明确的合法地位、鲜明的活动目标、完备的规章制度、充裕的行动空间、基本的财政保障等,这些都为团组织领导青年提供了必要的条件。

历史和现实都证明,共青团是青年政治参与的最重要、最可靠载体。团是在党的帮扶和领导下建立和发展起来的,党通过团有效影响、凝聚青年资源,夯实党的群众基础,因此团成为党的得力助手和后备军。团的一项重要政治工作就是为党培养和输送合格的接班人，充实党的力量。建团90多年来，只要坚持党的领导，团在众多政治历史事件尤其是青年运动中，都能发挥生力军的作用；团及其领导的学联、青联、青企协、青基会、团校等，紧紧抓住"党如何看待青年、培养什么样的青年、如何开展青年工作"的核心议题，在围绕中心、服务大局的建设事业中为青年搭建施展抱负的最广阔平台。

共青团是青年政治参与的主阵地。党的十八大报告指出："必须继续积极稳妥推进政治体制改革，发展更加广泛、更加充分、更加健全的人民民主。"团在青年联系党和政府中发挥着桥梁与纽带的作用，是最能代表青年利益、最能为青年谋福利的组织。"现代社会阶层的分化必然导致各个社会阶层为了维护自身的利益也必然有强烈的政治参与要求，而且这种热情需要按照法律和通过合法的渠道表达出来。"团在搭建与执政党、政府及各民主党派和社会团体的对话，整合青年政治意愿，改善青年政治参与的外部环境方面发挥积极作用。青年的声音可以及时传递给党和政府，党和政府的政策主张又可以有效传播给广大青年，团能将青年的政治要求进行有效的传递，这为青年政治意见的合理宣泄以及政治参与提供了有效的渠道，从而化解政治参与过程中的不稳定因素。

二 共青团在青年政治参与中的绩效考察

共青团在政治参与过程中，有着思想政治、组织纪律、舆论宣传等方面的优势，这些优势扩大了共青团政治参与的广度与深度，同时更加确立了共青团的政治参与优势。

（一）共青团在青年政治参与中的优势

共青团具有思想政治优势。共青团与共产党有着同源的意识形态基础——坚持马列主义，有着共同的奋斗目标——实现共产主义。因为有着共同的意识形态基础和奋斗目标，这就使共青团顺理成章地成为"党的助手和后备军"，党团之间特殊的政治关系也在党章中得到确认。团在党的领导下，坚持以马克思主义为指导，以共产主义为奋斗目标，既保证了共青团的政治方向正确，又为共青团的政治录用提供了可能。因此，团在政治参与中具有工会、妇联以及其他社会组织无法比拟的天然政治优势。当然，团具有政治参与优势的前提是坚持党的领导，离开了党的领导，共青团的政治属性也就无从谈起，团作为党联系青年的纽带也就荡然无存，不过，这种政治优势不是天然得来的，而是在长期的中国革命、建设中，党团之间磨合、相互选择的结果。

共青团具有组织纪律优势。团一方面是"党领导的先进青年的群众组织，是党的事业的重要组成部分"；另一方面更是人民团体，只不过团不是一般的社会团体，更不是一般的中介组织，而是一个准政府机构。因此，团具有类似中共的组织架构，从中央到地方都建立起严密的组织网络。据团中央组织部公布的全国团内统计最新数据显示，截至2015年底，全国共有共青团员8746.1万名；共有基层团组织387.3万个，其中，基层团委28.9万个，基层团工委2.3万个，团总支21.5万个，团支部334.6万个。同时组建起以共青团为核心的各级青联、学联、少先队、青企协、青年志愿者协会等数十万家。严密的组织架构，可以保证团能及时响应党的号召，动员青年力量；完备的组织章程，可以通过思想政治教育、社会生活实践、组织纪律训练等引导青年进行有效、有序的政治参与，尤其是它可以通过青年中的先进分子更好地组织教育广大青年。

共青团具有对话渠道优势。团是可以与党政机关、企事业单位直接开展对话的机构。团能与政府职能部门直接沟通，并且影响相关法律、法规、政策的制定，如在《中华人民共和国未成年人保护法》《中华人民共和国预防未成年人犯罪法》《中华人民共和国义务教育法》等法律法规的制定、落实过程中，团发挥了重要的作用，这是其他青年自组织所不具备的渠道优势。此外，人大、政协是共青团参与国家政治生活、表达青年权益的重要渠道。"与人大代表、政协委员面对面"活动是共青团维护青年合法权益、引导青少年有序政治参与的重要工作。每年"两会"，从团中央到团县委都会组织团员青年与当地人大代表、政协委员进行面对面的交流，在推动涉及青少年权益的立法方面具有重要作用，同时也统筹加强政策的转化落实。

共青团具有品牌宣传优势。团在广大青年中是最具公信力的青年组织，同时，团也形成了具有鲜明特色的品牌栏目。"青年文明号""新长征突击手""青年之声"互动社交平台等一大批品牌栏目，建立起服务青年的联盟体系，通过"团帮青、专帮青、青帮青、政帮青、社帮青"等多种方式，全团已有 4 万多名各领域专家入驻"青年之声"组建各类线下服务实体 500 多个，广泛开展了各类主题活动和实地帮扶，"青年之声"平台累计访问量达 6.5 亿人次，接受咨询、求助和问题反映 15 万条，团组织有效回复 2.2 万条，向有关职能部门转办问题线索 1000 多条。同时，共青团还拥有《中国青年报》《中国青年》《中国共青团》、微博、微信公众号、中国青年网、未来网等中央级媒体平台，以及各省级团委的报纸、网络平台等都是共青团强有力的宣传发声平台。

（二）共青团在青年政治参与中的挑战

共青团在不同的历史时期都面临着挑战，经历了九十多年的共青团，现在所面临的挑战一点都不比建团初期来得少，甚至可以说，团现在面临的问题更加紧迫、更为复杂。这些挑战主要来自以下几方面。

执政党对共青团提出新命题。党作为团的缔造者，一直以来对团都有不同的要求，提出不同的命题。建团初期到新中国成立前，主要以政治斗争、武装革命为主，目的是配合党夺取革命胜利，建立人民政权；新中国成立后到改革开放之前，主要代表政府管理青年，动员青年参加社会主义建设；改革开放后到 2000 年，主要以公益服务为主，突出服务青年的作用；2000 年以后，主要以动员、整合为主，多维度整合社会资源，服务青年发展。特别是党的十八大以来，新一届党中央集体对新形势下团在坚持党的领导、突出团的先进性和群众性、维护青少年合法权益、推进团的建设等方面提出了新的要求。面对党提出的新要求，团有责任和义务积极应对和妥善解决。

网络对共青团提出新挑战。由于互联网的迅猛发展，越来越多的青年借助网络进行政治参与。陆士桢等人得出结论："获取政治信息是青年网上排名第一的行为；民生和主权问题是青年参与度最高的领域；国际政治是青年网络参与的重点之一。"青年越来越借助论坛、博客、微博、微信等网络渠道，接收和发布信息、参与讨论、发布评论等。但是正如有学者指出的"网络的自由性不仅使人摆脱了真实身份的限制，而且使人摆脱了各自的传统文化、道德规范的约束"。大量实用主义、历史虚无主义、民粹主义、新"左"派、保守主义、自由主义等社会思潮随着网络空间的不断扩大而日益增强其影响力,网络安全日益受到威胁,由网络引发的社会波动也层出不穷。共青团联系青年的传统手段受到新兴互联网的挑战,这是共青团亟须面对的时代课题。

团情、社情对共青团提出新要求。"青年与政治发展之间的关系应该是以接班人政治为基础,以公民政治为发展方向,充分考虑代际政治发展规律、最大限度地避免反叛政治出现。"国内外政治现代化的经验表明,越是社会转型期,政治参与的急剧增长性与无序性越是并存。当代青年是伴随改革开放成长起来的一代,工业化、信息化、城镇化、市场化、全球化、社会转型对他们产生影响深刻,与上一代青年呈现出截然不同的复杂特征,大量原子化青年和自组织青年更是共青团管理和服务的盲区。习近平总书记曾深刻指出:"要深入研究当代青年成长的新特点和新规律,把准方向、摸准脉搏,大力推进团的组织和工作创新。"团传统的政治资源和组织资源有所减弱,团自身存在的"机关化、行政化、贵族化、娱乐化"等问题也困扰着团的发展。时代的变化、社会的转型、青年需求的更新都给团的发展提出了新的问题。

三 共青团在青年政治参与中的路径考察

2015年7月,党中央召开党的群团工作会议,分析研究新形势下党的群团工作面临的新情况新问题,出台《关于加强和改进党的群团工作的意见》,2016年8月,中共中央办公厅印发了《共青团中央改革方案》,正式拉开了团的改革序幕。群团改革背景下,团在青年政治参与的过程中应该坚持以下路径原则。

(一)坚守原点,以中共为标杆,守住团的生命线

党是中国政治的领导力量和领导核心,党有着崇高宗旨和奋斗目标,而团是"党领导的先进青年的群众组织,是广大青年在实践中学习中国特色社会主义和共产主义的学校,是党的助手和后备军"。团是对党的一脉相承,团的神圣与光荣以及团在政治上的优势完全得益于党。因此,离开了党,团将失去存在的合法性和必要性。

团在意识形态上要坚持马克思主义指导,坚定共产主义理想信念。

"信念就其本质来说，不可能是一种不劳而获的精神财富。只有通过积极的活动，信念才会起作用，才能得以巩固，才能变得更加坚定。"一方面加强共产主义理想信念教育，加大"我与祖国共奋进""学党史、知党情、跟党走"、青年马克思主义者培养工程等主题宣传教育活动力度，在建设团组织的具体实践中，充分重视思想建团，引导青年坚定道路自信、理论自信、制度自信、文化自信，树立共产主义远大理想和社会主义共同理想。在广大青年中宣传共产主义思想，增强青年的政治认同感，组织动员广大青年更加紧密地团结在党的周围；在与国内外的思潮斗争中，夯实青年拒腐防变、提高觉悟的思想基础；通过"两学一做"、团史团情教育实践共产主义理论。

团在政治生活上要完全服从党的领导。"党的领导是推进中国特色社会主义事业的根本保证，也是共青团工作健康发展的根本保证。共青团是党亲手缔造、直接领导的，任何时候都要以党的政治纲领为奋斗目标，以党的指导思想为行动指南，以党的中心任务为光荣使命，始终在思想上、政治上、行动上与党中央保持高度一致。"团要进一步落实看齐意识，向党中央看齐，向总书记看齐。团在工作上要紧密服务党政中心，服务大局。服务大局是共青团的工作主线。一直以来团具有"党有号召、团有行动"的优良传统，团的工作不但锻炼了团员青年，而且能更加坚定青年的理想信念。

（二）找准支点，以青年为立足，夯实团的感情线

如果说政治性是团的原点，那么群众性则是团的支点。政治性与群众性共同构成了共青团的组织品格。

第一，团要继续为青年提供锻炼机会。正如恩格斯指出的，我们的理论是发展的理论，而不是必须背得烂熟并机械地加以重复的教条，愈少从外面把这种理论硬灌输给每个人，而愈多由他们通过自己亲身的经验去检验它，它就愈会深入他们的心坎。在政治性上，团是以党为核心，在群众性上，团又是青年群众组织的核心。青联、学联、青企协、青年志愿者协会以各类青年社团构成了团联系青年的网格体系，在这些网格体系中，青年通过青年文明号、青年岗位能手、技能竞赛等实践活动锻炼了能力，推动青年的教育与融合。青年通过团得到了政治上的锻炼，

丰富了经历。团组织要进一步增加有效制度供给，拓宽青年有序政治参与渠道，从而有效引导青年政治参与需求，提升政治参与水平。

第二，团要继续维护青年利益诉求。团要把握当代青年的新特点新需求，着力解决青年最现实、最紧迫、最普遍的问题。服务青年是团工作的出发点和落脚点，团员青年满意不满意是衡量团工作成败的标准。联合国经济与社会事务部在《关于青年民事参与的世界青年报告》中指出，"年轻人有效参与民事生活的能力很大程度上取决于他（她）所生活的社会经济和政治环境。缺乏体面工作、没有充分的劳工权益和社会服务开支，会对年轻人在其一生中参与民事生活的能力造成长期的负面影响，而这又会对广泛的社会发展和社会包容产生长期的负面后果"。因此，团要在促进青年成长成才、困难青少年群体帮扶、维护青少年合法权益等方面加大帮扶力度，努力改善青年的社会经济环境。"团组织要积极配合政府有关部门，充分发挥自身的组织网络优势和近年来积累的工作载体优势，继续在就业见习、资金扶持、技能培训、创业带头人培养等方面，把促进青年就业创业工作做深做实。"

第三，团继续为青年提供渠道支持。共青团通过拓宽政治沟通渠道，如通过会议、对话、座谈等形式，表达青年意见，参与法律法规和政策制定，从而达成更广泛的政治认同，广泛达成政治认同感，从而形成"人们对所属的政治系统的情感上的归属感或依附感，对政治权力的信任、政治价值的信仰"。团中央提出，"普遍开展'共青团与人大代表、政协委员面对面'活动，注重发挥政协共青团、青联界和青联委员中人大代表、政协委员的作用，围绕新生代农民工社会融入、净化青少年网络环境等主题，积极反映青少年普遍性利益诉求，并推动全社会关注和解决"。

（三）寻找撬点，以改革为契机，延伸团的事业线

当前群团改革是共青团发展的新撬点，中央出台了《关于加强和改进党的群团工作的意见》，为团的改革发展指明了方向。

第一，进一步深化团的改革创新。党的十八届三中全会制定了新时期全面深化改革的总框架，协调推进"四个全面"战略布局要求群团组织加快自身改革创新的进程。团的改革核心是增强"三性"、去除"四

化",着力解决脱离青年的问题。推进国家保持和增强政治性、先进性、群众性,是加强和改进群团工作的根本要求,也是推进群团组织和工作改革创新的根本要求。按照《共青团中央改革方案》设计的改革路线图,着力推进共青团改革。

第二,进一步加快网上共青团建设。网络是影响现实政治的重要力量,是服务群众的重要平台,也是群团组织活动的重要阵地。团要打造"智慧团建"系统,建立直接联系服务青年、有效动员基层团组织的网上工作体系,形成"互联网+共青团"格局。网上共青团建设是中央确定的团的重点工作,"智慧团建"是其核心内容。"智慧团建"系统是网上共青团的重要组成部分,是推动共青团自身建设互联网转型、创新青年群众工作运行机制、落实从严治团要求的重要举措,是信息时代改革和加强团的自身建设的战略性基础性工作。

第三,进一步加强团干部队伍建设。打铁还需自身硬,打造一支信念坚定、本领过硬、作风优良的团干部队伍是团的事业发展的客观需要。团十七大报告指出,"要组织和推动各级团干部认真学习中国特色社会主义理论体系,坚定信念、坚定信心,把思想和行动统一到中央的决策部署上来"。团的干部要认真学习党史、团史,深刻理解党的根本宗旨、优良传统、历史使命,增强忧患意识、创新意识、宗旨意识、使命意识,要加强能力建设,成为联系青年的好纽带。

参考文献:

[1] 张国焘:《我的回忆》,第1册,东方出版社1998年版。

[2] 李玉琦:《中国共青团史稿(1922—2008)》,中国青年出版社2010年版。

[3] 樵子:《对于共青团的意见》,《先驱》第六号,1922年4月15日。

[4] 何启君:《青年团重建史料集萃》,中国青年出版社1996年版。

[5] 中华人民共和国国家统计局:《第六次全国人口普查主要数据公报》,《人民日报》2011年4月30日。

[6] 《中国共产党十八大报告》,《人民日报》2012年11月9日。

[7] 张勤:《中国公民社会组织发展研究》,人民出版社2008年版。

[8] 《截至2015年底全国共有共青团员8746.1万名》,《人民日报》2016年5月4日。

[9] 陆士桢、潘晴:《青年网络政治参与》,《中国青年社会科学》2015 年第 1 期。

[10] 张康芝:《共同体的进化》,中国社会科学出版社 2012 年版。

[11] 孙琳:《论青年政治的三种模式及其发展走向》,《当代青年研究》2013 年第 5 期。

[12] 张晓松、黄小希:《让青春在实现中国梦的征程上焕发光彩——以习近平同志为总书记的党中央关心青年和青年工作纪实》,《人民日报》2015 年 7 月 24 日。

[13] [苏] 霍姆林斯基:《让青少年一代健康成长》,黄之瑞译,教育科学出版社 1984 年版。

[14] 秦宜智:《高举团旗跟党走、奋力实现中国梦——在中国共产主义青年团第十七次全国代表大会上的报告》,《中国青年报》2013 年 6 月 18 日。

[15]《马克思恩格斯选集》,第 3 卷,人民出版社 1995 年版。

[16] 何农:《联合国报告称青年经济地位差、政治参与度低》,《光明日报》2016 年 7 月 19 日。

[17]《秦宜智同志在共青团十七届一中全会上的讲话》,《中国青年报》2013 年 6 月 21 日。

[18] 孔德永:《政治认同的逻辑》,《山东大学学报》(哲学社会科学版) 2007 年第 1 期。

风险社会中青年干部的压力源与心理问题疏导策略

张延华[*]

工业化社会的飞速发展，一方面给人类社会带来了丰富的物质财富；另一方面也不可避免地给人类社会带来了难以预料的风险。与传统社会风险仅限于某个领域不同，现在社会的风险是伴随着社会文明进程和不断进步的现代化而出现的，它所带来的一系列变化在广度和深度上大大超越了以往任何时代。在全球化背景下，多种风险是相互交织、相互渗透又境域蔓延的。现阶段我国正处于社会转型期，社会主义市场经济全面发展，给政治、经济、文化、社会生活和生态环境领域带来了巨大冲击，引发了各种社会问题。作为国家建设的主力军、社会主义事业的接班人，青年干部置身于这充满冲突、不确定性因素频发的风险社会中，难免会受到影响，感受到一些压力，造成心理问题频发，不利于他们愉快工作和追求幸福生活。了解风险社会中青年干部面临的压力源，帮助他们提升自我心理调适能力，拥有积极健康的心理状态，对青年干部自身的成长和国家社会的和谐发展都具有非常重要的意义。

一 风险社会中青年干部面临的压力源

从心理学的角度讲，压力是指个体在环境中受到种种刺激因素的影响而产生的一种紧张情绪。这种情绪会影响到个体的行为，比如适度的压力，会对个体身心和行为产生积极的影响，过度的压力，则会对个体

---

[*] 浙江省团校科研教学管理部副教授。

身心和行为产生消极的影响，甚至造成严重后果。在风险社会中，青年干部往往会面临来自多领域的压力。

（一）从政治领域来看

和平与发展仍是世界主题，但世界并不太平，国际政治形势依然处于复杂的变化当中。霸权与反霸权的斗争变得越来越激烈，而且还将长期持续下去。不同政治模式之间的差异和冲突，信仰、民族和种族冲突将长期存在。恐怖主义也越来越猖獗，地区性冲突事件仍在发生，增添了人们的恐惧心理。目前我国正处在社会转型期，还存在一些制度约束空白区，这必然会给我们的社会主义和谐社会建设带来一些问题，如腐败问题、领导特权问题、阶层固化问题等。同时，大众传媒的迅猛发展，使人们在瞬息之间就能了解各种政治事件发生的过程，减弱了人的安全感，这种来自政治领域的风险对青年心理会产生长期的、潜移默化的影响。

（二）从经济领域来看

世界经济一体化增强了国家与国家之间的经济交往程度，也扩大了相互影响的程度，经济发展的周期性规律决定了经济发展的波动是客观存在的，当经济发展处于低谷时，就业的压力会增加，青年在寻找就业机会中难以避免会遇到各种困难和挫折；当经济过热发展时，会带来通货膨胀问题，金融市场的跌宕起伏问题，房地产产业的畸形发展等问题。目前，经济状况是否稳定是影响青年外在经济压力的重要因素。此外，经济发展的不均衡性会造成经济发展的地区差异，青年收入差距过大等结构性风险，由此产生了一种无形的压力，会使青年产生心理上的不适，出现自怨自艾、悲观失望、抑郁恐惧、孤独迷茫等心理。

（三）从文化领域来看

世界文化的交流融合正在以前所未有的速度不断发展，西方敌对势力凭借其在当代世界中的经济、政治主导地位对我国进行文化渗透的战略图谋始终没有改变，它们利用所谓民族、宗教、人权等问题进行意识形态领域的渗透。这对我国青年干部的世界观、价值观进行着影响和冲击,使我国传统的道德观念、马列主义毛泽东思想、社会主义价值理念和集体主义原则等受到了严重挑战。此外,还有不少青年干部对西方文化痴迷,产生了盲从和崇拜的心理,这必然导致思想的混淆与迷茫。尤其是互联网等新兴媒体的迅速发展,为错误思想观点的滋生、传播和蔓延提供了技术条件和重要阵地。

(四) 从社会生活领域来看

社会转型期的各种社会关系处于不断调整状态,人们的思想观念、价值观念、生活方式等发生了巨大变化,人际交往已经不再是局限于血缘、地缘、学缘、业缘的社交规则。青年干部要花费许多时间和精力,来应对各种工作、家庭中的人际关系。由于年轻、生活经验相对不足,许多青年干部不知如何处理一些与领导的关系、同事关系、恋爱问题、婚姻问题以及亲子教育等问题,这些问题如果没有得到及时的、妥善的处理,容易造成关系紧张或不协调,就会导致消极心理情绪和心理困惑,会对青年的心理健康产生影响。尤其是网络的虚拟空间对青年的价值观、伦理道德观等产生着深刻影响。在网络的匿名状态下青年有了更大的活动自由度,更倾向于放纵自己的行为,容易与真实的社会割裂开来,导致社交能力的退化,沟通能力降低,不能正确地认识自我、客观地评价他人,产生更多的消极心理,甚至形成攻击性人格。

(五) 从生态环境领域来看

改革开放以来,蓬勃发展的经济给人们带来了不断增长的物质财富,但它的副作用也是非常明显的,它造成了生态环境的巨大破坏。目前,我国面临着越来越严重的生态环境问题,人与自然之间关系处于紧张或对峙的状态,虽然国家已倡导进行产业的转型和升级,但经济的逐利性使得高污染、低耗能的产业仍大量存在,人们赖以生存的生态环境不断恶化,自然灾害、极端天气、雾霾、水污染、公共卫生事件、食品安全等问题不断出现。适宜人们生存和发展的条件日益恶化,人们生活和生存的条件变得越来越不安全,引起了人们普遍的担忧与恐慌。

二 压力源下青年干部常见的心理问题

青年干部处于心理发展的易感时期,面对来自各个领域的压力,诸多种因素的共同影响,往往会引起许多心理变化,如果处理不当,容易引起各种心理问题。

(一) 心理困惑

心理困惑是一种消极的心理状态,是人在日常工作和生活中出现的不适应、不协调。有心理困惑的人常常对生活缺乏动力,生活质量普遍不高,工作没有目标,在学习、工作中不能集中注意力,效率低下。常见的如职业适应不良,即人与职业环境不能协调一致的一种过程和状态。这样会使人出现一些职业行为异常问题:不能悦纳自己的职业,有失落情绪,失去工作的动力;情绪不稳定,处理问题情绪化;人际交往不良,往往在遇到一些困难时,缺乏强有力的社会支持系统等。人人都会有心理困惑,只是状况、程度不同而已,人有心理困惑时,很容易出现自卑、抑郁、焦虑、恐惧、孤独等症状,主观体验会感觉到非常苦恼,这是一种程度较轻的心理不适,如果不及时调整,极易引发相应的心理问题。

案例一:王某,女,27岁,刚离职准备重新寻找就业岗位。个人陈述:从年前开始,就经常出入人才交流中心,在网上、报纸上找各种就业信息,也托亲戚朋友帮忙寻找工作岗位。现在许多工作岗位都不愿意接受大龄女性,大半年过去了,只有两家公司通知我面试。面试的前一天晚上,我把面试应该注意的事项都考虑了一遍,面试当天我还精心打扮了一番;面试时,心里还是挺紧张,以至于说话有点发抖。面试结束后,没有收到进一步的消息,也没有其他公司通知我去面试。自我感觉很伤心,心情也非常烦躁、坐立不安,感到十分痛苦,干什么都无法专心,食欲也下降了,还失眠,总是担心找不着工作。

经过诊断可以得知,王某的心理变化是由明显的现实原因引起的,主要是就业受挫。不良情绪持续近一月,反应内容未泛化,反应强度也不甚强烈,没有影响逻辑思维,人格也没出现明显异常,没有对社会功能造成严重影响,符合心理困惑症状。

(二) 人格缺陷

人格缺陷是一种人格的不完善状态，通常是在人格形成和发展的过程中，由于主客观、内外不良因素的作用，造成人格品质的不平衡、不成熟，甚至产生畸变。人格缺陷有一些明显的特点，如性格偏激、性格孤僻、行为异常、乖张、情绪控制能力差、说话真假混淆等，这些问题会妨碍一个人正常的人际关系，表现为很少与人交往和沟通，也缺乏必要的交往技能和手段，这样的人一旦遇到负面事件，往往缺乏强有力的社会支持系统，不能及时得到有效的帮助和调整，容易发展为严重的人格障碍。常见的人格缺陷种类如偏执型人格缺陷、回避型人格缺陷、边缘型人格缺陷等。

案例二：李某，女，25岁，某公司白领。个人陈述：性格内向、胆小、对自己要求严格，从小到大很听父母的话，上学期间从未谈过恋爱，害怕与异性交往，认为自己是个怪人。现在从不多与异性说话，说话时也不敢直视，一说话脸就发烧，心怦怦跳，好像全身在发抖。平时极少去社交场所，比较自我封闭。

经过诊断可以得知，李某有轻度抑郁、中度焦虑症状，精神方面的痛苦自己摆脱不了，需借别人帮助或处境改变才能摆脱，属于社交恐惧症标准，可以看作一种回避型人格缺陷。

(三) 人格障碍

人格障碍是一种在儿童期或青少年期发展起来的一种严重人格缺陷或病理人格改变，或者人格在总体上不适应的一类心理疾病。在青年干部群体中虽然不是很普遍，但是那些社会应激能力较差的青年干部，在面对来自家庭、社会、职业的突然变化所带来的压力不能及时做出有效应对时，就容易出现一些心理行为问题，容易出现烦恼、紧张、焦虑、心情抑郁、疑病症状等。常见的人格障碍种类有：偏执型人格障碍、分裂型人格障碍、情感型人格障碍、强迫型人格障碍、自恋型人格障碍、反社会型人格障碍等。

案例三：张某，30岁，某企业一名年轻干部。个人陈述：从小父母对我要求严格，每做一件事就要做到最好。上幼儿园一次节目表演由于紧张而失败，受到老师批评。据父母回忆，那段时间里我曾说过再也不想去幼儿园了，也不愿意去游乐园、商场等人多的地方。高中时我们班级推选我参加英语竞赛，我非常紧张，害怕出错，结果反而没有发挥好。赛后我非常自责，觉得给班级抹了黑，接连几天没有与任何人说话，一看到老师和同学们就会脸红、紧张不安，怕他们嘲笑自己。此事过去一段时间后，我的情况似乎略有好转，但与人面对面交流时还是会脸红，自觉或不自觉地将眼神移开，近两年的工作中，我不敢和别人目光接触，也害怕别人看我，更不要说谈女朋友了。最近情绪不稳定，记忆力下降，食欲减退，睡眠不好。上班时怕见到领导，怕见到客户，怕与同事近距离地目光对视，甚至不愿到食堂就餐。下班回家后就一个人躲在房间里发呆，连父母也不想见。

经过诊断可以得知，张某内心的人格特征以及不合理信念的产生，促使他在成长过程中逐渐形成不良的适应模式，出现与人交往恐惧并趋于泛化，整体心理健康状态差，心理与行为异常表现属于心理障碍的范畴，是一种情感型人格障碍。

三 青年干部应该掌握的疏导策略

青年期是人一生中重要的过渡时期，是青年的人生观、世界观和价值观逐渐形成的关键时期。面对来自社会各个领域的客观压力，青年干部要积极采取措施进行有效应对，提高主观能动性，提升自我心理调适能力，获得并保持健康心理状态，使工作和生活能有序进行，并从中获得幸福。疏导是教育者遵循受教育者的思想品德发展规律，在对教育对象提供其需要的协助和服务的过程中，对受教育者的思想认识问题进行疏通与引导，解除其心理障碍，并帮助他们形成正确认识和行为方式的过程。常见的青年干部可以采纳的疏导策略有以下几种。

（一）重视理论修养

1. 树立正确的价值观

价值观是人们对有关价值问题的观点和看法，是人们经过长期反复实践而逐步形成的判断是与非、好与坏、善与恶的观念，是一种人们对事物价值评价的尺度。它体现了人在面对社会生活实践根本问题时的基本态度和立场。大量实证研究表明，人的价值观和心理健康存在正相关关系。当前，我国正处于经济高速发展及社会转型发展时期，传统价值观、现代价值观与后现代价值观并存，社会、组织、个人价值追求各异。青年干部面临多种价值观念的冲突和选择，容易迷茫，出现价值观失衡和心理问题。因此，树立正确的价值观，实现对青年干部的思想引领就显得非常重要。

党的十八大提出社会主义核心价值观，倡导富强、民主、文明、和谐，倡导自由、平等、公正、法治，倡导爱国、敬业、诚信、友善。这一核心价值观，为全社会树立了正确的价值导向，为青年干部健康心理人格的形成提供了强有力的思想基础。通过社会主义核心价值观教育，可以化解青年干部思想观念上的分歧，实现社会各阶层在思想认识上的和谐，引导青年干部朝着真、善、美的目标迈进，有助于减少青年干部价值观混乱而引起的迷茫、心理问题的发生，提高心理健康的水平。

青年干部要自觉学习，践行社会主义核心价值观，在工作、生活中以身作则，明确自己工作的性质、责任、要求、意义，坚持生活上低标准和学习工作上的高标准，为自己恰当定位。正确对待权利和是非得失，培育正确的消费观，形成完整、稳定的消费观念，强化自控力和判断力，能够抵制不良群体、外界的压力和消极影响，坚守节操，从根本上预防心理健康问题的发生。

2. 加强风险意识学习

在风险社会环境下，青年干部要有一定的风险意识，既要了解全球化风险和我国现代化建设所引发的风险以及作为自然人个体所面临的风险，又要认识到风险的危害性。通过从书本、报纸、电视和网络等媒介获取关于风险的相关理论，来增强感知风险和抵御风险的能力。学会以科学的态度对待风险，既要敢于直面风险，更要擅于规避和应对风险，能在风险与利益之间做出权衡，采取合理措施，减小风险带来的影响，防范它们对心理健康造成的影响。

3. 重视心理健康教育

青年干部要适当观看一些心理访谈类节目，有条件的可以参加一些心理学讲座，了解心理学的健康知识，学会运用心理学知识进行自我调适。也要善于运用网络媒体来进行心理健康服务,帮助自己消除心理障碍,预防心理疾病。青年干部加强心理学知识的学习,掌握良好的心理调适能力,就能根据形势和环境变化调整思维和行为,正确处理顺境与逆境、成功与失败,实现个人和社会、家庭的和谐发展,在工作和生活中收获更多的幸福。如果依靠自己的力量还不能解决心理方面的问题,要果断地寻求他人或专业机构的帮助,通过科学方法,缓解压力,帮助自己维护心理健康。

(二) 掌握心理调适的方法

1. 客观分析自己

青年干部要正确认识自我,对自我有较充分的了解,能客观评价自己的能力。擅于发现自己的优点和缺点,学会分析自己的人格特点。人格影响着人的思想、情感和行为。一般而言,性格孤僻内向、意志薄弱或喜欢怨天尤人的青年干部较难应对外界的压力,容易出现心理问题。此外,青年干部要明确自己在不同场合所扮演的角色,摆正自己在群体和社会中的位置,不妄自菲薄,懂得自尊,也懂得尊重他人,能站在他人角度看问题,擅于吸取别人的经验教训,采纳合理建议,以平常心面对日常工作中遇到的成败得失。

2. 学会调控情绪

情绪是一种心理状态,分为积极情绪和消极情绪。积极情绪包括爱心、信心、同情心、乐观、忠诚等;消极情绪包括恐惧、仇恨、愤怒、嫉妒、悲哀等。长期的消极情绪会对人的身心健康不利,可成为疾病或灾祸的诱因。青年干部要擅于进行情绪管理,学会适度表达和控制自己的情绪,把心理调整到最佳状态,正确认识自己的精神状态,了解自己的情绪变化,采取一些方法来控制消极情绪。如用语言暗示进行自我安慰和自我鼓励,也可以通过找朋友旅游、聊天、写日记等方式释放不良情绪。

3. 提高意志力

意志是一个心理学上的概念,是有意识地确立目的,调节和支配自己的行为,实现预定目的的心理过程。意志力是控制人的冲动和行动的力量,意志力强的人能更好地控制自己的行为。他们通常在明确自己的奋斗目标后，能自觉调节和支配自己的行为，即使遇到困难、挫折也不会退缩，会努力想办法，坚持不懈地克服困难、解决问题。意志力强的人往往具有较强大的内心，能主动克制自己的欲望和冲动，自觉抵制一切不合目的的主客观诱因的干扰，在行动上能当机立断，不左右摇摆、犹豫不决。

4. 加强人际交往能力

人是社会性动物，不是孤立地存在于世间，人正是通过和别人发生作用而发展自己，实现自己的价值。建立良好人际关系的基本原则是尊重别人和待人真诚，它既可以体现在与上下级、同事间融洽的关系，又可以体现在对陌生人的一视同仁和公平对待上。青年干部要加强人际交往，真诚地与人沟通，用恰当合理的方式来表达自己的看法和见解，并不断反省自己的言行。构建和谐的人际关系网，可以帮助青年干部获得更多的社会支持和情感支持，提高心理健康水平，减少心理问题症状。

5. 擅于进行时间管理

压力的降临有时是来自时间的紧迫性，因此，通常在截止日即将来临之际，如果对学习和工作没有做好相应的安排，那么人往往会感到紧张、焦虑、不安等。因此，青年干部要学会进行时间管理，对工作和家庭事务合理安排，权衡各种事情的主次关系、先后顺序，处理好短期目标与长期目标，现实与理想的差距，制定达成目标的时间期限，争取在期限内完成或提前完成计划中的事。在时间管理上最好学会统筹方法来安排时间，还要能留出弹性时间来应付突发事件，不至于遇到变故而措手不及。

（三）进行适当的文体活动

1. 体育运动

体育运动是一项积极主动的运动，通过运动不仅能锻炼身体，消除疲劳，养成健康的体魄，还可以为健康人格的培养提供物质基础。经常性的体育运动能改善人体中枢神经系统，提高大脑皮层的兴奋和抑制的协调作用，改善神经系统的均衡性和准确性。心理健康的发展是要以正常发展的身体，尤其是以正常健康发展的神经系统和大脑为物质基础。青年干部要积极培养自己对体育运动的热爱，选择一些趣味性较强的运动项目,如羽毛球、乒乓球、篮球、游泳等作为自己的业余爱好,坚持锻炼,不仅可以锻炼身体,满足青年社会交往需求,还可以锻炼意志、缓解紧张、焦虑、抑郁等消极情绪,促进心理健康。

2. 娱乐活动

娱乐活动也是排除不良情绪,缓解压抑心境的一个好方法。青年干部可以依据自己的性格特点和条件,培养和发展有益的业余兴趣和爱好,如弹奏乐器、听唱音乐、练习书法、画画、跳舞等,在活动中增强与人交往的能力,提高自信心,并放松紧张的心情,愉悦自己,维护心理健康。

总之,在风险社会中,青年干部不可避免地会遇到各种各样的风险,采取适宜的措施,可以有效帮助他们在面临风险时有章可循、从容应对。

参考文献:

[1] 严颖颖、谢纲、张蕾:《基于因子分析的职业压力管理研究》,《商场现代化》2005年第5期。

[2] 吴倬:《马克思主义哲学导论》,当代中国出版社2002年版。

[3] [德] 乌尔里希·贝克:《风险社会》,向博闻译,译林出版社2004年版。

后 记

党的十八大以来，习近平总书记站在培养中国特色社会主义事业合格建设者和可靠接班人的战略高度，着眼于实现中华民族伟大复兴中国梦的宏伟目标，先后在多个场合、用多种形式表达了对广大青年的亲切关怀和殷切期望。

青年是祖国的未来和民族的希望，是实现中国梦的主要力量。为实现中国梦而奋斗，既是时代赋予当代青年的历史使命，也是当代青年实现自身全面发展的最好舞台。在实现中国梦的进程中，青年是不可或缺的社会群体，也是大有可为的生力军。广大青年要在实现中国梦的伟大实践中续写浓墨重彩的青春诗篇，从而实现人生价值。

为积极服务青年成长，推进青年事业的科学发展，努力汇聚广大青年实现中国梦的青春力量，不断增强做好新形势下青年工作的坚定信心和历史责任感，2016年10月16日，由北京青年政治学院主办、北京青少年教育与发展研究基地承办了"中国梦与当代青年发展研讨会"。与会专家学者主要围绕中国梦与青年发展、社会主义核心价值观与青年思想引导、群团改革与青年工作创新、青年志愿服务和新媒体与青少年成长等主题进行广泛交流。

本论文集是在研讨会专家所提交的论文基础上精编而成的，是目前活跃在青少年研究领域的学者的集体智慧结晶。论文集由青少年研究所余逸群、纪秋发主编，内容主要包括"中国梦与当代青年发展""青年发展的理论与热点现象"两大专题。这些研究论文体现了作者们关注、关心、关爱青少年以及对青年研究事业的社会责任感。

论文集学术视野开阔,内容丰富,可读性强。为当今我国当代青年发展提供了理论指导与实践借鉴。

北京青少年教育与发展研究基地
北京青少年研究所
2016.12